実務の技法

建物賃貸借の
チェックポイント

編著 ·································

市川　充

吉川　愛

著 ···

植木　琢

小泉　始

·································

弘文堂

シリーズ刊行にあたって

　ひと昔は、新人・若手弁護士は、先輩弁護士によるOJTによって実務を学び、成長していったものであるが、現在は残念なことに、先輩弁護士から十分な実務の指導を受ける機会を得られない弁護士や指導が短期間に終わってしまう弁護士も、かなりの数に上っているようである。そのようなOJTに対する強い要望が背景にあるのであろう、弁護士実務のノウハウや留意点を叙述した新人・若手弁護士向けの実務書が実に多数刊行されている。しかし、それらを見ると、若干高度すぎる内容となっているもの、真に先輩弁護士に相談したい事柄を網羅していないもの、先輩の経験談を披露したにとどまるものなどが混在しているように思われる。

　このような状況の中、私たちは、実務を適切に処理するにあたって体得しておくべき技法を、一覧性のあるチェックポイントと簡潔かつ明快な基礎知識とともに叙述する書籍が必要とされているのではないかと考えるに至った。執筆陣には、新人・若手弁護士に接する機会が多い中堅弁護士を核とし、さらにはこれに気鋭の若手弁護士にも加わってもらった。「実務の技法シリーズ」と銘打ったこの出版企画は、弁護士が実務において直面するであろう具体的な場面を想定し、これを紛争類型ごとに分けたシリーズとなっている。本シリーズは全巻を通して、新人弁護士ノボルが身近な先輩弁護士である「兄弁」「姉弁」に対して素朴な疑問を投げかけ、先輩がこれに対して実務上のチェックポイントを指摘しながら回答していく対話から始まる。その後にチェックポイントをリスト化して掲げることを原則とし、その解説を簡潔に行うという構成となっている。このチェックリストだけを拾い読みしても、有益なヒントを得ることができるものとなっている。さらに、当該事件を処理する上での必携・必読の文献をまとめたブックガ

イドを本編に先立って設けているが、これは類書にはほとんど見られない本シリーズの大きな特色であろうと自負している。また、随所にコラム欄も置き、実務上知っておきたい豆知識や失敗しないための経験知を気楽に身につけることができるようにも工夫した。

　本シリーズは、各法律・紛争分野ごとの巻のほか、これに総論的テーマを扱う巻を加えて順次刊行していく予定である。読者の皆様には、ぜひ全巻を机上に揃え、未経験・未知の案件が舞い込んだときにも、該当する巻をすぐ手にとり、チェックポイントを確認して必要部分の解説を通読していただき、誤りのない事件処理をする一助としていただきたいと念願している。また、ベテランの弁護士の方々にも、未経験の事件のほか、自らの法律知識や実務経験の再チェックをするために本シリーズを活用していただけるならば、望外の幸せである。私たちも、実務家にとってそのように身近で有用なシリーズとなるよう、最大限の努力と工夫を続けるつもりである。絶大なご支援を心からお願いする次第である。

　　2019 年 1 月

髙中正彦

市川　充

はしがき

　賃貸借契約は、法学生であれば誰もが知っている法分野である。したがって、法律実務家には当然馴染みがあるものだが、だからといって、学部あるいはロースクール時代の知識で実務に対応できるわけではない。まず、民法は一般法にすぎないから、特別法である借地借家法の知識がなければ、実務ではまったく対応できない。また、たとえば更新拒絶に必要な正当事由の具体的内容や立退料の算定の仕方、賃料増減額請求の具体的対応方法、保証金と敷金の区別の方法といったことについて、これまでに蓄積された判例法理を押さえておかなければならないし、原状回復義務の内容の判断基準については行政のガイドラインも知っておかなければならない。さらに、賃貸物件の明渡しを求める場合には、単に訴訟を提起するだけでなく、民事保全手続や債務名義を取得した後の執行方法についても知ったうえで依頼者に対して具体的な費用やスケジュール感を説明できるようにしておかなければならない。

　また、令和2 (2020) 年4月1日から施行の改正民法（債権法）は新たに締結される契約に適用されるが、これまでの契約書のどの条項が影響を受けるのか、施行後に更新される賃貸借契約や連帯保証契約はどうなるのか、といった点についても整理が必要になってくる。

　本書は、改正民法を前提に、司法修習生を含む若手の法律実務家が新たに事件を受任した際の道標になることを目指して企画、編集、執筆をしたものである。

　実務家にとって最も重要なことは、具体的な事件を受けた際に、何が問題になっていて、その問題を解決するにはどうすればよいのかを的確に判断することである。このような力をつけるには多くの事件処理をすることが必要になるが、実務家としての経験が浅いときでも、

他人が経験をしたことを見聞きしてこれを補うことができる。本書は
そのような他の実務家の経験を基礎的な知識とともに書き込むことに
より、まだ経験が十分ではない実務家の方々の糧にしていただくこと
を目的としている。

　本書では、読者に具体的なイメージや臨場感をもってもらうために
Case を設定したうえで、実際に相談を受けた際に何を相談者から聞
き取るべきかをチェックするために **Check List** を設けた。また、
経験の浅い実務家が相談を受けた場合に陥りやすいミスを「兄弁」
「姉弁」との会話の中で示すようにした。会話パートを読むことで、
相談に対応する際の思考の順序をイメージできるようにもなっている。
解説の部分はできるだけわかりやすい叙述をするように心がけ、理解
を深めるために**参考判例**もつけた。〖*Answer*〗においては **Case** に
対する回答を示した。

　さらに、本文に入る前に設けられた「建物賃貸借事件対応のための
ブックガイド」も、本書の特徴の１つである。今後どのような場合
にどのような本を読んでいけばよいのかを知ることは実務家にとって
必要なことであるが、これを知る方法や機会は実際には限られている。
本書はそのようなガイド役を担うべく、各書籍に簡単なコメントを付
けて紹介している。

　本書を上梓するにあたっては、弘文堂の登健太郎氏、中村壮亮氏と
何度も企画会議を行いその内容を詰めていき、その過程で様々な助言
をいただいた。おふたりの協力がなければ本書は世に出ることはなか
ったと思う。心からお礼を申し上げたい。

　2019 年 12 月

市川　充

吉川　愛

目次 contents

凡　例

【法令】

　本書において法令を示すときは、令和元年 12 月 31 日現在のものによっている。ただし、民法については令和 2 年 4 月 1 日施行の平成 29 年改正法を前提としている（原則として「平成 29 年改正法」の語を用いている）。なお、かっこ内で参照条文を示すときは、法令名について以下のように略記したほか、条は数字のみとし、項を①、②、③……と表記した（例：借地借家法 27 条 1 項→借地借家 27 ①）。

借地借家	借地借家法	法税	法人税法
消税	消費税法	法基通	法人税法基本通達
所税	所得税法	民	民法
所基通	所得税法基本通達	民再	民事再生法
税徴	国税徴収法	民執	民事執行法
税通	国税通則法	民訴	民事訴訟法
破	破産法	民訴費	民事訴訟費用等に関する法律
不登	不動産登記法	民調	民事調停法
不登規	不動産登記規則	民保	民事保全法

【判例】

最大判（決）	最高裁判所大法廷判決（決定）	高民集	高等裁判所民事判例集
最判（決）	最高裁判所小法廷判決（決定）	下民集	下級裁判所民事判例集
高判（決）	高等裁判所判決（決定）	東高民時報	東京高等裁判所民
地判（決）	地方裁判所判決（決定）		事判決時報
大判	大審院判決	金判	金融・商事判例
民集	最高裁判所民事判例集	金法	金融法務事情
刑集	最高裁判所刑事判例集	判時	判例時報
集民	最高裁判所裁判集民事	判タ	判例タイムズ

建物賃貸借事件対応のための基本知識は、民法の債権各論と借地借家法が中心となる。これらの基本書は各人がこれまで使用していたもので十分である。実務では特定の論点について、さらに掘り下げた知識が必要となることがしばしばあり、その場合にはコンメンタールや解説書にあたることになろう。また、正当事由、立退料、賃料増減額等に係る訴訟では、裁判例を含めたこれまでの事例を参考にすることが不可欠であり、このような個別論点に特化した実務書も必要となる。そのほか、本文でも触れている通り、不動産の評価方法や明渡執行（民事執行法）等の知識も重要である。

民法改正に伴い、建物賃貸借の分野は近時、多数の基本書、解説書が発刊されているため、信頼できる書籍を選ぶのが難しくなっている。以下では、多くの実務家が利用していると思われる書籍を紹介しているので、参考にしていただければ幸いである。

■ 基 本 書 ■

潮見佳男
『民法（全）〔第 2 版〕』（有斐閣・2019 年）

民法すべてを網羅した基本書。建物賃貸借についてもわかりやすく端的に説明がされている。平成 29 年の債権法改正含め、平成 30 年民法改正にも対応されている。手元においておくべき基本書としておすすめしたい。

■ コ ン メ ン タ ー ル ■

稲本洋之助＝澤野順彦編
『コンメンタール借地借家法〔第 4 版〕』（日本評論社・2019 年）

借地借家法のコンメンタールといえばこれ。平成 29 年の民法改正に合わせて待望の改定版が出たので、これは必携である。条文ごとに網羅的な解説があるので、何か調べるときにはまずはこれを参照する。

広中俊雄編
『新版注釈民法（15）別冊 注釈借地借家法』（有斐閣・1993 年）

ご存じ注釈民法の借地借家法版。少し古いが、信頼性は抜群。内容が充実しているのはもちろん、改正の経緯についての記載も詳しい。

■ 解 説 書 ■

渡辺　晋
『建物賃貸借〔改訂版〕』（大成出版社・2019 年）
建物賃貸借を実務で扱う際に、絶対に手元においておきたい一冊。解説も判例も実務の扱いも、幅広く詳述されている。改訂版が出て情報もアップデートされている。

村田　渉編
『事実認定体系　新訂契約各論編 2』（第一法規・2018 年）
現役裁判官らによる執筆で、主要事実を認定するための間接事実を細かに紹介しているので、実際に訴訟を遂行する際に参考になる。条文ごとのコンメンタール形式になっている。

■ 実 務 書 ■

【書式関係】

阿部・井窪・片山法律事務所編
『契約書作成の実務と書式〔第 2 版〕』（有斐閣・2019 年）
賃貸借契約のみならず、業務委託契約や M & A 契約など各種の契約について、契約書式のサンプルを提示し、条項ごとに民法等の原則、条文、判例を意識した解説がなされている。平成 29 年民法改正にも対応。

那須・本間法律事務所編
『ビルオーナーのための　建物賃貸借契約書の法律実務〔第2版〕』
（商事法務・2017 年）
冒頭に建物賃貸借契約書のひな形が掲載されたあと契約書の条文ごとに解説や判例紹介があるという少し変わった構成で、Q & A もおもしろい。

【各種個別論点】

澤野順彦
『〔改訂版〕借地借家法の正当事由と立退料【判定事例集】』
（新日本法規・2009 年）
事案の概要、裁判所の判断、正当事由のウエイト、コメントがコンパクトにまとまっており、表も多用されていてわかりやすい。

澤野順彦
『**判例にみる　地代・家賃増減額請求**』（新日本法規・2006 年）
掲載判例は 100 程度であるが、解説、参考判例も充実している。事案の
概要、判旨、解説、参考判例のバランスが良く、読みやすい。2006 年
刊行と若干古いのが残念。

伊藤秀城
『**実務裁判例　借地借家契約における各種特約の効力〔第 2 版〕**』
（日本加除出版・2018 年）
特約条項について論点ごとに裁判例をまとめたもので、裁判例の判断の
検索に有用。正当事由・立退料、原状回復義務、信頼関係破壊の巻も。

【訴訟手続・執行関係】

藤田耕三 = 小川英明編
『**不動産訴訟の実務〔7 訂版〕**』（新日本法規・2010 年）
主に裁判官が執筆をしている実務書。不動産訴訟の流れが裁判実務の観
点からよく整理され、情報量も豊富。手軽さはないが類書が存在しない
好書。

深沢利一著／園部厚補訂
『**民事執行の実務（下）〔新版〕**』（新日本法規・2005 年）
民事執行の理論と書式が記載されている執行に関する必読の一冊。第 4
章に非金銭執行が詳述されており、建物明渡しに関する執行についても
詳しく掲載されている。

■ 参 考 書 ■

山野目章夫監修／東京都不動産鑑定士協会編
『**ベーシック不動産実務ガイド〔第 3 版〕**』（中央経済社・2019 年）
不動産実務について、不動産の調査方法や不動産の評価手法等、実務上
必要となる基本的な知識・情報をまとめたもの。法律知識ではなく、不
動産を取り扱う際に知っておいた方が望ましい情報を習得できる。

大野喜久之輔ほか
『転換期にある借地権・借家権の評価と補償』(住宅新報社・2011年)
不動産鑑定士等による不動産の鑑定評価の解説本。裁判実務を視野に入れた不動産鑑定評価基準の説明が詳しく、検討すべき「具体的事情」の例示も豊富で、一読の価値あり。

第 **1** 章

賃貸借契約締結をめぐる法律問題

1… 賃貸借契約書のチェックポイント①： 事業用建物

> ## Ｃａｓｅ
> 　Ｙは、Ｘ所有の建物で飲食店を営業する目的で、Ｘと賃貸借契約を締結する予定である。賃料等の条件について合意ができ、Ｘ側から賃貸借契約書案が示された。Ｙは、自分にとって不利な条項があるのではないか、自分が望む契約条件をどのように反映させればよいのかわからず、途方に暮れている。

・・・

ノボル：飲食店経営をしている友人から、今度開店するお店の賃貸借契約書の内容を確認してほしいと頼まれました。といっても、賃貸借契約書の内容なんてある程度定型化されていますし、あまり見るべきポイントはなさそうです。

兄　弁：本当にそうなのかな。どんな契約書も見るべきポイントがないなんてことはないと思うよ。どんなお店をやるのかとか、ちゃんと事情は聞いてる？

ノボル：飲食店ということと、賃料と賃貸期間くらいは聞いたのですが、それ以外は、あまり詳しくは聞いていません。

兄　弁：いくら契約書が定型化されているといっても、何か加えるべき特約もあるかもしれないし、どのようなお店をやるのか、営業時間はどのくらいなのか、設備をどうするのかとか、具体的な事情を聞かないと、きちんとチェックしたとはいえないと思うよ。今回は、居抜きの物件なの？

ノボル：い、「居抜き」って何ですか・・・？　民法にはそんなの、出てこないですよね？

兄　弁：たとえば、前の賃借人が設置した造作や営業用の設備をそのまま利用する形で賃貸借契約を締結することはよくあることで、そういうのを「居

抜き」というんだよ。修繕とか、退去する際の原状回復の範囲に関係してくるから、重要ポイントだよ。

ノボル：なるほど。法律用語以外にも実務でよく使う言葉の意味を知っておかないと、依頼者とスムーズに話もできないというわけですね・・・。

兄　弁：その建物の所有者と賃貸人は同一なのかな。

ノボル：さすがに、そこが違うということはないんじゃないですかね。

兄　弁：確認してみないとわからないよ？　他人物賃貸借も有効だけど、あとから解除されたりしたら依頼者が紛争に巻き込まれてしまうだろ。一応、登記簿と一致しているか確認すべきじゃないかな。

ノボル：確かに、依頼者を無用な紛争に巻き込んだら大変ですよね・・・。きちんと事前に契約内容を確認するようにします！

Check List

□建物の所有者は賃貸人のみか［→ **2**］

□定期賃貸借とされていないか［→ **3**］

□賃料、共益費の金額はそれぞれ明記されているか［→ **4(1)**］

□賃料に対する消費税は外税表記されているか［→ **4(2)**］

□賃料等の支払先・支払方法が明記されているか［→ **4(1)**］

□賃貸目的物の特定は十分か［→ **4(3)**］

□建物の使用目的は何か［→ **4(4)**］

□賃貸借の期間は何年か。一般的な賃貸借と比較して短くはないか［→ **4(5)❶**］

□賃借人による契約期間中の中途解約を認める必要があるか［→ **4(5)❷**］

□更新条項の定めがあるか。内容を確認したか［→ **4(5)❸**］

□保証金・敷金の償却が規定されているか［→ **4(6)**］

□建物はスケルトンの状態で引き渡されるか［→ **4(7)**］

□造作や営業設備が設置されている場合、賃借人はその設備を

そのまま利用するか［→ **4(7)**］

□そのまま利用する場合、所有権は賃貸人・賃借人のどちらに
　帰属するか［→ **4(7)**］

□賃借人による修繕の範囲に関する特約が規定されていないか
　［→ **4(8)**］

□賃借人の営業にとって必要な事項が禁止事項として規定され
　ていないか［→ **4(9)**］

□解除事由が広すぎないか［→ **4(10)**］

□賃借人による原状回復義務の範囲は明確か［→ **4(11)**］

［ 解 説 ］

1　はじめに

　賃貸借契約については民法上、契約期間、修繕義務・費用償還義務、
賃料減額、賃借権の譲渡・転貸、契約の解釈申入れ、解約権の留保、
契約更新推定などの規定がおかれている。しかし、これらは、任意規
定と解されており、個別の契約で異なる定めをした場合には、契約の
定めが有効となることから、賃貸借契約上どのような定めをおくかは
重要である。

　他方で、借地人・借家人保護の観点から、借地借家法の規定の多く
は強行法規とされており、これに反する約定は無効とされることから、
借地借家法の観点から契約の条項を確認することも必要となる。また、
賃貸住宅に関しては、国土交通省住宅局作成の「原状回復をめぐるト
ラブルとガイドライン」など、行政によるガイドラインが発表されて
おり、契約条項の解釈にあたっては、この内容も大きな指針となりう
る。行政ガイドラインの詳細については、第3章 **22** を参照されたい。

2 他人物賃貸借

賃貸借契約は有償契約であり、他人物賃貸借も有効となる（民601・559・561）。賃借人としては、賃貸人が所有者から正当な権限を取得できない場合には、明渡請求を受けるリスクが生じることとなる。そこで、所有者と賃貸人が一致しているかについて、登記簿と照らし合わせて確認するよう指摘するべきであり、共有者がいるような場合には、共有者も賃貸借契約の当事者となっているか確認しておく必要がある。

3 普通賃貸借と定期賃貸借

事業用建物の賃貸借の場合には、賃貸借契約を容易に終了させられてしまうのは賃借人にとっては死活問題である。この点、定期賃貸借の場合は、契約で定められた期間の満了をもって、賃貸人と再度賃貸借契約を締結できない限り契約が終了してしまうことになる。そこで、定期賃貸借契約とされていた場合には、この点を賃借人がよく理解しているのか、確認する必要がある。なお、定期賃貸借に関する詳細は、本章5を参照されたい。

4 具体的契約条項

(1)賃料・共益費　賃料の定めは賃貸借契約の必須の要素である。民法上は、賃料は毎月末日支払いとされ、賃貸人の住所地に持参して支払うものとされているが、実務上月末に翌月分を支払うという定めがされていることが多く、支払方法についても、振込送金の方法により支払うものとされているのが一般的である。

賃借人の立場からは、賃料の支払先口座を特定されていることで、賃料を支払った事実を明確にできることとなるため、振込先口座が特定されているかは確認すべきである。

なお、弁済の費用については、別段の意思表示のない場合には債務者の負担とされている（民485）こととの関係で、振込手数料は賃借

人負担とされることが多い。

(2)消費税　店舗などの事業用建物の賃貸借契約における賃料、共益費、更新料等には消費税が課税されることになる。そこで、契約書上記載されている賃料等が内税なのか外税なのかを確認しておく必要がある。

なお、土地の譲渡や賃貸は消費税の対象とはならない（消税6①・別表第一1）。また、住宅用建物の賃貸借契約における賃料等は、賃貸借期間が1か月に満たない場合などを除き非課税とされている（消税6①・別表第一13）。

(3)賃貸目的物の特定　自分の考えていたものとまったく異なる建物を借りることになっていたというトラブルは現実にはあまりないが、それでも部屋の一部が目的となっている場合に、部屋の仕切りがあいまいであったり、主たる建物部分に付属する空間（倉庫など）が目的物に含まれるのかがあいまいとなっていたりすると、後にトラブルになることはある。通常、賃貸目的物の建物は、登記簿の記載に合わせて所在地、建物番号、面積等が契約書に記載されるが、建物部分（建物内の部屋で登記簿に記載されないもの）については図面を契約書に添付してトラブルに備えることが多い。

(4)建物の使用目的　建物の使用目的の定めは賃貸借契約の成立のための要件ではないが（民601）、賃貸人の立場からすると、使用目的を限定しておかないと、想定外の態様で使用されてしまい、近隣との関係悪化、建物自体の劣化などが生じてしまうリスクがある。そこで、建物賃貸借契約においては、使用目的が限定されており、これに反した場合には、賃貸借契約を解除できる条項がおかれていることが一般的である。

賃借人の立場からは、建物の使用態様と使用目的の規定内容との間に離齬がある場合、賃貸借契約を締結した目的を果たしえないこととなるため、使用目的の規定内容が賃借人の目的と合致しているか確認する必要がある。

（5）賃貸借契約の期間　❶契約期間の定め：　契約期間の定めは賃貸借契約成立の要件ではないものの、実務上、契約期間が設定されることが通常である。

　期間の長短につき、事業目的で賃貸借契約を締結する場合、賃借人の立場からは、契約期間はなるべく長い方が望ましいことが多い。個々の賃貸借契約によってその期間は様々であるが、建物賃貸借の場合、2〜5年の期間が規定されることが多い。

　なお、期間の定めがない場合には、当事者はいつでも解約の申入れをすることができ、建物賃貸借の場合には、解約申入れから3か月の経過により賃貸借契約は終了する（民617①）。もっとも、賃貸人からの解約申入れについては、借地借家法により民法の規定内容が修正され、「正当事由」が認められる場合に限って（借地借家28）、6か月の経過により（同27）終了することになる。

　❷中途解約権の定め：　賃貸借の期間を定めた場合、その一方または双方がその期間内に解約する権利を留保する特約が存在するときには、解約申入れ後3か月経過により賃貸借契約が終了するとされている（民618）。したがって、契約期間の定めがあるにもかかわらず、中途解約の余地も残したい場合には、賃貸借契約において中途解約権を留保することを規定しておく必要がある。

　なお、賃貸人からの解約については、前述❶と同様、借地借家法27条・28条による修正がなされる。

　❸更新条項の定め：　実務上、契約期間は2〜5年程度と比較的短期間としたうえで、契約の更新条項を規定しておくことが一般的である。更新条項がある場合には、そこで規定されている手続をとることにより、定められている条件で契約が更新されることになる。

　更新条項の定めがなされていない場合でも、借地借家法26条により、期間の定めのある賃貸借については、当事者が期間満了の1年前から6か月前までの間に、相手方に対して更新をしない旨の通知または条件を変更しなければ更新しない旨の通知をしない限り、法律

上当然に更新されるとみなされる（法定更新）。この場合、更新後の賃貸借契約は従前と同条件の内容となり、期間についてのみ定めがない契約となる。

　また、法定更新による場合、および更新条項が定められている場合のいずれも、賃貸人からの更新拒絶には正当事由が必要となり（借地借家28。詳細については第3章17を参照されたい）、更新拒絶の通知をなす期間についても、借地借家法26条の期間よりも賃借人に不利な内容の定めをしても無効となる（借地借家30）。他方、賃借人からの更新拒絶の通知期間を6か月より短い期間とする定めは賃借人に有利な内容であり有効である。

　そこで、更新に関する手続が借地借家法に定めるものよりも賃借人に不利な内容となっていないか検討する必要がある。

(6)敷金・保証金　敷金や保証金の預託については、強制的に設定させられるものではないことから、賃貸人が敷金・保証金の預託を望むのであれば、賃貸借契約上規定しておく必要がある。

　敷金・保証金の約定で賃借人の立場から気をつけるべき条項は、いわゆる敷引特約ないし保証金の償却に関する取り決めである。これについては、当事者間で合意がなされている以上有効であるが、具体的事情によっては、敷引特約が無効と判断される可能性はあることから、賃借人の立場からは、不合理な内容の約定となっていないか検討する必要がある。なお、敷金と保証金についての詳細は、本章6を参照されたい。

(7)建物の設備等　建物の引渡し時に建物に付属する造作や営業設備が存在する場合、当該設備等の所有権が賃貸人・賃借人のどちらの所有に属するのかは、当該設備等の修繕義務および賃貸借契約終了時の原状回復義務の範囲に含まれるか否かの分かれ道になることから、特に賃借人の立場からは重要となる。

　具体的には、賃貸人の所有ということになれば、特段の定めのない限り、当該設備等は賃貸借契約の目的物ということになり、賃貸人が

修繕義務を負い、賃借人は契約終了時にこれを収去するべき義務を負わないことになる。他方、賃借人の所有ということになれば、賃貸人は修繕義務を負わず、賃借人は契約終了時に撤去するべき義務を負うことになる。当該設備等が附合によって建物に吸収され、建物所有者である賃貸人の所有となる場合があるが、実務では特約を付して、賃借人が修繕義務を負い、賃借人は収去義務を負うとされることが多い。

契約有効期間中は修繕に関する紛争は常に発生しうるし、終了後は原状回復に関する紛争が発生することが多いことから、この点は、賃貸借契約で明確にしておく必要性が高い。

なお、賃借人が賃貸借契約に基づき建物の引渡しを受けた後に造作を設置した場合、原則として、賃借人は賃貸借契約終了時に収去するべき義務を負う（民 599 ①・622）。この場合、賃貸人に対して買取りを請求することができるという賃借人の造作買取請求権を定める借地借家法 33 条は任意規定とされており（借地借家 37）、特約により排除することができるので、排除する旨規定されていることが一般的である。

(8)修繕義務　賃貸人は、賃借人の責めに帰すべき事由により修繕の必要が生じた場合を除き、賃貸目的物の使用および収益に必要な修繕をする義務を負うとされている（民 606）。もっとも、民法 606 条は任意規定であることから、一定の限度で賃借人に修繕義務ないしその費用を負担させる特約も有効とされるので、賃借人の立場からは、過重な修繕義務を負わされていないか確認する必要がある。

なお、修繕義務の詳細は、第 2 章 7 を参照されたい。

(9)禁止事項　賃貸借契約においては、賃借人が目的建物を使用するにあたって禁止される事項や制限される事項について定められていることが通常である。このような定めがあることによって、賃借人は禁止事項ないし制限事項に対する不作為債務を負うことになり、不履行があった場合には、債務不履行解除や損害賠償請求をされうることになる。

そこで、賃借人の営業にとって必須の事柄が禁止ないし制限されて

いないかを事前に確認し、これらが規定されている場合には、禁止ないし制限される事項から除外するよう賃貸人と交渉すべきことを指摘する必要がある。

　なお、債務不履行解除については、単に債務不履行が存在するだけでは賃貸人は解除することができず、信頼関係が破壊されたといえない場合には、解除権の行使は許されないことになる。詳細については、第3章**23**を参照されたい。

(10)契約の解除　**(9)**のような禁止事項を定めた条項に違反した場合などの解除事由を列挙したうえで、たとえば、「上記事由に準じる事項が発生した場合」といった抽象的な内容が規定されている場合がある。

　もちろん、契約解除については、前記の通り、信頼関係が破壊されたといえない場合には、解除権の行使は許されないという制限があるものの、賃貸人がこのようなあいまいな規定に基づいて賃貸借契約の解除を主張してくるという紛争を避ける観点からは、抽象的な事由が解除事由とされていないか確認しておく必要がある。もし抽象的な事由が規定されている場合には、削除ないし内容を特定するよう助言するべきである。

　なお、契約解除に必要となる手続に関しては、第3章**24**を参照されたい。

(11)原状回復　賃貸借契約の終了後に生じる紛争としては、賃借人の原状回復義務の範囲に関するものが非常に多い。賃借人は、通常の使用および収益により生じた賃貸目的物の損耗ならびに経年変化を除く賃貸目的物を受け取った後に生じた損傷を原状に復する義務を負うとされる（民621）。

　いわゆる通常損耗については、原状回復義務の対象とならないとされているが、これを賃借人の負担とする特約も有効である（最判平成17・12・16判時1921号61頁は、賃借人が負担することとなる通常損耗の範囲が契約条項中に具体的に明記されていることなどの事情を必要とする。

詳細は、第3章21参照）。事業用の建物賃貸借の場合には、消費者契約法が適用されないことから、このような合意が有効とされる範囲は広くなる。

　賃借人の立場からは、想定外の費用負担を避けるため、自己が負担する義務の範囲をなるべく具体的に規定しておくことが肝要であり、不明確な内容であれば、多額の費用がかかる設備の撤去がどちらの負担になるのかなど、契約締結時にあらかじめ規定しておくことが望ましい。

　なお、原状回復義務の内容を規定する場合、国土交通省住宅局が作成した「原状回復をめぐるトラブルとガイドライン」なども参考になる。原状回復義務の詳細については、第3章21を参照されたい。

【 *Answer* 】

　賃貸借契約では実務上、契約内容は公表されている標準契約や標準契約約款が利用されることが多いことから、一方的に賃借人にとって不利な内容とされているケースはそれほど多くはないと思われる。

　もっとも、標準契約等によると、賃借人が賃貸借契約を締結する目的に合致した内容となっていないことも考えられることから、特に事業目的で建物を賃借する場合には、標準契約等を用いていたとしても、賃借人の賃貸借契約の目的が何か、具体的にどのような形態で建物を利用するのかなど、事情をよく聴き取り、そのうえで、契約書の内容を確認しなければならない。

　また、賃貸借契約の場合、これに関する民法等の規定は任意規定であるものが多く、契約上の定めが優先されてしまうことが多いことから、賃借人にとって不当に不利な内容の定めがなされていないかを十分確認し、不当に不利なものに関しては、契約締結前に賃貸人と交渉したり、賃借人にはリスクとして把握しておいてもらったりすることが重要である。

　なお、Case は事業用の賃貸借契約を想定しているが、居住用の場合などは賃借人が消費者に該当し、消費者契約法の問題も生じることになる点には留意が必要である。

2 ... 賃貸借契約書のチェックポイント②： 平成 29 年改正対応

Case

個人で不動産賃貸業を営んでいる X が、Y に対して居住目的で所有建物を賃貸しているが、当該賃貸借契約の契約期間が 2020 年 6 月末日で満了となり、同年 7 月 1 日に更新することになる予定である。そこで、X は Y より更新後の契約条項案の提示を求められている。なお、A が連帯保証人となっている。

• • •

ノボル：X さんから、民法改正後に更新される賃貸借契約を作ってほしいという依頼がきてるんですよ。

姉　弁：ノボル君、確か改正法の内容については改正法が成立してから頑張って勉強してたよね。だから、自信をもってアドバイスできるでしょ。

ノボル：はい！ いろいろ勉強したので、きめ細かく対応できると思います。でも・・・X さんは不動産の流動化などを目的としてるわけでもないですし・・・単なる居住目的の賃貸借契約書なので、そこまで大きな変化はないかもしれません。

姉　弁：そうね。だけど改正によってどういう影響が出てくるのかは依然としてはっきりしないところもあるから、改正法の内容をよく理解したうえで契約書の内容を確認する必要があるわね。ところで念のためだけど、改正法の施行日は知ってる？

ノボル：はい！ 2020 年 4 月 1 です。

姉　弁：ちなみに、今回の賃貸借契約書は改正法の施行日前に成立している契約だけど、更新後の契約にも改正後の民法が適用されるのかしら。

ノボル：あくまで更新契約も施行日後に成立した契約なので、改正後の民法が適用されると思います。

姉　弁：本当にそれで正しいのかしら。更新が当事者の合意によってなされた場合だったら改正後の民法が適用されると当事者が期待しているといえるけど、そうではなくて法律の規定に基づいて更新された場合は、改正後の民法が適用されるという当事者の期待があるとは、必ずしもいえないんじゃない？

ノボル：そ、それは・・・。正直、あまり考えたことがなかったです。

姉　弁：平成29年改正法附則34条は、施行日前に賃貸借契約が「締結」された場合には従前の例によるとしていて、法律の規定に基づいて更新された場合にどのような処理をすることになるかは議論の余地があるんじゃないかしら。もっと深く検討しないと。実務ではどの時点の法律関係から適用されるのかがとても重要だから、経過措置の文言だけじゃなくてどのように解釈されるかまでよく確認して、契約書の内容をどうしておくことがリスクが少ないのか、検討しなきゃダメよ。

ノボル：わかりました！

Ｃｈｅｃｋ　Ｌｉｓｔ

☐最初の契約締結日は平成29年改正法の施行日前か［→ 3(1)］

☐更新日は改正法施行日後か否か［→ 3(1)］

☐更新は合意による更新か、法定更新か［→ 3(2)］

☐連帯保証人との間で施行日後に保証契約を合意更新するか否か［→ 3(3)］

☐賃借人から賃貸人に差し入れられている金員があるか、その内容はいかなるものか。返還の要否、債務への充当の可否は明記されているか［→ 2(1)❿、4(1)］

☐賃借人の修繕権の行使条件・範囲、その費用負担、賃貸人に対する通知の方法、修繕箇所確認のための立会いの実施、修繕工事の発注方法などが定められているか［→ 2(1)❹、4(2)］

☐建物の一部滅失があった場合には、賃借人は賃貸人に通知し

たうえで、適正な減額割合、減額期間、減額の方法等を協議のうえ決定するといった協議条項が規定されているか［→ 2 (1)❺・❻、4(3)］

□賃借人が一部使用収益ができなくなったことを賃貸人に通知する以前の賃料減額を主張することができないと規定されているか［→ 2(1)❺・❻、4(3)］

□更新後の賃料および増額後の賃料についても保証の効力が及ぶことが規定されているか［→ 2(2)❶、4(4)❶］

□連帯保証人に対する請求の効果が賃借人に及ぶことが規定されているか［→ 2(2)❶、4(4)❷］

□個人が連帯保証人となっているか［→ 2(2)❷・❸、4(4)❸・❹］

□事業目的の賃貸借契約で個人が保証人である場合、適切な極度額が設定されているか［→ 2(2)❷、4(4)❸］

□個人が保証人となり事業のためになされる賃貸借契約の場合、賃借人が保証人に対する情報提供義務を果たしていることを確認しているか［→ 2(2)❸、4(4)❹］

［ 解 説 ］

　平成 29 年改正後の民法（以下「平成 29 年改正法」という）は 2020 年 4 月 1 日から施行されている。施行後に締結される契約について改正法が適用されることは当然である。他方で、施行前に締結された賃貸借契約が更新された後の契約関係に改正法がどのように適用されるのかについて理解をしておくことが重要となる。以下、平成 29 年改正法の概略をみたうえで、施行日前に締結された賃貸借契約の施行日後における更新により改正法が適用されるかにつき解説する。

1 平成29年改正法の目的

　民法の平成29年改正は、取引社会を支える最も基本的な法的イン
フラである契約に関する規定を中心として、社会・経済面での著しい
変化に対応するとともに、法律の専門家ではない国民一般にとっての
わかりやすさを向上させることを目的としている。

2 建物賃貸借に影響を及ぼす改正点

　改正項目のうち、建物賃貸借に影響を及ぼすのは主に賃貸借に関す
る改正および保証に関する改正である。以下、これらの概要を解説す
る。詳細については、日本弁護士連合会編『実務解説改正債権法』
(弘文堂・2019年)、筒井健夫ほか編『一問一答民法(債権関係)改正』
(商事法務・2018年。以下「一問一答民法改正」という)等を参照のこと。

(1)賃貸借に関する改正　❶賃貸借の意義に関するもの：　賃借人が
賃貸借契約が終了したときに賃借物を返還することは賃貸借契約の本
質的要素であることから、平成29年改正法は、賃借人が契約終了時
に賃借物を返還することを約することが賃貸借の合意内容であること
を明確にした(民601)。

　❷短期賃貸借に関するもの：　制限行為能力者が単独で有効に短期
賃貸借をできるとの誤解を防ぐための文言修正をするとともに、処分
の権限を有しない者が締結した法定期間を超える賃貸借契約は、期間
を超える部分のみ無効となることが明文化された(民602)。

　❸賃貸借の存続期間に関するもの：　借地借家法等の特別法の適用
のない賃貸借の上限が50年とされた(民604)。

　❹賃借物の修繕に関するもの：　賃借人の責めに帰すべき事由によ
って修繕が必要となった場合には賃貸人は修繕義務を負わないことを
明確にした(民606①ただし書)。

　また、賃借人が賃借物を修繕するための要件を明記した(民607の
2)。

　❺賃料の減額に関するもの：　従来は賃借物の一部が滅失した場合

に賃借人は賃貸人に賃料減額を請求できるとしていたが、賃借物の一部が滅失しただけでなく、その他の事由により使用および収益をすることができなくなった場合に、賃料は当然に減額されるとされた（民611①）。

❻賃借物の滅失等による解除に関するもの： 賃借物の一部滅失等により使用収益をすることができなくなり、契約の目的を達することができないときには、賃借人の責めに帰すべき事由による場合であっても、賃借人から契約の解除をなしうるとした（民611②）。

また、賃借物の全部が使用収益をすることができなくなった場合には、賃貸借は終了することが明文化された（民611②）。

❼転貸借に関するもの： 適法に転貸借がされた場合における賃貸人と転借人の関係に関し、転借人は原賃貸借に基づく賃借人の債務の範囲を限度として、賃貸人に対して転貸借に基づく債務を直接履行する義務を負うことが明文化された（民613①）。

また、賃借人が適法に賃借物を転貸した場合には、賃貸人は、賃借人の債務不履行による解除権を有したときを除き、原賃貸借契約を合意により解除したことをもって転借人に対抗しえないという判例法理（最判昭和62・3・24判時1258号61頁）が、明文化された（民613③）。

❽賃貸借終了時の賃借人の原状回復義務および収去義務に関するもの： 実務上賃借物に生じた損傷や通常の使用収益によって生じた賃借物の損耗・経年劣化の扱いは判例法理（最判平成17・12・16判時1921号61頁など）により処理されていたが原状回復義務の範囲に関するトラブルが頻発していることもあり、判例法理を明文化し法律関係の明確化を図るため、賃貸借契約が終了したときは、賃借人が賃借物を受領した後に生じた損傷（通常の使用および収益によって生じた賃借物の損耗や経年変化を除く）については賃借人が原状回復義務を負うものの、賃借物の損傷が賃借人の責めに帰することができない事由によるときは原状回復義務を負わないことが明文化された（民621）。

また、賃借人が賃借物に付属させた物（冷暖房設置や間仕切り壁な

ど）について、賃貸借が終了したときは、賃借人が収去義務を負うことも明文化された（民622で準用する同599①）。

❾賃借人の用法違反による賃貸人の損害賠償請求権の時効に関するもの：　賃借人による用法違反の事実について賃貸人が把握する前に消滅時効が完成してしまうという不合理な事態を防ぐため、賃借人の用法違反による賃貸人の損害賠償請求権については、賃貸人が返還を受けたときから1年を経過するまでは、消滅時効の完成を猶予すると規定された（民622で準用する同600②）。

❿敷金に関するもの：　敷金を「いかなる名目によるかを問わず、賃料債務その他の賃貸借に基づいて生ずる賃借人の賃貸人に対する金銭の給付を目的とする債務を担保する目的で、賃借人が賃貸人に交付する金銭」と定義した（民622の2①柱書）。

このほか、敷金返還債務の発生時期について、賃貸借が終了して賃借物が返還されたとき（最判昭和48・2・2民集27巻1号80頁を明文化）、および賃借人が適法に賃借権を譲渡したとき（最判昭和53・12・22民集32巻9号1768頁）にそれぞれ発生するとし（民622の2①）、返還するべき敷金の額は、受け取った敷金の額からそれまでに賃貸借に基づいて生じた金銭債務の額を控除した金額であることを明記した（同①柱書）。

加えて、敷金返還債務が発生する前において、賃貸人はすでに生じている賃借人の債務に敷金を充当することができるが、賃借人からは敷金を債務の弁済に充当することができないことを明文化した（民622の2②）。

⓫不動産賃貸借に関するもの：　不動産賃貸借について、賃借権の第三者に対する対抗に関する規定を整理し、第三者への賃貸人たる地位の移転に関する規律を明文化した（民605・605の2）。また、賃貸人たる地位が法律上当然に移転する場合には、費用償還に係る債務および敷金返還に係る債務について譲受人に承継されるとした（民605の2④）。これらはいずれも従来の判例法理を明文化したものである。

（2）保証に関する改正の概要　❶保証の基本的内容に関するもの：
主債務の目的または態様が保証契約の締結後に加重されても保証人の
負担は加重されないとされ（民448②）、主債務者が債権者に対して
主張できる抗弁については保証人も当該抗弁をもって対抗できること
（民457②）、主債務者が債権者に対して相殺権、取消権または解除権
を有するときは、これらの行使により主債務者が債務を免れる限度で、
保証人は債務の履行を拒むことができること（同③）が明文化された。

　また、連帯保証人に生じた事由の主債務者に対する効力について、
連帯保証人に対する履行の請求は原則として主債務者に対しては効力
を生じないと改めるとともに、債権者および主債務者が別段の意思を
表示していた場合には、その意思に従うと規定された（民458・441）。

　❷個人根保証に関するもの：　保証人が個人である根保証契約につ
いては、金銭の貸渡し等によって負担する債務を主債務の範囲に含む
貸金等根保証契約に限り極度額を定めなければならないとされていた
が、不動産の賃借人の債務を主債務とする根保証契約において、長期
の賃料不払い、その他の債務不履行（たとえば用法違反や賃借人が賃借
物件にて自殺した場合）について個人保証人に過大な責任の履行を求
めることは適切でないことから、極度額に関する規律の対象を保証人
が個人である根保証契約一般に拡大し、主債務の範囲に含まれる債務
の種別を問わず、書面または電磁的記録で極度額を定めなければ効力
を生じないとした（民465の2）。

　❸保証人への情報提供義務に関するもの：　委託を受けた保証人の
請求があったときは、債権者は主債務の元本や利息等の従たる債務に
ついての不履行の有無、各債務の残額、弁済期未到来分の額に関する
情報を提供しなければならないとされた（民458の2）。

　また、保証人が個人である場合には、債権者は、主債務者が期限の
利益を喪失した事実を知ったときから2か月以内に通知しなければ
ならず、この通知を怠ったときには、期限の利益喪失のときから通知
が現になされるまでに生じた遅延損害金を請求できないとされた（民

458 の 3)。

　加えて、保証人が個人である場合に、事業のために負担する債務を主債務とする保証契約やこれを主債務の範囲に含む根保証契約を締結するにあたっては、主債務者は、自己の財産および収支の状況等に関する情報を保証人になろうとする者に提供しなければならず、情報提供がなされないまたは事実と異なる情報が提供されたことにつき債権者が知りまたは知ることができた場合には、保証人は保証契約を取り消すことができるとされた（民 465 の 10）。

3　更新後の契約への平成 29 年改正法適用の有無

　賃貸借契約が平成 29 年改正法の施行日である令和 2 年 4 月 1 日以前に成立している場合であって、更新契約が施行日後であるときは、更新後の契約に平成 29 年改正法が適用されるのか。

(1)新法の経過措置の基本的考え　一般に取引の当事者等は、法律行為や意思表示をした時点において通用している法令の規定が法律行為や意思表示に適用されると考えるのが通常であることから、新法の経過措置においては、その法律行為や意思表示が施行日前になされていれば改正前の法律（附則 34 ①等）が、施行日後に発生していれば改正後の法律が、それぞれ適用される。

　なお、平成 29 年改正法の経過措置の中でも、契約の当事者でない第三者との間の法律関係を定めるもので、広く適用しても関係当事者の期待を害するおそれがないもの（たとえば、不動産の賃借人による占有の妨害を行う第三者に対する妨害停止請求権（民 605 の 4））は、賃貸借契約が施行日前に締結されていても、行使することができるとされる（附則 34 ③）。

(2)更新後の契約への適用　契約の更新には、①当事者間の合意によるものと②法律上の規定に基づくものとがある。

　❶当事者間の合意によるもの：　当事者間の合意により賃貸借契約が更新される場合、更新後の契約については、当事者間では改正後の

法律が適用されることへの期待があるといえることから、当事者間の合意により契約が更新される場合には、更新後の契約に平成29年改正法が適用されることになる。

なお、当事者間の合意によって契約が更新される場合には、契約期間満了のたびに改めて更新の合意をするケースだけではなく、期間の満了前に両当事者のいずれかが異議を述べない限り自動的に契約が更新されるといった場合も含めて考えられる。この場合、契約期間満了前に契約を終了させないという不作為をもって更新の合意があったと評価できるからである（一問一答民法改正383頁）。

❷**法律上の規定に基づくもの**：　賃貸借期間の満了後、賃借人が賃借物の使用または収益を継続する場合に賃貸人がこれを知りながら異議を述べないときは、黙示の合意があったとして、従前の賃貸借と同一の条件でさらに賃貸借したものと推定される（民619①）。この場合には、施行日以後に合意があったものといえ、また、当事者間では改正後の法律の適用があることへの期待があるともいえるから、平成29年改正法が適用されることになる。

これに対し、借地借家法の法定更新の場合（借地借家26）、当事者間の意思に基づかず法律上契約の更新がなされたとみなされることになるから、契約更新の時点では、平成29年改正後の法律が適用されることへの当事者の期待があるとはいえないので、更新後の契約にも平成29年改正前の民法が適用されると解される（一問一答民法改正383頁）。

なお、借地借家法26条に基づき法定更新がなされる場合、賃貸人が更新拒絶の通知をしたものの正当事由（借地借家28）を欠くことから法定更新される場合と、そもそも更新拒絶の通知がされなかった場合とがあるが、この法定更新が当事者の意思に基づくものではなく賃借人保護という政策的理由から規定されたものであることから、いずれの場合も施行日以後に法定更新されたとしても、平成29年改正前の民法が適用されると解される（一問一答民法改正384頁）。

(3)賃貸借契約についての保証契約への適用　賃貸借契約上の賃借人の債務につき連帯保証している者がいる場合、賃貸借契約の更新後、連帯保証契約に平成 29 年改正法が適用されるか。

　平成 29 年改正法のうちの保証に関する規定（民 446 以下）は、保証契約の締結時を基準として施行日前に締結されたものには平成 29 年改正前の民法が適用される（附則 21 ①）。そうすると、施行日以後に賃貸借契約が合意更新されるのとともに保証契約が新たに締結または合意更新された場合には、当該保証契約に平成 29 年改正法が適用されることになる。

　これに対し、賃貸借契約のみが合意更新された場合は、賃貸借に伴って締結される保証契約は、賃貸借契約が合意更新された場合にも更新後の契約を含めて当該賃貸借契約から生ずる賃借人の債務を保証することを目的としていると解されることから（最判平成 9・11・13 集民 186 号 105 頁）、賃貸借契約の更新時に新たに保証契約を締結するわけではないので、保証契約には平成 29 年改正前の民法が適用されることになる。

4　平成 29 年改正法が適用される場合の見直しポイント

　平成 29 年改正法のうち、居住目的の建物賃貸借契約に関する規定は任意規定であり当事者間の合意が優先されるが、改正部分に関わる当事者の合意内容があいまいだと後に合意内容の理解に関して齟齬が生じてトラブルになるおそれがある。そのため、これを機に合意内容を見直しておくことが望ましい。平成 29 年改正法を踏まえて見直すべき規定は、主に、敷金に関する規定、賃貸物の修繕に関する規定、賃貸物の一部滅失等による賃料減額に関する規定、連帯保証に関する規定である。

(1)敷金に関する規定　敷金等、賃借人が差し入れた金員の返還に関する紛争は非常に多い。そこで、賃借人が差し入れた金員の性質・内容（返還の要否、債務への充当の可否）を明確にしておく必要がある。

敷金である場合には、平成29年改正法により明文化された敷金の定義に該当する金銭であることを賃貸借契約書上明確にしておく必要がある。

(2)賃貸物の修繕に関する規定　賃借人の修繕権が認められた（民607の2）ことにより、賃貸人は賃借人による恣意的な修繕の行使がなされて費用償還請求を受けるリスクを負うことになっている。修繕の要否、内容・方法、範囲について、賃貸人と賃借人の見解が相違して紛争となるおそれがある。そこで、賃借人の修繕権の行使条件・範囲、その費用負担、賃貸人に対する通知の方法、修繕箇所確認のための立会いの実施、修繕工事の発注方法などを事前に明確にしておくことを検討すべきである。なお、居住目的の場合あまりに賃借人に不利な内容とすると消費者契約法により無効となるおそれがあるので、注意が必要である。

(3)賃貸物の一部滅失等による賃料減額に関する規定　賃貸物の一部に滅失等が生じた場合、賃借人に帰責性がある場合でも当然に賃料が減額されるが（民611）、どの程度減額するのかなど不明確な点もある。そこで、一部滅失があった場合には、賃借人は賃貸人に通知したうえで、適正な減額割合、減額期間、減額の方法等を協議のうえ決定するといった協議条項を入れておくなど、使用不能となった場合の取扱いを規定するとともに、賃借人が一部使用収益ができなくなったことを賃貸人に通知する以前の賃料減額を主張することができないとしておくことも検討すべきである。

(4)連帯保証に関する規定　❶保証の範囲について：　平成29年改正法は、保証契約締結後に主債務の目的または態様が加重されても保証人の負担は加重されないとした（民448②）。目的が加重される場合としては賃料の増額などがあり、態様が加重される場合としては賃料の支払条件・方法、支払期限等に関する条件の加重などがある。

　保証人は、賃貸借契約の更新にあたり改めて保証契約を締結しなくとも、更新後の賃料について保証の効力が及び、また賃料が増額され

た場合の増額分についても保証の対象となるとするのが判例であるが（前掲最判平成9・11・13）、平成29年改正法下でもこれが妥当するかどうかは不明であることから、賃貸人としては更新後の賃料および増額後の賃料についても保証の効力が及ぶことを規定しておくことが考えられる。

❷連帯保証人に対する請求について：　平成29年改正法では連帯保証人に対する履行請求は主債務者に及ばないとされているが（民458・441）、賃借人が所在不明になってしまうケースもあり、賃借人に対して賃料その他の履行請求をすることが困難となる場合がある。そこで、保証人に対して賃料支払請求をすることにより、主債務者との関係でも時効の完成猶予効を生じさせるため、保証人に対する請求の効果が賃借人に及ぶことを規定しておくことが考えられる。

❸賃貸保証の極度額の設定：　個人が連帯保証人となる賃貸保証の場合には、個人根保証規制の適用を受ける（民465の2）。そこで、個人が保証人となる場合、適切な極度額を設定する必要がある。この極度額の設定にあたっては、賃貸借契約から生じた損害額に関する国土交通省の統計資料（国土交通省「極度額に関する参考資料」（平成30年3月30日））等を参考に決めることが考えられる。あまりに高額な極度額は公序良俗違反等を理由に無効とされるおそれがある点に注意が必要となることから、極度額を上げることを検討するだけでなく、敷金等を適切に設定することや賃借人負担による火災保険の利用なども検討すべきである。

❹賃貸保証における情報提供義務：　個人が保証人となり事業のためになされる賃貸借契約の場合、賃借人に保証人に対する情報提供義務違反があったことについて賃貸人が知り、または知ることができたときは保証人は保証契約を取り消しうることから（民465の10）、これを防ぐため、保証人からは、賃借人より法定事項につき情報提供を受けたこと、賃借人からは提供した情報が正確なものであることの表明保証をとるといった対応を検討すべきである。

〖 *Answer* 〗

Case では、更新後の契約は施行日以後に更新がなされることから平成29年改正法が適用されるが、A との間の連帯保証契約については、更新時に新たに A との間で更新合意を行うのかどうかにより改正法の適用の有無が分かれることになる。平成29年改正法は従前の判例法理等を明文化しているところも多く、運用が大幅に変わるわけではないものの、どのような影響が生じるのかは不明確な点もあることから、平成29年改正法下において運用に変化があるのかについては、平成29年改正法の解釈に関する議論をふまえ、裁判所の判断に変化があるかなど情報収集を怠らないようにする必要がある。

3…借地借家法の適用範囲

Ｃａｓｅ

　Ｙ社は、パンの製造販売をする会社であるが、Ｘ社との間で、2009年11月3日、Ｘ社が所有するＡビルの1階で同社が経営するスーパーマーケットの一部において、パン類の製造販売業務を行う契約を締結した。

　開店当初、Ｙ社のパンは好評であったが、次第に売り上げが減少し、Ｙ社のパン販売によるスーパーマーケットの顧客誘引効果も低下した。Ｘ社は、スーパーマーケットのリフレッシュ計画に基づく店舗の入れ替えを計画した。Ｙ社は、2019年5月1日、Ｘ社から契約の更新をしないことを告げられ、同年11月2日の契約期間満了時までにスーパーマーケットから立ち退くよう求められた。

　Ｙ社は、開業にあたり、自ら開発した焼き立てパンの製造販売機材の費用や内装工事費等、多額の資金を支出しており、また、売り上げ向上のために新商品を開発中であるため、店舗の閉鎖および立退きはしたくないと考えている。

・・・

兄　弁：Ｙ社からの相談でまず問題となるところはどこだと思う？

ノボル：（契約書を見て）・・・表題には「パン販売に関する業務委託契約」とありますね。条項にも、「この契約はパン等の販売業務の委託に関するものであって賃貸借契約ではない」と明記されています。そうすると本件は、借地借家法の適用を受ける「建物の賃貸借」とはいえないですよね。

兄　弁：本当にそう思う？　契約書の字面だけで判断して大丈夫なのかい？　確かに契約書の記載も重要だけど、契約関係の実態が契約書と異なっていな

いかどうかも確認しないといけないよ。そもそも、借地借家法の適用を受けるためにはまず、「建物」でなければならないってことはわかるよね。「建物」といえるには何を備えている必要があるか、覚えてる？

ノボル：確か、屋根と壁が必要だったかと・・・。

兄　弁：それで、本件ではどうなっているの？

ノボル：いや、まだ現場を見ていないんで・・・。たぶんスーパーのパン屋さんなので、壁はなくて簡単な間仕切りか何かじゃないかと思うんですけど・・・。

兄　弁：しょうがないね。Ｙ社の立場になったらどうだろう？ Ｙ社はかなりの設備投資をしているようだけど、無条件で立退きに応じなければならないのは酷じゃないかな。

ノボル：確かにそうですけど・・・。

兄　弁：いいかい。契約書だけで予断をもつのではなく、まずは実態を見て、両者の立場から考えることも必要だよ。

Check List

□契約書上、店舗位置の特定はどのようにされているか〔→ 1（1）〕

□実際の店舗は、仕切り等により他の部分と区別されているか
〔→ 1（2）・（3）、（4）❶〕

□店舗のデザイン、出入り口、営業時間等はどうなっているか
〔→ 1（4）❷〕

□権利金、保証金、敷金は差し入れられているか〔→ 1（4）❶〕

□物品販売の領収証の名義は誰か。包装紙は、誰の包装紙か
〔→ 1（4）❷〕

□販売物品の原料等の仕入れ、店舗の管理状況、従業員の雇用
関係、店舗営業の監督状況等はどのようなものであったか
〔→ 1（4）・（5）〕

□店舗の運営に関して、賃貸人側が何についてどの程度関与し

［ 解 説 ］

1　借地借家法が適用されるための要件①：建物であること

(1)問題の所在　借地借家法は、「建物」の「賃貸借契約」に対して適用される（借地借家1）。そこで、問題となっている契約が借地借家法の規律を受けるかどうかについては、契約の対象区画が「建物といえるか」、当事者間の契約が「賃貸借契約」といえるかどうかを検討することになる。

(2)建物とは　借地借家法（旧借家法を含む）が適用される条件としては、まず、契約の対象物が「建物」であることが必要である。

　建物とは、土地に定着し、周壁、屋蓋を有し、居住、営業、物の貯蔵等の用に供することのできる永続性のある建造物をいう（大阪高判昭和53・5・30判タ372号89頁）。

　建物の一部であっても、障壁その他によって他の部分と区別され、独占的排他的支配が可能な構造・規模を有するものは「建物」にあたる（最判昭和42・6・2民集21巻6号1433頁）。

(3)建物性に関するその他の問題点　ビルの屋上、鉄道高架下などは「建物」といえるか。

❶ビルの屋上：　屋上部分は、多くは、入り口が施錠され、独占的排他的支配が可能な構造となっているものの、上方の空間部分とは区画されていないので、基本的には建物とはいえないであろう。屋上部

分の建物性を否定した事案として、大阪高判昭和53・5・30（判タ372号89頁）がある。

❷鉄道高架下：　鉄道高架下の建物性を肯定した事案として、最判平成4・2・6（判時1443号56頁）がある。この判例は、「〔本件施設物は、鉄道高架下施設であるが〕土地に定着し、周壁を有し、鉄道高架を屋根としており、永続して営業の用に供することが可能なものであるから、借家法にいう建物に当たる。本件店舗は、本件施設物の一部を区切ったものであるが、隣の部分とはブロックにベニヤを張った壁によって客観的に区別されていて、独立的、排他的な支配が可能であるから、借家法にいう建物に当たる……」とした原判決を是認している。

（4）ビルの一部の建物性に関する裁判例　❶否定例：　ビルの一部の建物性を否定したものとしては、東京地判平成20・6・30（判時2020号86頁。駅ビルレストラン街の一部につき借地借家法の適用が否定された事案）がある。

この裁判例の判断要素は、おおむね以下の通りである。

- ・間仕切りにより他の店舗とは区別されているものの、それ自体出店に際して設置されたものであるうえ、契約面積中には賃料の対象にならない通路等の部分が含まれている。
- ・独自の施錠設備や独立した外部からの入り口がない。
- ・出店区画が変更されたり、契約面積も増加するなどしている。
- ・営業、休業、営業時間、営業品目、店員の採用等に様々な制約が課されている。

上記裁判例のほか、大阪地判平成4・3・13（判タ812号224頁）では、「建物であるか」のほか「賃貸借であるか」の問題とも関係するが、「通常賃貸借契約に付随する権利金や敷金等の授受がなく、管理会社の収得する金員は売上金の一定割合をもって定められ、更に売場の設定や変更等について管理会社の強い権限が及んでいるなど、判示の事情があるときは、これを賃貸借契約ということはできず、借家法

等の適用もない」旨判示している。

❷肯定例： ビルの一部の建物性を肯定したものとしては、東京地判平成 8・7・15（判時 1596 号 81 頁。スーパーマーケット内のパンの売り場部分の使用関係につき、旧借家法の適用が肯定された事案）がある。

この裁判例の判断要素は、おおむね以下の通りである。

- スーパーマーケットの経営会社（賃貸人）が、パンの販売会社（賃借人）独自のパン製造技術に注目し、賃借人の集客力を期待して契約を締結している。
- 店舗の具体的な運営は、賃借人自身が行っていた。セールの告知や宣伝用のチラシの配布も賃借人が独自に行っていた。
- パンを販売するために必要な営業許可は賃貸人名義で取得されているが、店舗図面の作成、保健所との打ち合わせ、許可申請書の提出、店舗工事終了後の検査など実際の手続きはすべて賃借人が行っていた。
- 賃借人は、店舗の内装デザイン、レイアウトなどについて、ほかの賃借人の店舗と統一感をもつ形で工事を行い、その後の改装工事も含め、内装の工事費用はすべて賃借人が支出していた。
- 賃借人は、ビル全体の改装工事費等について、売り場部分の間口に応じた負担をしていた。
- 賃借人のレジスターは、賃貸人が直接管理できない構造になっている。
- 賃借人は、仕入れや商品の構成等を独自に決定している。そこで勤務する販売員やパンを焼く作業員も、賃借人が雇用し、指揮監督し、技術指導を行っている。
- 販売員は賃借人の制服を着用し、レシートの伝票や包装も賃借人の表示のみ記載されている。
- 本件売り場部分には、スーパーマーケットの入り口とは別に、直接公道から出入りできる独自の入り口がある。

・本件売り場は、スーパーマーケットの各売り場と扉等はなく
　自由に行き来できるが、一応独立した区画となっており、天
　井にはシャンデリアも備え雰囲気も異なる。本件売り場部分
　からスーパーマーケット側に出た場合でも、スーパーマーケ
　ットのレジを通ることなく外に出られる構造になっている。
・スーパーマーケットとパン店舗の営業時間や休業日は同じで
　あるが、一時期、スーパーマーケットの開店時間より長く開
　店していたことがある。
・契約期間中、ビルの改装工事の際に賃借人店舗の面積が約1
　坪減少することになり、その際に、保証金360万円のうち
　60万円を賃貸人が返還した。賃借人の使用部分が増加した
　際には、賃借人が保証金を追加して支払った。

(5)判断の方向性　裁判例を検討すると、借地借家法が適用されるた
めの「建物」（賃貸場所の独立性）に該当するかどうか（次の賃貸借かど
うかにも関わるが）については、店舗部分の物理的な独立性のほか、
賃料の支払方法、権利金、保証金、敷金差入れや契約更新の有無、店
舗位置の移動、賃料の増減の有無、内装工事費は誰が支出しているか、
物品販売の領収証の名義や包装紙のデザイン、販売物品の原料等の仕
入れ、店舗の管理状況、従業員の雇用関係、店舗営業の監督状況等に
つき賃貸人側の統制・支配の程度はどの程度であったのか、といった
種々の要素の組み合わせで決定されている。このように、重要なのは
契約書の形式的な記載ではなく、契約の実質であり、事案ごとに契約
がどのような形で履行されているか、その実態を詳細に調査し、検討
する必要がある。

2　借地借家法が適用されるための要件②：賃貸借であること

(1)賃貸借の意義（特に賃料の意義）　賃貸借契約とは、「当事者の一
方がある物の使用及び収益を相手方にさせることを約し、相手方がこ
れに対してその賃料を支払うこと……を約することによって、その効

力を生ずる」契約である（民601）。

　無償で建物を貸す契約は使用貸借であり賃貸借ではない。この賃料は、定額であっても歩合制であってもよい。商業ビルでも、オフィス賃料は定額賃料である一方で、ビル内ショッピングセンターのテナント賃料は歩合賃料であることも多い。賃料として支払っている金額が、固定資産税程度の金額である場合には、無償つまり使用貸借契約であると評価される場合もある。

（2）業務委託契約との違い　店舗などの建物賃貸借で問題となるのは、契約の形式として「業務委託」という形をとることが多いという点である。

　最判昭和39・9・24（集民75号445頁）は、「経営の委任または委託の場合、法律上委任の形式をとるにかかわらず受任者が自己の計算において自己の裁量に従って経営を行い、委任者に対して一定の金員を支払うことが少なくない。かかる場合、経営の委任といっても実質は営業の賃貸借に外ならないと解すべきである」と判示している。

　また、大阪高判平成9・1・17（判タ941号199頁）では、契約書上では店舗経営委託契約とされている契約について、実際の店舗の経営主体、経営の実情、内装工事、飲食店の営業許可の取得、業務委託料が収益の額に関係なく一定の額であったこと等から、「右の契約は、店舗経営委託契約の性格を持たず、かえって控訴人に本件物件と内装・器具を〔店舗側〕の営業のために自由に使用収益して、その収益を取得（損失のときはこれを負担）することを許し、その対価として一定額の金員を受領することとする建物賃貸借の性格を有することは明らかである」旨判示している。

（3）判断の方向性　このように、賃貸借契約であるか業務委託契約であるかどうかは、契約書の形式的な文言によって判断するのではなく、個別的な事案の実質的な状況に基づいて判断される。そして、その判断基準の多くは、「建物性」の有無の判断と重なるように思われる。

　なお、いわゆるケース貸しについて借地借家法の適用を否定した事

例として、最判昭和 30・2・18（民集 9 巻 2 号 179 頁）がある。

3　権利濫用論

　一般条項ではあるが、権利濫用論の検討も行っておくべきである。

　賃借人が契約継続を信じて、多額の設備投資等をしている中で、特段店舗スペースの明渡しを求める事情がないにもかかわらず賃貸人が立退きを求めるのは、場合によっては権利の濫用と評価される場合もある。念のため、ビルの建て替え等、立退きの正当理由となりうる事情の有無を確認すべきである。このあたりの事情は、任意交渉の際の交渉材料として役立つこともあるので、十分に調査すべきである。

【 *Answer* 】

　契約書上、店舗として使用する対象区画がどのように特定されているかという点のほか、店舗図面、店のデザイン、店の入り口等から、店舗部分がスーパーマーケット部分と独立しているといえるかを検討することになる。店舗の写真だけでなく、実際に現場に赴いて、自分の目で確認することが重要である。

　店舗の物理的な独立性のほか、賃料の支払方法、契約の更新状況、権利金、保証金、敷金の有無等から賃貸借契約との類似性の有無を検討し、また、出店区画の変更はあったか、物品販売の領収証の名義、包装紙、販売物品の原料等の仕入れ、店舗の管理状況、従業員の雇用関係、店舗営業の監督状況等はどのようなものであったかなど、店舗の経営に対する賃貸人側の統制・支配力の程度を十分調査することが必要である。

　そのうえで、借地借家法の適用を受ける建物賃貸借契約ということができるかどうかを判断する。同法の適用を受けるかどうかで、任意交渉での賃借人の発言力は大きく左右される。賃貸人側に「裁判になったら、結論は 5 分 5 分かもしれない」と思わせることができれば、条件的に有利な交渉が可能となる。そのためにも、契約書等の形式的な記載から早計に結論を出さず、依頼者と十分に打ち合わせをして事情聴取をし、現地に行くなどして積極的に事実関係の調査を行うべきである。

4 … 契約締結時の説明義務

Case

　Xは、3階建て15室の居住用賃貸マンションを所有しているが、そのうち303号室をYに賃貸している。このマンションでは、2年前に当時の303号室の居住者がマンションの屋上から飛び降りて自殺したという事故が発生しており、また201号室では、ちょうど1年前に居住者が室内で自殺するという事故が発生していた。

　Yは入居後、自殺事故の件を知り、Xに対して賃貸借契約を解除することおよび入居費用や引越し費用等について損害賠償を求める通知書を発送した。Yは賃貸借契約を仲介した宅建業者Zに対しても、入居費用等について損害賠償を求める通知書を発送しており、XおよびZはそれぞれ通知書を受領した。

● ● ●

ノボル：顧問先のZさんと物件のオーナーであるXさんが、賃借人Yから通知書が届いたということで相談に来ることになりました。僕からはとりあえず、賃貸借契約書と重要事項説明書を持ってくるようにお願いしてあります。

兄　弁：確かに、それは必要となる書類だから持ってきてもらわないとね。あらかじめお願いしておいてくれて助かったよ。それで、Zさんは実際にYと契約する際には自殺事故のことは説明してなかったのかな。

ノボル：説明してなかったみたいです。

兄　弁：どんな事故だったの？

ノボル：自殺事故という以外は特に聞いてません。自殺事故の場合は基本的にそ

ういう事故があったことは説明しないといけないですから、逆にそれ以上のこと、特に事故の内容とかはかあまり気にしていませんでした。

兄　弁：本当にそうかな。自殺事故の内容によって、賃貸人および仲介業者が説明義務を負うか否かの結論が異なってくるんじゃないかな。自殺事故のすべてについて説明しなければならないということではないだろ。

ノボル：自分だったら説明してもらいたいと思いますし、やっぱり全般的に説明義務を負うんじゃないでしょうか。

兄　弁：いやいや、何十年前の事故についても説明しなければならないという結論はおかしいだろ。ほかの部屋の事故や共用部での事故についてもすべて説明しないといけないというのは、賃貸人に酷じゃないか？ 仲介業者だって、たとえば新しく仲介をするようになった場合に、賃貸人から特に何の説明も受けていなかったら賃借人に説明しようがないこともあるだろうし。

ノボル：確かに・・・。自殺事故といってもいろんなものがあるでしょうから、無制限に説明しないといけないとなると、いろいろと不都合が出てくるかもしれませんね。

兄　弁：そもそも説明義務の発生根拠が何かということから考えると、自殺事故だから当然に説明しなければならない、という結論にはならないと思うよ。

ノボル：確かにそうですね。どんな裁判例があるかなど、調べてみます。

Check List

□自殺事故は賃貸借の対象住戸での事故か ［→ 1(1)❶❷］

□自殺事故の具体的態様はどのようなものか ［→ 1(1)❷］

□自殺事故が発生してからどの程度の期間が経過しているか
　［→ 1(1)❷］

□問題となっている賃借人は、自殺事故が発生した直後に入居したのか、もっと後になって入居したのか ［→ 1(1)❷］

□対象住戸がある地域は住宅地か、繁華街か〔→ 1(1)❷〕

□賃借人が建物を賃借する目的は居住目的か事業目的か〔→ 1(1)❷〕

□自殺事故は公知の事実なのか。拡散する可能性がどの程度あるか（特にネットによる拡散の可能性）〔→ 1(1)❷〕

□賃貸人が当該物件の所有権を取得したのは、自殺事故発生より前か後か〔→ 1(1)〕

□賃貸人が自殺事故発生より後に当該物件の所有権を取得した場合、賃貸人は自殺事故の発生を聞いていたか、聞いていないとしても事故の存在を知りえたか〔→ 1(1)〕

□仲介業者が当該建物の賃貸借の仲介を始めたのは問題となる自殺事故より以前か〔→ 2〕

□仲介業者は当該建物の近くで営業している業者か〔→ 2〕

〔 解 説 〕

1 賃貸人に対する請求

　建物において自殺事故があったという場合、賃貸人はこれから建物を賃借しようとする者にその点について説明する義務があるのだろうか。また、説明しなかった場合、賃借人の賃貸人に対する損害賠償請求や解除は認められるのだろうか。

(1)説明義務違反に基づく損害賠償請求　❶賃貸人の説明義務が生じる法的根拠：　建物を賃借しようとする賃借希望者が契約締結を決定するには、当該建物に関する情報を知る必要があり、本来は賃借希望者がこの情報を収集するべきことになる。しかし、賃貸借の目的物に関連する情報は賃借人側よりも賃貸人側に集中しており、情報を知らないことによる不利益を常に賃借希望者だけに負担させることは当事者間の衡平に反することになる。

そこで、賃貸人側が知りあるいは知りえた事実であり、かつ賃借希望者が賃貸人提示の条件で建物を賃借するかどうかを判断するうえで重要な考慮要素となる事実については、契約当事者間に要求される信義誠実の原則に基づき、賃貸人は賃借希望者に対して説明するべき義務を負い、これに反した賃貸人は、不法行為責任を負うと解される（いわゆる契約締結上の過失の理論。参考判例①）。

自殺事故等の事情があった貸室において日常生活を営むことは通常嫌悪を感じ、住み心地の悪さを感じることから、このような貸室は、平穏な日常生活を営むことを目的とする住居として本来あるべき属性を備えているとはいえない。したがって、貸室内での自殺事故等は、当該物件を賃借するかどうかを検討するうえで重要な事実であるから、賃貸人は、賃借希望者に対して、自殺事故等があった事実を説明するべき義務を負う（参考判例②）。

もっとも、建物内で発生した自殺事故等であっても、事故発生から相当程度時間が経過しているといった場合には貸室の利用者が感じる嫌悪や住み心地の悪さは軽減され、平穏な日常生活が妨げられるわけではないともいえることから、過去の自殺事故等のうちどの範囲が説明義務の対象となるのかについて、具体的な状況や人の意識などをふまえて、個別具体的に判断されることになる。

❷説明義務の対象となるかどうかの判断要素：　自殺事故等が平穏な日常生活を妨げるものかどうかは、事故の場所・周知性・地域性、事故の態様、賃貸借の目的・状況、事故から契約までの期間の長さ、賃借人が後日当該事実を知る可能性がどの程度あるのか等の個別事情から判断されることになる。

　ア）事故の場所・周知性・地域性、事故の態様：　事故の場所が賃貸借の目的となる貸室内で起こったものかそうでないかが重要な要素となる。共有部分など貸室内以外での自殺事故等については、説明義務を否定する裁判例が多い（参考判例③など）。

もっとも、貸室内かどうかという事情のみで判断されるわけではな

い。事故が周知されていれば住み心地の悪さは増加するであろうし、住宅地・静かな地域であったり、事故の態様として、凄惨な事故であったりすれば、同じく住み心地の悪さは増加することから、これらの要素は説明義務を認める積極要因となる。

　共用部分での自殺やオフィスビルの共用部分での自殺について、自殺をした賃借人の保証人に対する賠償責任を認めた裁判例もあり（東京地判平成26・5・13 Westlaw2014WLJPCA05138015、東京地判平成27・11・26 Westlaw2015WLJPCA11268019）、事故の場所が貸室外であっても他の積極要因の有無によっては、説明義務の対象となるという結論になることもありうる。

　　イ）賃貸借の目的・状況：　建物賃貸借の目的が住居である場合には、自殺事故等があった建物での生活は嫌悪感による住み心地の悪さを感じさせ、平穏な日常生活を妨げることから、説明義務を肯定する方向に働く。これに対し、繁華街での飲食店として利用する場合は、住居と比較すれば説明義務を否定する方向に働くことになろう。

　　ウ）事故から契約までの期間の長さ：　自殺事故等があったとしても、これに対する嫌悪感は時間の経過によって希薄化していくことになる。参考判例③では、都市部の建物であり近所付き合いが相当程度希薄であり、また世間の耳目を集めるような特段の事情があったともいえないとして、3年程度の期間、自殺事故により通常よりも賃料が減少すると判示したが、これと同様の判断をする裁判例が多い。もっともこの点についても、他の要素との関連で3年よりも長い期間が必要とされる場合も、短い期間で足りるとされる場合もありうる。

　❸損害の範囲：　賃貸人の説明義務違反に基づく損害賠償請求の法的根拠は不法行為責任であることから、賠償請求の認められる損害の範囲は、通常の不法行為に基づく損害賠償請求と同様、不法行為と相当因果関係の認められる範囲の損害ということになる。

　なお、参考判例②では、説明義務が果たされていたならば賃貸借契約を締結していなかったとして、契約をしなければ支出することがな

かった賃貸保証料、礼金、賃料等、引越し費用、エアコン工事代金のほか、慰謝料および弁護士費用相当額の賠償請求を認めている。

（2）契約不適合責任に基づく契約解除　賃借人は、過去に自殺事故等があったことあるいはその説明を受けなかったことを根拠に賃貸借契約の解除が認められるか。

❶平成29年改正法：　平成29年改正法では、瑕疵担保責任は廃止され、特定物・不特定物いずれの場合であっても、有償契約の目的物が「種類、品質又は数量に関して契約の内容に適合しないもの」である場合の責任である契約不適合責任が規定された（民562）。契約不適合責任は、平成29年改正前の民法の瑕疵担保責任で通説とされていた法定責任ではなく、債務不履行責任として整理されている。

「契約の内容に適合しない」かどうかの判断は、合意の内容や契約書の記載内容だけでなく、契約の性質（有償か無償かを含む）、当事者が契約をした目的、契約締結に至る経緯をはじめとする契約をめぐる一切の事情に基づき、取引通念を考慮して価値判断されるべきものとされている（法務省民事局参事官室「民法（債権関係）の改正に関する中間試案の補足説明（平成25年7月4日補訂）」89〜90頁）。このような考え方自体は、従来の瑕疵担保責任における「瑕疵」に該当するか否かの議論と大きく異なるものではないと考えられる。

契約不適合が認められる場合には、賃借人は契約の解除をなしうるが、不適合が契約および取引上の通念に照らして軽微であるときは解除できない（民541）。

❷自殺事故等があったことは「契約不適合」といえるか：　平成29年改正前の民法570条の瑕疵担保責任における「瑕疵」には、目的物の通常の用法に従って利用することが心理的に妨げられるような主観的な欠陥も含まれるとされているが、このような主観的な欠陥がある場合も「契約不適合」に該当することになろう。ただし、単に賃借人が主観的に好まないというだけでは足りず、通常一般人が賃借人の立場におかれた場合に、通常の用法に従って利用することが心理的

に妨げられるような事故等であることが必要である。

契約不適合かどうかは前記の通り、合意の内容や契約書の記載内容だけでなく、契約の性質（有償か無償かを含む）、当事者が契約をした目的、契約締結に至る経緯をはじめとする契約をめぐる一切の事情に基づいて判断されるところ、**(1)**の説明義務の対象となるかどうかの判断要素と重なるところも多く、理論的には別個の判断ではあるものの、実際上は、判断が重なることも多いと思われる。

なお、参考判例②では、説明義務違反を根拠とする損害賠償請求および瑕疵担保責任に基づく契約の解除がともに認められている。

2　宅建業者に対する請求

賃貸借契約の当事者たる賃貸人にとどまらず、宅建業者も自殺事故等について法的な説明義務を負うのか。

(1)仲介業者の説明義務　建物賃貸借契約の仲介契約は、依頼者が賃貸借の仲介行為という事実行為を仲介会社に委託し、仲介会社がこれを受託する契約であり、その法的性質は準委任契約（民 656）であることから、受任者である仲介業者は委任の本旨に従って善管注意義務を負う（同 644）。

このような善管注意義務の一態様として、仲介業者は不動産の賃貸借に際して社会的に当然に想定される一般的なリスクや不利益を回避するため、賃借を検討する者が、賃借するか否か、賃貸条件をどのようにするべきかといった重大な決定に影響を及ぼす事項について調査・説明するべき義務を負う。

なお、宅建業法 35 条は、宅建業者が仲介するにあたり、賃借しようとする者に対して説明するべき事項を定め、重要事項説明義務を課しているが、これは例示列挙であり、同条に定められている事項以外の賃借人が賃貸借契約を締結するかどうかを決定づけるような重要な事項についても、仲介業者は説明義務を負う（参考判例④）。

(2)自殺事故等の事実について説明義務が生じるか　建物を賃借する

者にとって、建物内で過去に自殺事故等が発生したという事情は心理的に嫌悪感を覚えるものであり、賃貸借契約を締結するかどうかの判断に重要な影響を与えることから、仲介業者は心理的欠陥についても説明義務を負う（参考判例⑤）。

ただし、いかなる事故についても説明義務が生じるわけではなく、賃貸人に説明義務が生じるか否かの判断と同様、個別具体的に判断されることとなる。

なお、仲介業者が説明義務を果たさなかったことに基づく責任は債務不履行責任ないし不法行為責任であり、いずれも過失責任であることから、仲介業者が説明事項を認識しておらず、これを認識する可能性がない、または認識が困難であった場合には、責任を負わない。

▶ **参 考 判 例** ⋯⋯⋯⋯⋯⋯⋯⋯⋯⋯⋯⋯⋯⋯⋯⋯⋯⋯⋯⋯⋯⋯⋯⋯⋯⋯⋯⋯⋯⋯⋯⋯⋯⋯

①最判平成 23・4・22 民集 65 巻 3 号 1405 頁　信用協同組合が出資を勧誘するにあたって、実質的な債務超過の状態にあり経営が破綻するおそれがあったという事案について、契約の当事者が、当該契約の締結に先立ち、信義則上の説明義務に違反して、当該契約を締結するかどうかに関する判断に影響を及ぼすべき情報を相手方に提供しなかった場合には、相手方が当該契約を締結したことにより被った損害につき、不法行為による賠償責任を負うことがあるとした。

②大阪高判平成 26・9・18 判時 2245 号 22 頁　賃貸人が賃借人に対してマンションの 1 戸を賃貸して引き渡したところ、賃借人が、同建物内にて過去に居住者が自殺した事実を賃借人に告知することなく賃貸借契約を締結したことが不法行為に該当するとして、賃貸人に賃貸保証料、礼金、賃料等、引越し費用、エアコン工事代金、慰謝料、弁護士費用等について損害賠償請求した事案について、契約締結時から 1 年数か月前に居住者が自殺したことを賃貸人は知っていたことから、賃貸人は、信義則上賃借人に対して、自殺の事実を告知すべき義務があったとしたうえで、賃貸人に不法行為に基づく損害賠償責任を認め、賃貸保証料、礼金、賃料等、引越し費用、エアコン工事代金、慰謝料、弁護士費用相当額の損害賠償義務があるとした。なお、本裁判例では、瑕疵担保責任に基づく賃貸借契約の解除も認められている。

③東京地判平成 19・8・10 Westlaw2007WLJPCA08108002　建物賃貸を業として行う賃貸人が、賃借人が賃室内で自殺したことから、賃借人は賃貸建物内で自殺しないようにすることは賃借人の善管注意義務の対象に含まれるとして、その連帯保証人および賃借人の相続人に対して、当該貸室を賃貸することで将来賃料から得られたであろう利益の喪失分を請求した事案について、自殺事故の後の最初の賃借

人には自殺事故の存在を告知するべき義務があるが、この賃借人が退去した後の賃借希望者および自殺事故があった部屋の両隣や階下の部屋の賃借希望者に対しては、告知するべき義務はないとした。結論として、自殺事故があった部屋の賃料が3年程度は通常より減額されることを考慮し、賃貸人の請求を一部認めた。

④**東京高判平成13・12・26判タ1115号185頁**　不動産の売買契約に基づいて土地および建物の引渡しがなされた後、当該土地が軟弱地盤であったことから、地盤沈下が発生し、建物に不具合が生じたことから、買主が売主および仲介業者に損害の賠償請求をした事案について、宅地建物取引業者は信義則上買主が売買契約を締結するかどうかを決定づけるような重要な事項につき知りえた事実について買主に説明・告知する義務を負い、軟弱地盤であったことを認識しながら説明・告知しなかった場合には、これにより買主が被った損害を賠償する責任があるとした。

⑤**東京地判平成18・12・6 Westlaw2006WLJPCA12060001**　賃借人が賃借した建物の階下の部屋で半年以上前に自然死があったことを仲介業者が賃貸借契約を締結するにあたって説明しなかったことから、賃借人が仲介業者等に損害賠償請求をした事案について、一般論として仲介業者には賃貸目的物の賃借人となろうとする者に対して、賃貸目的物に関する重要な事項を告知すべき義務があり、これには、賃貸目的物にまつわる嫌悪すべき歴史的背景等に起因する心理的欠陥も含まれるとしたうえで、建物の階下の部屋での半年以上前の自然死があった事実は、心理的欠陥に含まれず、仲介業者は説明義務も負わないとした。

【 *Answer* 】

　Caseでは、賃貸借契約の目的である部屋ではなく、他の部屋で発生した自殺事故があったことを根拠に、賃借人Yから賃貸人Xおよび仲介業者Zに対して請求がなされているが、自殺事故が発生した部屋は201号室であって賃貸借契約の目的である部屋とは別の部屋であり、303号室の住民が自殺したのも室内ではなくマンションの屋上であることから、Yが賃借している303号室の利用に関する心理的欠陥に該当しないと判断される可能性が高い。そうすると、XおよびZは当該事実について説明義務を負わず、契約不適合に該当するともいえないことから、Yの請求は認められないという結論になる可能性が高いと思われる。

　もっとも、解説で述べたように、別の部屋であるからといって当然に心理的欠陥に該当しないというわけではなく、具体的な事情によっては該当する可能性もありうることから、相談時に事情をよく確認することが必要である。

5…定期建物賃貸借

Case

　XとYは、2014年5月15日、XがYに対し、X所有のAマンションB号室を、使用目的は居住、期間は同年5月15日から2019年5月14日まで、賃料は月額15万円という条件で賃貸する契約を締結した。上記の契約書には、借地借家法26条・28条の適用がない旨の条項が記載されていた。Xは、2018年8月頃、Yとの賃貸借契約終了までそろそろ1年を切ったと思っていたが、多忙により、Yに対して本契約終了の通知を出すことを失念していた。

　Xは、2019年4月15日、期間満了まで残り1か月となったので、Yに電話をして、同年5月14日にB号室から退去するよう求めたが、Yは、契約終了の通知がなかったことを理由に「B号室から退去しない」と回答してきた。これに対してXは何もせず、そのまま契約期間満了日を迎えてしまった。

・・・

ノボル：Xさんからの相談ですけど、定期借家契約に基づく立退きはいろいろと法定の要件が厳しいっていうのに、まったく、Xさんはもっとしっかりしないといけないですよね。

兄　弁：まあ、それはそうだけど、Xさんとしてはどうすればいいのかな。

ノボル：Xさんは、法定の期間内に、建物賃貸借が終了する旨の通知をしていませんから、YにB号室を明け渡してもらうのは難しいと思います。

兄　弁：本当？　そういう場合でも、通知期間経過後に通知をすれば、その通知の日から6か月を経過すれば、賃貸借契約の終了を主張できると思うけど？

ノボル：確かにそうですね…。もう一度条文を確認します。

兄　弁：本件だと、通知する前に、賃貸借契約期間が満了してしまっているよね。このあたりは何か関係するのかな。

ノボル：通知をする前に賃貸借期間が満了してしまっているので、さすがにもう、これから通知を出すことはできないんじゃないでしょうか。

兄　弁：そうかな。判例は調べてみた？　あと、定期借家契約の特殊性はきちんと押さえておかないとね。

Check List

□契約書上、期間の定めが記載されているか［→ 2(1)］

□契約書上、更新否定条項が一義的に定められているか［→ 2(2)］

□書面で契約書が作成されているか［→ 2(3)］

□賃貸借契約書とは別に、本契約が定期借家契約である旨が記載された文書を事前に交付したか［→ 2(4)❶］

□事前説明文書を交付する際、本契約が定期借家契約であることを口頭で説明したか［→ 2(4)❷］

□契約終了通知を法定の期間内（期間満了の 1 年前から 6 か月前までの間）に出しているか［→ 3(1)］

□契約終了通知は、内容証明で出しているか。配達証明等、契約終了通知が賃借人へ到達したことを示す資料はあるか［→ 3(1)］

□賃料の不払いの状況を示す資料、用法違反などの事実はあるか［→ 5］

［ 解 説 ］

1 定期借家契約の概要

定期建物賃貸借に関する規定は、平成3年の借地借家法改正によって導入された「賃貸人の不在期間の建物賃貸借」を改正して、新たに「定期建物賃貸借」として導入されたものである。

定期借家契約の特徴は、更新がない点、賃料の不減額特約が有効である点である（借地借家法32条1項ただし書の文言により、通常の建物賃貸借では賃料の不減額特約は無効と解されている）。しかし、この2点を除けば、民法および借地借家法に定められた通常の建物賃貸借の規律に従う。

強行法規に違反しなければ、たとえば、期間内解約ができる旨の特約も有効であるし、賃料増額請求も可能である。

2 定期借家契約の成立要件

(1)期間の定めのあること　定期借家契約では、必ず期間の定めがなければならない（借地借家38①）。この期間は確定したものでなければならず、たとえば、賃借人が死亡するまでというような不確定期限付きの賃貸借では、「期間を定めた」ことにはならない。

この期間には、長期の制限も短期の制限もない。定期借家契約には、賃貸借の期間を1年未満とした場合期間の定めがない賃貸借とみなす借地借家法29条1項の適用はなく（借地借家38①後段）、また、賃貸借期間の最長を20年とする民法604条の規定は建物賃貸借に適用されない（借地借家29②）から、月単位、週単位、日単位でも賃貸することができ、また、30年、40年という長期の期間を設定することも可能である。

(2)契約の更新がないことを定めた条項があること　❶一義的な明示：　契約の更新がないという特約を定めることは、本来賃借人に不利な特約であり、借地借家法30条で無効となるはずであるが、同法

38条1項前段で30条の規定を排除している。

　したがって、この更新がないことを定めた条項は、定期借家契約の中核をなす要件といえるから、契約の更新がないことは、契約書面上、一義的に明示されていることを要する（東京地判平成24・3・23判時2152号52頁）。

　❷再契約条項の危険性：　定期借家契約であることが契約書上明示されていても、契約更新に関する規定がある場合には、定期借家契約であることが否定される場合もある（東京地判平成21・7・28Westlaw 2009WLJPCA07288023）ので注意を要する。また、再契約に関する条項も、同様に定期借家契約であることを否定する材料になりかねない。

（3）書面による契約であること　定期借家契約は、書面によって契約をしなければならない。なお、借地借家法38条1項前段は、「公正証書等による等書面によって契約をするときに限り」とあるが、「公正証書」は例示であり、契約書は公正証書に限らず、私製証書でもよい。

　なお、書面にしなければならないのは、契約の更新がない旨の特約部分だけでなく、契約全体を書面で行う必要があるとされている。具体的に書面化すべき基本的要素としては、①期間の定め、②建物賃貸借である旨の定め、③賃貸借の当事者、④賃貸借の目的となる建物の表示、⑤契約の更新がなく、期間の満了により当該建物の賃貸借が終了する旨の定め、である。

（4）事前説明　❶書面による事前説明：　定期借家契約が成立するためには、賃貸人は、賃借人に対し、本件建物賃貸借は契約の更新がなく、期間の満了によって賃貸借契約は終了することを、その旨を記載した書面を交付して説明しなければならない（借地借家38②）。

　記載すべき事項は、①当該建物賃貸借は、借地借家法38条1項の規定によりなされる定期建物賃貸借であって、②契約の更新がないとする特約をすること、③期間満了によって賃貸借契約が終了することが定められていること、が必要である。

この事前説明は、時間的に契約締結に先立って行われていれば、契約締結と同一の機会に行われてもよい（前掲東京地判平成24・3・23）。

　なお、事前説明のための書面は、定期借家契約書とは別個の書面を交付する必要がある（最判平成24・9・13民集66巻9号3263頁）。

　❷口頭による事前説明：　事前説明においては、説明のための書面の交付のほか、併せて口頭による説明が必要である（東京地判平成18・1・23判例秘書L06130884）。なお、賃借人が面談を断ったため電話で口頭により説明をしたという場合で、事前説明が肯定された事案がある（東京地判平成23・2・8Westlaw2011WLJPCA02088001）。

　❸宅建業者による説明：　多くの賃貸借契約は、宅建業者の仲介によって成立するが、当該建物賃貸借は契約の更新がなく、期間の満了によって賃貸借契約は終了する旨の説明は、宅建業者が宅地建物取引業法35条に規定する重要事項の説明を行う際に、賃貸人の代理人または使者として行うことでも可能である。

3　定期借家契約の終了要件

(1)終了通知　定期借家契約は、期間の満了によって終了する。契約期間が1年未満である場合は、終了通知を賃借人にする必要はない。契約期間が1年以上のときは、期間満了1年前から6か月前までの間に契約終了の通知が必要である。

　上記終了通知は、法律上は、書面で行うことは要求されていない。しかし、訴訟において契約終了通知が賃借人に到達したことを立証する必要があることから、内容証明郵便（配達記録付き）で行うべきである。また、賃借人の受領拒否など到達に不安がある場合は、念のため、内容証明郵便とは別に、特定記録付きの郵便またはレターパックライト（いずれも、配達の際に受取人の郵便箱等に配達し、その配達日時が記録される）で契約終了通知書を送付することも検討するとよい。

(2)終了通知をしなかった場合　❶終了通知を法定の通知期間内（期間満了1年前から6か月前までの間）にしなかった場合：　通知期間の

経過後に終了通知をすれば、通知が到達した日から6か月の経過によって、賃貸人は、賃借人に、定期借家契約の終了を対抗できるようになる（借地借家38④ただし書）。

　❷通知未了の間に契約期間を満了してしまった場合：　問題は、通知期間を経過しただけでなく、契約期間も満了してしまった場合である。この点、契約期間満了後に通知をした場合でも、通知が到達した日から6か月の経過によって、賃貸人は、賃借人に、定期借家契約の終了を対抗できるようになるとする裁判例がある（参考判例①）。

4　その他の問題点

(1)普通借家契約から定期借家契約への切り替え　普通借家契約を締結していた当事者が、その賃貸借契約を合意により終了させ、引き続き新たな定期借家契約を締結する場合がある。このような切り替えは、将来の建物の建て替えに備えて立退きを円滑に行わせるために契約の切り替えを行うケースや、賃料相場が高騰している場合に、賃料を増額しない代わりに、定期借家契約に切り替えるケースなどがある。

　しかし、居住用の建物の場合、定期借家賃貸借に関する条項の施行日（平成12年3月1日）の前に締結された普通建物賃貸借については、定期建物賃貸借への切り替えは現時点で認められていないので注意を要する（平成11年改正法附則3条、良質な賃貸住宅等の供給の促進に関する特別措置法附則3条）。店舗等の事業用の建物賃貸借では、普通借家契約から定期借家契約への切り替えは可能である。

(2)再契約後の賃貸借契約の性質　定期借家契約も再契約をすることは可能である。しかし、定期借家契約の中核部分は、契約の更新がないことであるから、再契約後の賃貸借契約は、従前の定期借家契約と法律的な同一性はない。

　そこで、保証人、敷金、権利金、保証金などは、必要に応じて、新規に手続をとる必要がある。賃借人の側からみて、契約の更新と解釈されないよう、再契約には十分に気を配るべきである。

5 定期借家契約の要件を欠く場合

　定期借家契約の要件を欠く場合、当該契約は普通借家契約となる。したがって、一般の更新や正当事由に関する規定が適用されることになるので、仮に建物の明渡しを求めたい場合は、賃借人の債務不履行の事実や、解約申入れをする正当理由を基礎づける事実の有無を調査することになる。

▶ 参 考 判 例

①東京地判平成21・3・19判時2054号98頁　終了通知を出さないでいる間に、賃貸借契約期間が満了してしまった事案で、定期建物賃貸借契約では、法文上、「本来の通知期間の定めはあるものの、通知期間経過後の通知については、いつまでに行わなければならないかについての限定はない」こと、期間満了後に「『期間の満了により建物の賃貸借が終了する旨の通知』をして契約終了を確認することは十分にあり得る」こと、法が賃貸人に終了通知を行うことを義務づけた趣旨は、「賃借人に契約終了に関する注意を喚起するとともに、代替物件を探すためなどに必要な期間を確保することにあると解される」こと、賃貸人および賃借人の合理的期待・予測という観点から、結論として、契約期間満了後に通知をした場合でも、通知が到達した日から6か月の経過によって、賃貸人は、賃借人に、定期借家契約の終了を対抗できる旨判示した。

[*Answer*]

　Xとしては、早急にYに対し、内容証明郵便（配達証明付き）で、定期借家契約の終了通知を出すべきである。

　弁護士としては、将来の建物明渡請求訴訟に備え、終了通知の送付と並行して、本件契約が定期借家契約の要件をみたしているかどうか（契約書、事前説明書面の有無と内容の確認、事前説明書面の交付にあたって口頭による説明があったかどうか、また、その説明の内容）を確認する。仮に要件をみたしていないおそれがある場合は、賃借人の債務不履行による解除が可能な事案かどうか、事実関係の調査を行う。

◀ コラム ▶ シェアハウスの賃貸借契約

　賃貸物件に親族ではない複数の者が共同で生活するいわゆる「シェアハウス」と呼ばれる共同居住型賃貸住宅が若年単身世帯を中心に注目されており、実際にシェアハウスとして賃貸する建物所有者も増加しています。このシェアハウスの賃貸借契約をチェックするにあたり、どのような問題点があるでしょうか。

　まずシェアハウスは通常の賃貸住宅と異なり、リビング、台所、浴室、トイレ、洗面所等を他の入居者と共用することから、共用部分の利用方法や清掃・ゴミ出し等に関する生活ルールを設けて運営されます。シェアハウスの場合、問題のある入居者を退去させる必要性が高いことから、定期賃貸借契約が用いられることが多くなっています。

　入居者と取り交わす賃貸借契約書は、国土交通省が公表している「定期賃貸住宅標準契約書」などの各業界団体が公表している契約書の雛形などが用いられることが多いでしょう。賃貸人としては、通常の住宅に関する賃貸借契約と異なり、シェアハウスは他の入居者とトイレ、浴室等を共用することになるので、賃貸借の目的物欄に専用部分と共用部分を区別して表示することや、賃借人が遵守するべき具体的な生活ルール、入居者間のトラブルの解決方法などを追加し、賃借人がルール違反をした場合には、契約解除事由となることをあらかじめ明確にしておくことを検討すべきです。

　また、原状回復の問題も通常の住宅の賃貸借と異なり、共用部分を複数の入居者で利用することから、共用部分における入居者の故意または過失等による損耗等についての責任の所在を明確にすることが難しいという特殊性があります。そのため、共用費を徴収してそこから補修費用に充てるなど、契約書において取り決めをしておくなどの対応が必要となります。

　その他、シェアハウスの具体的な形態に応じて必要となる規定もありえますので、事業内容を十分把握して契約内容を確認することが大切です。

（小泉　始）

6 … 敷金・保証金・権利金・礼金

Ｃａｓｅ

　Ｘ社は、競売により賃貸中のビル１棟を取得し、賃貸人の地位を承継した。その後、このビル１棟を借りていた賃借人Ｙ社が期間満了を理由に建物を明け渡すことになり、敷金の返還を求めてきた。賃貸借契約書によると、賃貸借契約の開始時点において敷金名目の金銭授受はなく、「保証金」としてＹ社から元賃貸人に対して賃料40か月分の金銭の交付がなされ、期間満了時点で保証金が10％償却される旨の規定があった。この建物はＹ社が入居する際に新築されたものであった。

• • •

ノボル：Ｘ社から、保証金全額の返還をしなければならないのか、との相談を受けました。基本的には、Ｘ社は建物の所有権を競売で取得して賃貸人の地位を承継した以上、賃貸借契約に付随している債権債務は承継するから、保証金は10％償却した残額を返還しなければならない、と回答しました。

兄　弁：契約書には、保証金の返還についてはどのように規定されているの？

ノボル：契約書には敷金についての条項がなくて、保証金について未払賃料、原状回復費用、その他賃貸借契約に係る一切の債務に充当し、保証金の10％を償却した後の金額を建物の返還を受けた後に返還する、と書かれています。

兄　弁：それで保証金としてはいくら預かったわけ？　賃料の何か月分なの？

ノボル：賃料の40か月分を預かったということでした。

兄　弁：保証金の額は地域とか建物の場所とかによっても違うけど、その建物のある地域の相場とかは調べてみた？　保証金の額が40か月分の賃料とい

うのは、敷金としては少し多いと思わない？

ノボル：確かに…。近隣の相場とかはこれから X 社に確認します。

兄　弁：ちなみにこの建物はいつ建てられたの？ X 社に敷金の返還請求をしているY 社は、いつから建物を借りているか調べてみた？

ノボル：はい。建物は今から 12 年前に建てられ、Y 社は建築当初から建物 1 棟を借りています。

兄　弁：なるほど。そうすると保証金名目で預かったのは、全部が敷金とはいえないかもね。敷金のところは民法の平成 29 年改正で新たな条文ができたところだから、裁判例も含めてよく調べて検討した方がいいね。

Check List

☐賃貸借契約の賃料額はいくらか〔→ 2、3(1)〕

☐差入れ保証金の額は賃料の何か月分か〔→ 2、3(1)〕

☐賃貸借契約書では保証金の差入れ目的はどのように規定されているか〔→ 2、3(1)〕

☐保証金とは別に敷金、権利金の授受はあるか〔→ 2、3(1)〕

☐保証金が契約更新ごとに変更されたことはなかったか〔→ 2、3(1)〕

☐賃貸建物の建築前後に保証金の授受があったか〔→ 2、3(1)〕

☐賃借の用途は何か。賃貸建物が賃借人の営業の利益になるような地理的利便性はあったか〔→ 2、3(1)〕

☐当該賃料や保証金の額が近隣の相場と比べて特段低額、高額という事情はあるか〔→ 2、3(1)〕

☐敷金、保証金、権利金について近隣の慣行はどのようなものか〔→ 2、3(1)〕

［ 解説 ］

1 敷金・保証金・権利金・礼金の意義

　民法は敷金について、賃貸借契約において賃借人が負担する債務の担保として賃借人が賃貸人に交付する金銭と定義している（民622の2①）。これに対し、保証金、権利金、礼金は民法や借地借家法で規定があるわけではないが、実務ではこのような名目の金員の授受がなされることが多い。これらの性質や敷金との関係はどのようなものだろうか。

　権利金は、営業上の利益や場所的利益の対価、賃料の一部前払い、賃借権に譲渡性を付加する対価の趣旨でなされる金銭の授受であり、一般的には賃借人への返還を要さないとされている。

　礼金は、賃貸借契約設定の謝礼の趣旨で授受されるものとされ、権利金同様に賃借人への返還を要さないとされる。

　保証金は、賃貸人が無利息で自由に運用する目的で賃借人が賃貸人に預託する金員であり、一定の期間経過後に全部または一部を返還するものである。ただ、その性質についてはあいまいな部分があり、敷金としての性質を有するもの、権利金の性質を有するもの、貸金や後記の建設協力金としての性質を有するもの、契約が解除された場合の違約金の担保の性質を有するもの、これらが混合したものとされることがある。そのため、保証金の性質を判断するには、契約書の規定ぶり、当事者のやり取り、賃貸建物の性状、保証金の額（賃料の何倍か）、敷金や権利金の交付の有無、建物の建築時期と金員の交付の時期、近隣の保証金の相場や慣行等を総合的に考慮することが必要となる。

　なお、建設協力金とは、建物の建築にあたって賃借予定者が土地所有者に対して建築資金として金銭の貸付をするものをいう。「建設協力金」名目で貸付がなされることもあるが、「貸金」名目の場合もある。そして、上記の通り「保証金」名目の場合でもそれが建設協力金としての性質を有することがある。

◀ コラム ▶ 権利金や礼金は税務上どのように扱われるか

　権利金や礼金に係る所得税・法人税の処理は、これを受領する賃貸人と、これを支払う賃借人とでは、これを収益や費用に計上する時期が異なるので注意が必要です。

　賃貸人の側は、権利金や礼金は敷金などと異なり返還を要しないものですから、これを受領した時に収益計上します。

　これに対し、賃借人にとって権利金や礼金は支出の効果が支出の日以後1年以上に及ぶものとして税務上繰延資産となり、支払い時に全額を費用（法人の場合は損金）とするのではなく、原則5年間の償却期間で月割りの均等償却をします。ただし、契約期間が5年未満のものは契約期間で償却します。また、20万円未満の権利金、礼金は支払い時に全額を費用計上することができます。

　消費税については、居住用建物の権利金・礼金は非課税となり、それ以外の用途の賃貸借の場合は消費税の課税対象とされます。

（市川　充）

2　敷金等をめぐる紛争の類型

　敷金等をめぐる紛争には、敷金等の返還の範囲をめぐる紛争と返還義務の有無をめぐる紛争がある。また敷金等の譲渡や差押えがあった場合の返還請求の相手方や返還の範囲が問題となるケースもある。

(1)返還の範囲をめぐる紛争　敷金等の返還の範囲をめぐる紛争は、賃借人の原状回復義務の範囲に争いがある場合に賃貸人が敷金から争いのある部分の原状回復費用を差し引いたときに生じるものが多かったが、現在では居住用の賃貸借契約の原状回復義務の範囲について行政によるガイドラインが設けられており、一定の決着がついているともいえる（この点は、第3章22を参照）。

　保証金の返還範囲は、前述の通り保証金の趣旨が明確でないことから、どこまでが敷金の性質でどこまでが貸金や権利金の性質なのか争

いがあるために、問題となる（後述**3(1)**参照）。また、敷金や保証金には賃貸借契約で一部を返還しない合意（保証金については「償却」、敷金については「敷引」ということがある）がなされることがあり、この合意の有効性が問題となることがある（後述**3(2)**参照）。

(2)返還義務の有無をめぐる紛争（短期間での退去と権利金等の返還）　賃貸人と賃借人間で金銭の授受があった場合に、その金銭のやり取りの名目にかかわらず、返還の有無が問題となることがある。たとえば、「権利金」や「礼金」は一般的には返還義務を要さないとされているが、これらの名目で金銭を交付しても、賃貸借契約が当初予定していた期間よりも早期に終了してしまった場合などに全額の返還義務が認められた裁判例がある。

　たとえば、喫茶店経営のために靖国神社前の大通りの建物を敷金50万円、敷金とは別に50万円を差し入れて賃借したが、5か月経過した時点で合意解約され、居抜きで新たな賃借人が借り入れたという事案について、敷金とは別の50万円は場所的利益に対する対価であり、その経済的実質は、賃貸人が多額の賃料を定めることを差し控えたため、その不足額を一時に取り立てるためのものであるから、権利金であると認定し、公平の観点から賃貸人はその一部の返還義務があるとした（東京地判昭和44・5・21判時571号64頁）。そのほか、京都地判昭和46・10・12（判タ272号343頁）、大阪高判昭和53・11・29（下民集29巻9〜12号335頁）などがある。

3　敷金・保証金の返還の範囲
(1)敷金・保証金名目で交付した金銭の性質をめぐる紛争　敷金、保証金の名目のいかんにかかわらず、その額が高額である場合にはどこまでが賃借人の債務を担保するための「敷金」として取り扱われるのかが問題となる。特に、賃貸建物を競売により取得し賃貸人の地位を承継した者と賃借人との間で紛争になることがある。賃借人から交付された金員が貸金の性質を有していると、建物の所有権の移転に伴っ

て債権債務関係が新所有者に移転するとは限らないからである。特に、建物が競売に付されている場合には、旧賃貸人は無資力であることが多いから、賃借人にとって新賃貸人に承継される債権の範囲は極めて重要である。

保証金名目で金銭の授受があり、敷金名目での金銭の授受がない場合で、その額が高額であるときには、保証金の額が近隣の敷金の相場と比べて極めて高額であるか、建物の建築の前後に当該金銭の授受がなされていて建設協力金の性質を有しているか、保証金が契約の更新のつど減額され、減額分について準消費貸借契約が締結されていないか等を考慮して敷金に相当する額を決している。

保証金名目の金銭の授受について、その一部または全部を敷金としなかった裁判例としては、次のようなものがある。

①賃料の約 28 倍の額の保証金につき、5 年の据置期間の後、6 年目から 10 年間に利息を加えて返還されるという約定があり、敷金が別途差し入れられている事例において、保証金を建築協力金であるとした（参考判例①）

②ほかに敷金の交付がなく、賃料の約 68 倍の保証金について、当該保証金がビル建築資金の一部に充てられたことから建築協力金とした（参考判例②）

③賃料 6 か月分の敷金のほかに、賃料 20 か月分の保証金の授受がある事案について、ビルの建設時期と保証金の授受の時期が近いこと、10 年間無利息で据え置き、11 年目から 20 年目までに返還されるという約定があることから建設協力金とした（参考判例③）

④賃料の 38 か月分以上の保証金について、ビル新築の 2 か月後に賃貸借契約が締結されたことから、敷金に相当する額を 10 か月分の賃料相当額とし、その余を建設協力金とした（参考判例④）

これに対し、保証金名目の金銭の授受を敷金とした裁判例としては、次のようなものがある。

⑤賃料の 20 か月分の保証金を、賃借人の債務を担保する目的で交付されたものとし、敷金たる性質を有するものとした（参考判例⑤）

　敷金名目で金銭の交付があった場合でその額が高額であるときは「敷金」「預ける」という文言が重視され、償却額を除く全額が賃借人の債務の担保のために預託された金員であると認定される傾向があるように思われる。

　敷金名目での高額な金銭の授受についてこれをすべて敷金とした裁判例としては、次のようなものがある。

①賃料の約 72.8 倍の金員を「敷金」として「預かる」という約定で、その 15％ を償却するという事例について、一部（償却によって返還されない部分）を権利金とし、その余を敷金と判断した（参考判例⑥）

②55 か月分の賃料に相当する金銭を「敷金」の名目で授受された事例について、全額を賃借人の債務を担保する性質の敷金とした（参考判例⑦）

　これに対し、敷金名目の高額な金銭の授受であっても一部を敷金ではないとした裁判例としては次のものがある。

③「敷金」の名目で 134 か月ないし 140 か月の賃料に相当する金銭が交付され 8％ を償却するという事例について、償却分を権利金とし、本来の敷金は 20 か月分の賃料額と原状回復費の範囲であり、それ以外の部分を建設協力金とした（参考判例⑧）

　問題は、裁判所が保証金の一部を敷金に相当するとする場合、その額をどのように判断するかである。当事者の意思の合理的解釈といっ

ても、たとえば40か月分の賃料額の保証金を交付した場合に、何か月分が敷金とされるのか、裁判所が具体的数字を判断するのは困難なように思えるが、このような場合、最終的には、近隣の敷金の相場に準拠する場合が多いようである。したがって、この点は当事者の立証方法に大きく影響を受けることになる。

（2）保証金の償却、敷引をめぐる紛争　保証金のうち一定割合を償却して返還しない合意がなされたり、敷金の一部を返還しない合意がなされることがある（敷引特約）。保証金、特に事業用の保証金の償却については、場所的な利便性に対する対価とする権利金の性質を有する、あるいは月額賃料を低く抑えるために保証金の一部から一時に回収する目的でなされる。敷引は、通常損耗の修繕費、空室損料、謝礼（礼金）の趣旨でなされると説明される。

　このうち、居住目的でなされる賃貸借契約については、これが消費者契約に該当するから、敷引合意が消費者契約法10条により消費者の権利を不当に害するものとして無効にならないかが問題とされた。

　この点について最高裁は、消費者契約である居住用建物の賃貸借契約に付されたいわゆる敷引特約は、信義則に反して賃借人の利益を一方的に害するものであると直ちにいうことはできないが、賃借人が社会通念上通常の使用をした場合に生ずる損耗や経年により自然に生ずる損耗の補修費用として通常想定される額、賃料の額、礼金等他の一時金の授受の有無およびその額等に照らし、敷引金の額が高額にすぎると評価すべきものであるときは、当該賃料が近傍同種の建物の賃料相場に比して大幅に低額であるなど特段の事情のない限り、信義則に反して消費者である賃借人の利益を一方的に害するものであって、消費者契約法10条により無効となるとした（最判平成23・3・24民集65巻2号903頁）。

4　敷金等の返還請求権の譲渡と差押え

　敷金や保証金は、これが権利金や礼金とみなされない限りは、その

返還請求権を譲渡し、またはこれに担保権を設定することができる。差押えの対象にもなる。

　もっとも、敷金（敷金的性格を有する保証金を含む）は、賃貸借が終了し、かつ、賃貸物の返還を受けたとき、または賃借人が適法に賃借権を譲り渡したときに、賃借人の賃貸人に対する債務を控除した残額が返還の対象となる（民622の2）。したがって、賃貸借契約が継続している間に譲渡され、または差押えがなされたとしても、賃貸借契約が終了して賃貸物が返還されるか、あるいは賃借権の譲渡が適法になされた後でなければ、債権の譲受人ないし差押債権者は、当該債権の請求ができない。そのため、賃貸借契約期間中に賃貸人のもとに敷金返還請求権の債権譲渡通知や差押通知が届き、譲受人や差押債権者から弁済の催告をしてきたとしても、これに応じる必要はない。また、賃貸人は、債権譲受人や差押債権者に優先して、賃借人に対する賃貸借に基づく金銭債権を敷金から控除することができる（最判平成14・3・28民集56巻3号689頁）。譲受人ないし差押債権者は、相当な額が控除されることをある程度覚悟しなければならないことが多いであろう。

　なお、敷金返還請求について譲渡制限特約が付されることがある。平成29年改正法により、譲渡制限特約があっても債権譲渡は有効となったが（民466②）、賃貸人は悪意または重過失の譲受人に対しては履行を拒むことができる（同③）。

▶ 参 考 判 例 ....

①最判昭和51・3・4民集30巻2号25頁［保証金名目の金銭の授受の一部または全部を敷金としなかった裁判例(1)］　敷金が別途差し入れられていて、賃料の約28倍の額の保証金について、建築協力金であるとした。

②東京高判昭和58・12・19判タ523号162頁［保証金名目の金銭の授受の一部または全部を敷金としなかった裁判例(2)］　敷金の交付がなく、賃料の約68倍の保証金について、当該保証金がビル建築資金の一部に充てられたことから建築協力金とした。

③東京地判平成7・8・24判タ904号156頁［保証金名目の金銭の授受の一部

または全部を敷金としなかった裁判例(3)]　賃料6か月分の敷金のほかに、賃料20か月分の保証金の授受がある事案について、建設協力金とした。

④東京地判平成13・10・29金法1645号55頁［保証金名目の金銭の授受の一部または全部を敷金としなかった裁判例(4)]　賃料の38か月分以上の保証金について、敷金に相当する額を10か月分の賃料相当額とし、その余を建設協力金とした。

⑤東京地判昭和28・1・31下民集4巻1号142頁［保証金名目の金銭の授受を敷金とした裁判例］　賃料の20か月分の保証金について、敷金たる性質を有するものとした。

⑥東京地判平成12・10・26金判1132号52頁［敷金名目での高額な金銭の授受についてこれを敷金とした裁判例(1)]　賃料の約72.8倍の金員を「敷金」として「預かる」という約定で、その15%を償却するという事例について、償却分を権利金としその余を敷金とした。

⑦大阪地判平成17・10・20金判1234号34頁［敷金名目での高額な金銭の授受についてこれを敷金とした裁判例(2)]　55か月分の賃料に相当する金銭が「敷金」の名目で授受された事例について、全額を敷金とした。

⑧東京高判平成14・11・7金判1180号38頁［敷金名目の高額な金銭の授受であっても一部を敷金ではないとした裁判例］　「敷金」の名目で134か月ないし140か月分の賃料に相当する金銭が交付され8%を償却するという事例について、償却分を権利金とし、敷金は20か月分の賃料額、それ以外の部分を建設協力金とした。

【 *Answer* 】

　Caseでは保証金が賃料の40か月分であって高額であること、賃借人が建物建築当初から賃借していたことからすると、近隣の敷金の相場や慣行にもよるが、保証金の全部が敷金的性格を有するのではなく、一部が建設協力金等の貸金となる可能性が高い。その場合、敷金相当部分は、建物所有者であるX社に承継されるが、その余の部分はX社には承継されず、X社としてはその部分の請求を拒むことができることとなる。

◀コラム▶　敷金・保証金は税務上どのように扱われるか

　敷金・保証金について所得税・法人税の扱いはどのように考えればよいのでしょうか。敷金・保証金は、賃借人の債務を担保するために賃貸人が預かり、通常は契約が終了し、明渡し後に返還されるものですから、原則として収益や費用が生じることはありません。

したがって、返還を予定する敷金・保証金を賃貸人が受領しても課税されることはありません。

　例外的には、敷金・保証金の額が大きく無利息の金銭貸付けといえるような場合は、利息相当額が賃貸人の収入金額（賃貸人が法人の場合は益金）とされることがあります（所税36①、所基通36-15、法税22②）

　他方で、敷引や保証金償却のように返還されない部分がある場合は権利金等と同じになります。この場合には、賃貸人は家賃収入として収益計上し、賃借人は家賃として費用に計上します。賃貸人は、返還不要であることが確定した日の属する事業年度の益金の額に算入すべきとされています（所基通36-7、法基通2-1-41）。具体的には、契約当初から返還されない額が確定している場合は、敷金・保証金を受領した日または契約の効力が発生した日の収益に計上しなければなりません。返還されない額が確定していない場合、たとえば、保証金100万円を差し入れ、賃貸借契約が1年以内に終了したときは10％を償却、1年を超え3年以内に終了したときは15％、3年超に終了したときは20％を償却するという約定の場合は、保証金受領時また契約日に10％の10万円を収益計上し、契約から1年経過した時点で5万円（15％－10％＝5％）を収益計上し、3年を経過した時点でさらに5万円（20％－15％＝5％）を収益計上します。

　賃借人は、敷金・保証金のうち返還されない部分については、権利金や敷金と同じ税務処理をします。

　消費税については、敷金・保証金のうち、返還されるものは単なる預託金ですので、課税対象外取引になります。敷金・保証金の返還されないものは、権利金や礼金と同様に居住用建物の場合は非課税となり、それ以外の用途の場合は課税対象となります。

（市川　充）

第 2 章

賃貸借継続中の法律問題

7 … 賃貸人の修繕義務

Case

　YはXよりその所有建物を賃借し、住居として利用していたところ、排水状態が悪化して洗濯や入浴に支障をきたすようになった。また、もともと賃貸開始当初から部屋に取り付けられているエアコンの調子が悪くなった。Yはこの建物の使用は継続したいという希望を有しており、Xに対して苦情を述べ補修などの対応を要求しているが、Xは一向に修繕しようとしない。

• • •

ノボル：Yさんから、一向に修繕しようとしてくれないXに対してどんな請求ができるのか、という相談がありました。

姉　弁：どういうふうにアドバイスするつもりなの？

ノボル：排水管は建物に付属する設備ですから、修繕は賃貸人であるXが実施する必要があると思います。エアコンももともと取り付けられていたものですし、Xが実施するべきだと思います。そこで、Yさんとしては賃借物の修繕請求をすることになる、とアドバイスしようと考えているんですけど…。どうでしょうか。

姉　弁：賃貸借契約書は確認したの？　設備等の修繕義務はXとYさんのどちらが負担すると規定されてたの？

ノボル：民法上、修繕義務は賃貸人が負うとありますので、あまり注意して見てませんでした…。

姉　弁：それはダメよ…。その民法の規定は任意規定なんだから、賃貸借契約で異なる取り決めをすることは可能でしょ。契約書の内容をよく確認するのは基本中の基本よ。

ノボル：確かにそうでした・・・。もう一度よく確認します。

姉　弁：それに、不具合が生じたのはどういう理由からなの？　Ｙさんが何か特殊なものを排水溝に流してしまったというような事情はないの？

ノボル：すみません。それもよく確認してません・・・。

姉　弁：建物の賃貸借契約だと賃借人が修繕義務を負担すると規定されていることも多いから、やっぱり契約書の内容はきちんと確認しないといけないわよ。それに、もし不具合が賃借人の不注意等から生じたのなら、賃貸人に修繕義務は負わせられないんじゃないかしら。

ノボル：確かにそうですね。でも、Ｙさんが修繕をＸに請求したいと言っている以上、Ｙさんの不注意で不具合が生じたということはありえないんじゃないですか？

姉　弁：そうだったとしても、一応はきちんと事情を確認しないと。人は、自分にとって不利なことは積極的に話したがらないものよ。

ノボル：はい・・・。

姉　弁：ところで、Ｙさんのとりうる手段は修繕の請求しかないのかしら。自分で修繕して費用を請求した方がいいかもしれないし、ほかにとることができる手段もちゃんと検討しておかなきゃダメよ。

ノボル：あっ、確かに・・・。必要費の償還請求とかもありえますね。

姉　弁：でしょ。もう少し慎重に検討してみてね。

ノボル：はい！　・・・賃貸人の修繕義務に関する民法の規定の改正があったことはちゃんと把握していたんですが・・・。まだまだですね。

Ｃｈｅｃｋ　Ｌｉｓｔ

□建物の設備が賃借物とされているか［→ **1**］

□賃借物の破損の具体的状況はどうか［→ **2・5**］

□賃借物の修繕がされないことで、賃借人はどの程度の不便ないし損失を被っているか［→ **2、5(4)**］

□賃借物の修繕がなされていない状態はどのくらい続いている

か［→ **2**］

□賃借人が賃借物の引渡しを受けた時点で破損の事実を認識していたか［→ **2(1)**］

□賃借物の構造上修繕が可能か［→ **2(2)**］

□賃借物の修繕にどの程度の費用がかかるか［→ **2(2)**］

□賃料が近隣相場と比較して低額に設定されているという事情があるか［→ **2**］

□賃借物の破損の原因は何か［→ **3**］

□賃貸借契約書上の修繕義務の規定はどのような内容になっているか［→ **4**］

□賃貸借契約書上の賃借人の修繕義務の内容が著しく賃借人に不利な内容となっていないか［→ **4**］

□賃借人から賃貸人への修繕の要請はどの程度の頻度で、どのようになされているか［→ **5(2)**］

□賃貸人は修繕の必要があることを認識していたか［→ **5(2)**］

□賃借人が修繕を実施した場合、賃借人による通知がなされ、または賃貸人が修繕の必要性を知ってから、どの程度の期間が経過していたか［→ **5(2)**］

□賃借人が修繕を実施した場合、修繕の緊急性が認められるか［→ **5(2)**］

[解 説]

1　賃貸人の修繕義務違反の場合に賃借人のとりうる手段

　民法上、賃貸人は、賃借人に対して賃借物を使用収益させる義務を負うことの当然の帰結として、賃借物を修繕する義務を負うと規定されている（民606 ①）。

　賃貸人が修繕義務を履行しない場合、賃借人としては、賃貸人に対

し、①賃借物の修繕を請求する、②自ら修繕をして必要費の償還請求をする、③債務不履行に基づく損害賠償請求をする（参考判例①）、④賃料の支払拒絶または減額請求をすることなどが考えられる。なお、債務不履行に基づき契約を解除する方法は、賃借人が建物の使用を継続する希望を有していることが多いので、検討から除いている。

2　賃貸人に修繕義務が認められる場合

　上記①から④の手段をとりうる前提として、賃貸人に修繕義務が認められることが必要となることから、賃貸人の修繕義務がいかなる場合に認められるかが問題となる。

　この点、民法は原則として賃貸人が賃借物の修繕義務を負うことを明確にしているが、賃借物の破損のすべてに関して常に修繕義務を負うとすると、賃貸人に酷な結論となることから、賃貸人に修繕義務が発生するためには、修繕が必要であり、かつ修繕が可能な場合であることを要するとされる。

(1)修繕の必要があること　修繕が必要な場合とは、修繕をしなければ賃借人が契約に定められた目的に従って使用収益することができない状態をいうが、修繕の必要があるか否かは、賃借人の使用収益が妨げられる程度、家賃水準との関係、賃借人が破損の事実を知ったうえで目的物を引き渡されていたか等の具体的事情を考慮して、賃貸人に修繕義務を負わせることが適当かという観点から、個々の事案に応じて具体的に判断される。たとえば、網戸が一部破れているというような場合には、それだけで建物の使用収益ができない状態ではなく、修繕の必要がないとされ、排水口やエアコンなど建物の附属物に不具合がある場合には、住居としての通常の用法での使用に支障が生じることから、修繕の必要があるとされやすいであろう。

(2)修繕が可能であること　修繕が不可能である場合に修繕義務を課すのは不合理であることから、修繕義務は修繕が可能な場合にのみ生じる。修繕が不可能な場合には、履行不能の問題となり、全部不能の

場合には賃貸借契約は終了し、一部不能の場合には、賃借人は使用収益可能な部分に応じて割合的に減少した賃料支払義務を負う。

賃貸人による修繕義務の負担は、その費用を賃貸人が賃料の収受によってまかなうことを前提としており、賃料額に比価して不相当に過大な費用を要する修繕をもすべて賃貸人の義務とすることは、当事者の経済的公平に反することになる。そこで、修繕が不可能な場合には、単に物理的ないし技術的に不能というだけではなく経済的ないし取引上の観点からみて不能な場合も含まれると解されており、修繕義務の存否および範囲の認定には、賃借物の経済的価値、賃料額、修繕に要する費用等も考慮される（参考判例②・③）。

3 賃借人に破損につき帰責性が認められる場合

修繕が必要かつ可能であった場合であっても、賃借人に破損につき帰責性が認められる場合にも、賃貸人に修繕義務を認めることができるだろうか。

平成29年改正前の民法606条1項は、賃貸人の賃借人による賃借物の使用収益に必要な修繕を行う義務を規定していたが、賃借人の責めに帰すべき事由により賃借物が破損した場合の賃貸人の修繕義務の存否に関して明確に規定されておらず、賃借人の責めに帰すべき破損の場合でも、賃貸人の修繕義務を肯定しつつ、他方で賃貸人に賃借物の保管義務違反を理由とする損害賠償請求権を認めるとする見解もあるなど、争いがあった。

しかし、賃借人が使用収益の障害となるような状態を自ら作り出しておきながら、その障害の排除を賃貸人に行わせることができるというのはやはり不合理であることから、平成29年改正により、破損につき賃借人に帰責性が認められる場合には賃貸人に修繕義務が発生しないことが明確にされた（民606①ただし書）。

4 賃借人修繕負担特約

賃借物の修繕が必要かつ可能であり、賃借物の破損について賃借人に帰責性が認められない場合であっても、賃借人が修繕を行うべきという内容の特約が結ばれていることが多くみられる。

(1)特約の有効性 賃貸人に修繕義務を負わせる民法601条は任意規定であり、賃借人が修繕費用を負担する特約である賃借人修繕負担特約も有効である（参考判例④）。実際に、建物の賃貸借においては、賃借人が修繕義務を負担するという特約がなされていることが多い。

(2)特約の範囲 たとえば、小規模の修繕は賃借人が負担するという内容の特約があったとしても、字句通りに解釈するのではなく、どんな破損でも修繕は賃借人が負担し、賃貸人は負担しない趣旨とは解されないというのが実務の大勢である（参考判例⑤）。賃貸人の修繕義務は、賃借人が目的物を使用収益するに適した状態を維持する義務という賃貸借の本質的義務の帰結であることから、賃借人修繕費用負担特約の範囲は限定して解釈される。

なお、賃借人が消費者に該当する事案では、賃借人修繕費用負担特約が消費者契約法10条に基づき無効とされることもありうる。

5 賃借人のとりうる方法

(1)賃借物の修繕請求 賃貸人が修繕義務を果たさない場合には、賃借人は、具体的な修繕部分を特定したうえで修繕することを請求でき、訴訟により、修繕を命じる判決を求めることができる。もっとも、建物の使用に支障が出ている場合には、早急に対処する必要があることから、実務上は、訴訟による修繕請求をなすことは現実的ではない。

(2)賃借人による費用償還請求 賃貸人が修繕を実施しない場合には、賃借人が自ら修繕を実施し、そのうえで修繕にかかった費用につき償還請求することも考えられる。

平成29年改正前の民法では、賃借物に修繕が必要な状態となった場合、賃借人がどのような要件のもとで修繕をなしうるのかを定めた

規定はなく、賃借人が賃借物を修繕する必要があるときはその旨を賃貸人に通知しなければならないと規定されているだけであった。

　しかし、賃貸人が相当の期間内に修繕をしない場合や、修繕の急迫の必要がある場合には、例外的に賃借人が行いうるとするのが相当であることから、平成 29 年改正法は、①賃借人が賃貸人に修繕が必要である旨を通知し、または賃貸人がその旨を知ったにもかかわらず賃貸人が相当の期間内に必要な修繕をしないとき、②急迫の事情があるときのいずれかに該当する場合には、賃借人が賃借物の修繕をすることができるとした（民 607 の 2）。

　そのうえで、賃借人は賃貸人に対し、修繕にかかった費用を必要費として償還請求することとなる（民 608 ①）。ただし、当然に修繕にかかった費用の全額を請求できるわけではなく、修繕費用として相当な範囲内の金額を請求しうるにとどまる。

(3) 賃借人による損害賠償請求　賃貸人の修繕義務は賃借人に対する義務であり、賃貸人がこれを履行しないことにより、賃借人に損害が生じた場合には、債務不履行に基づく損害賠償を請求しうる（民 415）。損害の範囲については、通常の債務不履行に基づく損害賠償請求と同様、債務不履行と相当因果関係の認められるものということになる（参考判例⑥）。なお、賃借人が損害回避措置をとらなかった場合、生じた損害のすべての請求が認められないとされる可能性がある（参考判例①）。

(4) 賃料減額　賃貸人が修繕義務を履行しないことにより賃借物の全部の使用収益が不能である場合には、賃料の全額の支払いを拒むことができるが、一部の不能にとどまる場合はどうか。

　この場合、民法に特段の規定はないが、賃料の支払義務は使用収益に応じて発生すると解するべきであるところ、賃借物の破損により使用収益が妨げられたときには、のちに修繕がされたとしても障害があった期間の不利益は填補されないことから、民法 611 条 1 項を類推適用して、賃借人は使用収益の不完全性の割合に応じて賃料の減額請

求権を取得すると解されている（参考判例⑦）。

▶ 参考判例 ···

①**最判平成 21・1・19 民集 63 巻 1 号 97 頁**　ビルの店舗部分を賃借してカラオ
ケ店を営業していた賃借人が、同店舗部分に発生した浸水事故につき、賃貸人の修繕
義務の不履行によって同店舗部分で営業することができず、営業利益相当の損害を被
ったとして債務不履行に基づく損害賠償請求をした事案について、賃貸人が修繕義務
を履行したとしても、当該ビルは老朽化しており、賃借人が長期間利用できたとは考
え難い等の事情があることから、賃借人が営業を別の場所で再開する等の損害回避措
置をとることなく発生する損害のすべてを請求することは、条理上認められないとし
た。

②**東京地判平成 2・11・13 判時 1395 号 78 頁**　賃借人が、建物の屋根、外壁、
内壁、床、天井板、便所等の痛みが激しいことから、賃貸人に対して修繕を請求した
事案について、これらについては、いずれも建物の使用に著しい支障をきたすものも
あるが、それ以外については、建物の使用状況を前提とする限りでは、必ずしも使用
に支障をきたすものではないこと、建物が老朽化してわずかな経済的価値しか有して
いないことを考慮して、修繕義務を賃貸人に課するのは契約当事者間の公平の見地か
らみて、相当でないとした。

③**東京高判昭和 56・2・12 判時 1003 号 98 頁**　マンション貸室の隣室との界壁
が遮音構造として不完全であることを根拠に賃貸人の修繕義務が問題となった事案に
ついて、当該欠陥が契約当初から存在したものであることを理由に賃貸人の修繕義務
を否定した原審の判断に対し、契約成立当時に存した欠陥についても修繕義務を負う
場合があるとし、その区別は賃料額に象徴される賃貸物の資本的価値と、欠陥によっ
て賃借人が被る不便の程度との衡量によって決せられるとしたうえ、本件貸室の界壁
の遮音構造が不完全であったとしても、賃貸物の資本的価値との比較によりその修繕
義務が否定されると判示し、結論として原判決を維持した。

④**最判昭和 29・6・25 民集 8 巻 6 号 1224 頁**　映画館の賃貸借において、雨漏
り等の修繕は賃貸人が行い、営業上必要となる修繕は賃借人が行うという特約があっ
た事案について、この特約が有効であることを前提として、これを単に賃貸人の修繕
義務の限界を定めたにすぎず、賃借人に修繕義務を負担させたものではないとした原
判決を破棄して賃借人に営業上必要な範囲の修繕義務を負担させる趣旨であると解し
うるとした。

⑤**東京高判昭和 51・9・14 判タ 346 号 193 頁**　堅固建物の地階共同部分の設備
関係に要する修繕費用は賃借面積に応じ各自賃借人の負担とするという約定がある事
案について、地階に設置された便所の汚水・汚物および台所の雑排水を貯溜する汚水
槽から汚水を下水道管に排出する役割を果たす排水パイプの瑕疵による取替え等の工
事費用、同瑕疵に起因する浸水の汲み上げ等の費用は賃貸人が負担すべき費用である
とした。

⑥**東京地判昭和 56・3・26 判時 1013 号 47 頁**　賃借した店舗内で営業していた飲食店の営業が浸水によって不可能となったことから賃借人が賃貸人に対して補修の要請を行ったにもかかわらず賃貸人が何ら措置を講じないだけでなく、賃借人の行った修繕工事を妨害したという事案について、賃借人に使用収益させるべき賃貸人の債務の不履行があるとして、防水補修工事、防臭工事等に要した費用のほか、事故発生後浸水の原因が判明し、かつ賃借人から修繕要請のあった日以降の逸失利益の賠償請求を認めた。

⑦**名古屋地判昭和 62・1・30 判時 1252 号 83 頁**　賃貸人からの賃料の請求に対し、賃借人が、雨漏りにより賃貸建物の一部が使用できない状態にあったことを理由に賃料の支払いを拒んでいた事案について、修繕義務の不履行が賃借人の使用収益に及ぼす障害の程度が一部にとどまる場合には、賃借人は当然には賃料支払義務を免れないものの、民法 611 条 1 項の規定を類推して、賃借人は賃料減額請求権を有すると解するべきであるとした。

【　*Answer*　】

　建物賃貸借契約の存続中の紛争としては、賃借物の破損・不具合に関する修繕が問題になるケースは多い。基本的には賃貸人が賃借物の修繕義務を負うことになるが、賃貸借契約においては大なり小なり賃借人が修繕を負担する内容の特約があることが多いので、まずは賃貸借契約書の内容をよく確認することが必要となる。

　これに加え、どのような破損等についても賃貸人に修繕義務が発生するわけではないことから、破損不具合の具体的内容、これにより賃借人が被る不利益、修繕のために必要となる費用がどの程度かなど、具体的な事情に応じて賃貸人に修繕義務が生じるかどうか判断されることになる。

　また、**Case** では Y のとりうる手段がいくつかあることから、Y の希望を確認しつつ、いかなる手段をとることが Y の利益に適うのかをよく検討し、そのうえで、当該手段をとることができるのかを検討することになる。もっとも、Y は住居の使用に支障が出ていることからすると、裁判で解決するのでは時間がかかりすぎ、現実の生活に支障が生じることになるので、Y の代理人としては、まずは、賃料の減額の主張をしつつ、X に修繕が必要であることを通知して早期に修繕を行うよう求め、X がこれに応じない場合には、民法 607 条の 2 に基づいて Y が自ら修繕を行ったうえで、別途その費用の返還を求めることになると思われる。

8…賃借人の保管義務・用法遵守義務

Case

建物の賃貸人Ｘは、自己所有のマンションの1室をＹに賃借しており、Ｙは当該賃貸物件に恋人であるＡと同居している。ある日Ｘに対し、同じマンションに居住している別の賃借人から、ＹおよびＡが大型犬を飼育しており、鳴き声もうるさければ臭いも気になるのでなんとかしてほしい、という苦情が入った。

• • •

ノボル：建物オーナーのＸさんから、マンションの近隣問題について相談がありました。どうも犬を飼っている賃借人がおり、ほかの賃借人から苦情が出ているようなんです。Ｘさんとしては、犬を飼うこと自体は契約書上では禁止していないものの、そもそも許可していない彼女を住まわせていたり、使用状態もあまりよくないので、できれば出て行ってほしいと考えているようなんですが、難しいですよね…。

兄　弁：どうして難しいと思うんだい？

ノボル：いや、契約書上に犬を飼ってはいけないとは記載されているわけでもないですし、同居人といっても彼女なのであれば履行補助者的な意味合いで、これだけで解除はできないのかなと。家賃もきちんと支払われているみたいですし、解除は難しいと考えました。

兄　弁：契約書に禁止事項がないからといって、無制限に動物を飼ってよいということにはならないんじゃないかな。もともと賃借人としては、契約書に記載されていないとしても、付随的な義務として、正当な理由なしに近隣住民とトラブルを起こさないように努める義務を負っているというふうに判例で認められているものがあるから、近隣住民からの苦情が深

刻な場合で、注意してもこれが改善されないような場合には、賃借人としての付随義務違反といえるんじゃないかな。

ノボル：なるほど…！　契約書に特約がなくても、付随義務違反を指摘するということは確かに言えそうですね。でも、これだけで解除が認められるかというと、やっぱり不安な気がします。

兄　弁：同居人がいるという点も、たとえば建物の構造や使用目的について確認したのかな？　明らかに単身用のアパートである場合なんかは、契約書に同居人の規定がない場合には 1 人しか住まわせないことが大前提になっているから十分に義務違反を問えるし、場合によっては解除も可能だと思うよ。

ノボル：そういえば、アパートの広さや契約時の状況についてヒアリングをするのを忘れていました…。さっそく確認します。

兄　弁：いずれにせよ、まずは賃借人に対応を求めることから始めるべきだね。それから事前に、騒音や異臭があることとか、同居の事実を調査のうえで、客観的な証拠として残しておいた方がいいだろうね。

ノボル：わかりました！

Check List

□義務違反の行為者は契約者かそれ以外か [→ **1**]

□転貸人や履行補助者・従業員が存在するか [→ **1**]

□賃借人の負う保管義務・用法義務を特定したか [→ **2(1)**]

□契約書に用法遵守義務に関する特約はあるか [→ **2(2)**]

□用法遵守義務に関する特約が定められた趣旨を検討したか
　[→ **2(2)**]

□賃貸借契約の目的物の範囲外の利用があるか [→ **2(2)**]

□用法遵守義務違反の態様はどのようなものか [→ **2(2)**]

□義務違反により賃借人に改善を促したか [→ **3**]

□義務違反によって賃貸人が被る損害はどの程度か [→ **3(1)**]

　　□義務違反による第三者への迷惑の程度はどの程度か〔→ 3(3)〕
　　□賃貸人と賃借人との間の信頼関係が破壊されているか〔→ 3(2)〕
　　□無催告解除が可能な程度の背信性があるか〔→ 3(2)・(3)〕

〔 解 説 〕

1　保管義務・用法遵守義務の根拠

　建物賃貸借においては、契約書で明確に定めなくとも保管義務・用法遵守義務が存在している。これらの義務の根拠はどこに由来するのだろうか。

(1)保管義務、用法遵守義務　まず、保管義務については、賃借人は賃借物を善管注意義務をもって保管しなければならないとされている（民400・616）。他方で、用法遵守義務について民法は、賃借人は、契約または目的物の性質によって定まった用法に従い、目的物を使用しなければならないと規定している（民616・594①）。

(2)履行補助者・転借人　賃借人の履行補助者による義務違反も、賃借人の債務不履行となる。また、転借人が存在する場合には、転借人は転貸人の履行補助者と評価されるため、転貸借の承諾の有無にかかわらず、転貸人は転借人の義務違反について責任が認められることとなる（大判昭和4・6・19大審院民事判例集8巻675頁）。

2　保管義務、用法遵守義務違反の態様

(1)保管義務　保管義務違反によって賃借物の価値が滅失したり、著しく損傷することになれば、賃貸人の所有権が害されることになる。その典型例は火災による賃借物の滅失や損傷であるが、賃借物件内での人の死はその価値を損傷することになる。ここではそれに関する裁判例をみていきたい。

　❶火災：　賃借人が占有している部分から出火したことが認定でき

る場合には、出火原因が特定されていなくとも賃借人の責任が肯定される（福岡高判昭和48・3・13判時725号54頁）。他人が放火した場合など、賃借人本人や履行補助者等を除く第三者の不法行為による場合には、原則として賃借人の責任は否定される（東京地判昭和59・10・1判時1155号276頁）。

❷自殺：　自殺をする行為そのものが、心理的に嫌悪感を招き、対象建物の価値を損傷することとなるため、賃借物内で自殺という行為は保管義務違反を構成する。当該行為が賃借人である場合には、自殺という行為をする賃借人に義務違反が発生し、死亡後には、当該義務違反による損害賠償責任を相続人が相続することとなる。また、賃借人の義務違反を構成するため、連帯保証人が存在する場合には原則として連帯保証人は賃借人と同様の責任を負うこととなる。

　借り上げ社宅における会社の寮で従業員が自殺したような場合については、当該従業員が社宅で生活している状況においても、転借人または履行補助者という立場ということもあり原則として賃借人は責任を負うことになる（東京地判平成13・11・29 Westlaw2001WLJPCA11290013）。社宅のような形ではない転借人や、賃貸人の承諾を得ていない無断転借人の自殺についても同様である（東京地判平成22・9・2判時2093号87頁）。同居者の自殺や賃借人の子が学生アパートで一人暮らしをしている状況での自殺についても、履行補助者の自殺として賃借人は同様に責任を負う（東京地判平成23・1・27戊 Westlaw2011WLJPCA01278012［川崎市音大生マンション賃借人長女自殺事件］）。

❸殺人・自然死：　賃借人本人が殺害され、賃借人本人に故意・過失がない場合には責任が否定される（保証人や相続人も責任を負わない。東京高判平成13・1・31乙 Westlaw2001WLJPCA01310010）。原状回復費用に関する負担割合の問題は生じうるものの、老衰や病気等による借家での自然死について、当然に借家人に債務不履行責任や不法行為責任を問われることにはならない（東京地判平成19・3・9乙 Westlaw2007 WLJPCA03098011）。

（2）用法遵守義務　賃借人は、契約または目的物の性質によって定まった用法に従い、目的物を使用しなければならない（民616・594①）。これら使用目的、使用方法に沿って目的物を使用する賃借人の義務を用法遵守義務と呼んでいる。用法遵守義務違反には様々なものがあるが、主立った裁判例をみていきたい。

❶契約書上記載されていない付随義務（迷惑行為）：　建物を賃借して使用する場合、一般的に賃借人は、付随義務として、「正当な理由なしに近隣住民とトラブルを起こさないように努める義務」を負っているとされている（東京地判平成20・1・30判例秘書L06330449）。また、「他の居住者の生活妨害となる行為をしないことが当然の前提として黙示的に約定されているものと認めるのが相当である（大阪地判平成元・4・13判時1322号120頁）。一般的には契約書に規定されていることが多いが、契約書に規定されておらずとも、近隣住民や他の居住者の迷惑になるような行為を行わないように目的物を利用する義務が賃借人には存在する。

❷使用目的：　賃貸借契約の目的は契約書に規定されていることが通常であり、当該目的と異なる使用をした場合には、用法遵守違反を構成する。

この点、麻雀倶楽部として使用するビルの1室の賃貸借について、麻雀倶楽部として使用することを目的とし、宿泊等には利用しないことを特約にしている事案において、特約の趣旨を麻雀営業を廃止したり、麻雀営業よりも飲食や宿泊が主な目的となることを禁止するものとしたうえで、顧客が終電後帰りそびれ、始発を待つために泊まったり、徹夜して麻雀を楽しむ顧客がいたり、来場した顧客に飲食を提供したとしても、これらはあくまで麻雀営業に付随してなされるもので、特約違反にはあたらないとされた事例がある（東京地判昭和55・5・29判時983号92頁）。

❸増改築：　借地契約の場合には、建物所有目的である以上、建物を自由に増改築することができるのが原則である。これに対し、建物

賃貸借では、賃貸人の承諾を得ずに建物の増改築や模様替えをすることは、賃貸借の目的物に手を加えるものとなるため、特約がなくとも当然に禁止される行為である。どのような場合に目的物に手を加えるという評価がされ、承諾が必要となるかについては、裁判例に委ねられることとなる。

　この点、賃借人が賃貸人の承諾を得ることなく建物の下屋部分を取り壊し、その跡地と通路として利用されていた土地部分に2階建建物を築造した事案について賃借人の敷地の使用収益権の範囲を逸脱するとして、用法遵守義務違反を認め、建物建築のために設置された柱等の撤去を認めたものがある（最判昭和50・7・10集民115号269頁）。

　同じように建物賃貸借の敷地の利用部分について、家屋の改修のために簡易な仮設設備を設置した事案について、使用目的に変更はなく、撤去も容易、家屋自体の構造に変動を生じさせたり損傷を与えたりするものではないことから、用法遵守義務違反を認めなかったものがある（最判昭和39・7・28民集18巻6号1220頁）。変更の程度や現状復帰の可否、その他家屋の構造に変動が生じるかどうかなどにより個別に判断されることとなる。

3　保管義務、用法遵守義務違反の効果

(1)損害賠償　保管義務違反においては、失火や自殺などの事案などに鑑みれば賃貸物件に損害が生じている場合が多々あることから、契約解除と同時に損害賠償請求がなされることが多い。これに対し、用法遵守義務違反の場合には、賃貸物件そのものの客観的価値が減少しているということは少なく、解除の可否が問題となることが多いため、損害賠償請求が検討されることは少ない。なお、用法遵守義務違反の場合に、契約解除が認められた場合においては、建物の構造を変更している場合も含め、原状回復費用の場面で検討されることが一般的であろう。

　失火の保管義務違反による損害賠償請求の範囲については、建物の

賃借人の失火によりこの建物が全焼して敷地の使用借権を喪失した建物賃貸人が賃借人に損害賠償した次の判例が参考になる。この事案において、最高裁は、地上の建物が朽廃、滅失するまでこれを所有するという目的でされた土地の使用貸借の借主が契約の途中で当該土地を使用することができなくなった場合には、特別の事情のない限り、当該土地使用に係る経済的利益の喪失による損害が発生するものというべきであり、これは建物の本体のみの価格に含まれるということはできないとして、建物本体の価格および建物敷地の経済的利益に相当する額の双方を損害として請求できるとした（最判平成 6・10・11 集民173 号 133 頁）。失った不動産そのものの価値（借地権も含む）および経済的利益、双方を損害として請求することが検討できる。

　自殺による保管義務違反の損害額は、賃貸することができない期間の相当賃料の額、および賃貸できたとしても賃料が下がる場合の下落額にそれぞれの期間を乗じて決めることとなる。判例には、3 年後には従前賃料の賃貸が可能になっていると推認されたもの（東京地判平成 19・8・10 Westlaw2007WLJPCA08108002）、賃貸不能期間を 1 年、通常賃料の半額分でなければ 2 年は賃貸しえないとしたもの（東京地判平成 22・9・2 判時 2093 号 87 頁）、当時の賃料ではなく、客観的な相場の賃料を算出したうえで、全額ではなく減額分を算出し、明渡し後口頭弁論終結時まで合計約 4 年の減額分を損害と認定したもの（東京地判平成 22・12・6 Westlaw2010WLJPCA12068010）、明渡しから新契約が締結されるまでの期間分の客観的賃料相当額と、新契約締結から 2 年と、学生が新契約を締結するピークである 3 月 20 日までの約 5 か月分、合計 2 年 5 か月分の賃料減額分について因果関係のある損害と認めたもの（東京地判平成 23・1・27 戌 Westlaw2011WLJPCA01278012）などがあり、客観的賃料を別途算出したうえで、その減額部分等を含めおおよそ 2 年から 4 年とするものが多いようである。一方で収益物件として不動産業者が所有するマンションの事例について募集を停止した 1 年間については全額、2 年以降については減額割合を 50％

とし、その期間を6年から8年程度継続するものと推認されたものもある（東京地判平成25・7・3判時2213号59頁）。

（2）契約解除　賃貸借契約においては、継続的契約であることの性質上、義務違反があったとしても、契約違反による解除が認められるためには契約者の間に信頼関係の破壊があることが必要である（第3章23参照）。

　保管義務・用法遵守義務違反による解除の可否については、多数の判例が蓄積されてきているが、個別具体的に事情を考慮して信頼関係の破壊があるか否かが判断されている。また、解除には催告手続が必要となるが、保管義務・用法遵守義務違反による解除においても、強い背信性が認められる場合には無催告解除も認められている。では、どのような場合に解除が可能か。催告が不要となるにはどの程度の背信性が必要となるのだろうか。以下、項を改めてみていきたい。

（3）具体的態様　❶契約上記載されていない付随義務（迷惑行為等）：
　マンション1階部分の店舗の賃借人が、深夜までカラオケ用の音響機器を使用して飲食店の営業を行っていた事案で、住民からの苦情や警察官・市の職員からの指導も無視し、賃貸人からの騒音防止の要求にも応じなかった場合には、賃貸借契約に騒音防止義務が定められていなくとも、マンション居住者に迷惑をかける使用をしてはならず、店舗の使用方法に義務違反があるとして、解除を認めた事例がある（横浜地判平成元・10・27判タ721号189頁）。また、貸室内に社会常識を逸脱するようなゴミを放置し、賃貸人の再三の注意にもかかわらずこれを改善しなかった賃借人に対し、貸室内に大量のゴミを放置したことは賃貸人や近隣住民に多大な迷惑を与えることから使用方法に義務違反があるとして解除を認めた事案も存在する（東京地判平成10・6・26判タ1010号272頁）。いずれも、再三にわたる改善要求にもかかわらずこれを放置し、何らの措置もとらずに迷惑行為等を継続した結果、解除が認められるに至っている。

　❷使用目的：　建物賃貸借契約書には通常、住居、店舗、事務所な

ど使用目的が定められている。使用目的に従って目的物を使用しなければならないのは民法上の義務であることはすでに述べた通りである（民616・594①）。

　事務室として使用する目的で賃借したビルの1室を、賃借人がテレホンクラブとして利用した事例において、ビル全体の品位が損なわれること、同じビル内からも苦情が出ていること、テレホンクラブの営業をすることを賃借人は秘していたことなどを理由に解除を認めた事案がある（東京地判昭和63・12・5判タ695号203頁）。また、マリンスポーツ店の事務所・店舗としての利用が使用目的と契約書に明記されていた事案で、当該店舗について賃借人が賃貸人に承諾も得ず店舗内を改修し、クラブ営業を始めた事案について、使用目的違反を理由に解除を認めた事案がある（東京地判平成3・7・9判時1412号118頁）。

　いずれも当初目的と大きく乖離し、賃貸人側および建物のその他の利用方法などからしてもビルの品位が損なわれる可能性があるような場合である。これらの事案は信頼関係の破壊が認められ、背信性が著しい事案として無催告解除が認められている。

❸増改築：　建物賃貸借契約については特約の有無にかかわらず、増改築は用法遵守義務違反となることはすでに述べた通りである。

　この点、個別に増改築禁止特約を定めている事案について、賃借人が賃借家屋の構造を無断で変更した場合には、その変更の態様が、社会通念上特約にいう構造変更と認められないような場合のほかは、変更禁止の特約に違反することになるとともに、特段の事情がない限り、特約に基づく解除権が発生するものと解すべきとされ、撤去の容易性などの事情を考慮することなく、信頼関係が破壊されると判断された事例がある（最判昭和29・12・21民集8巻12号2199頁）。これに対し、公営住宅において公営住宅法に違反する増改築を行った場合であっても、信頼関係を破壊するとは認め難い特段の事情があるときは明渡請求は効力がない、として背信性を要求した事案もある（最判昭和59・12・13民集38巻12号1411頁）。ただし、この事例においては、増築

した建物が構造上原状回復の困難なもので、かつ、当該住宅の保存にも適しているとはいえず、また、賃貸人が増築を事後に許容したような事情も存在しないとして、背信性を認め、明渡請求の効力を認めている。

　他方で、一軒家の賃貸借契約において賃借人が空き地に無断で建物を増築した事案について、増築部分が賃借建物の構造を変更せず、また1日で撤去できる程度の賃借建物に付属させた仮建築物であり、また賃貸人と賃借人との間で建物については賃借人が自己の費用で適宜改造して使用することを認め、賃貸人は当該建物の修繕を行わないという特約があるような場合において、賃借人の背信性を認めなかった事案もある（最判昭和36・7・21民集15巻7号1939頁）。

　契約に至った経緯や、特約の有無、増改築の程度、撤去の容易性等総合的に判断して解除の可否を判断していると思われる。

▶ 参考判例 ··

①**東京高判昭和55・8・4判タ426号115頁**　賃借人がベランダで犬2匹を飼育することによって付近居住者に犬の糞尿や吠声等による被害を発生させて多大な迷惑を及ぼし、賃貸人から再三犬の飼育中止を求められたにもかかわらず、頑なにこれを拒んでいたという事案において、契約書に犬を飼育してはならないという条項があり、当該条項を理由として賃貸借契約を更新拒絶した事案について、共同住宅にあっては賃貸人は賃借人に対し静穏に居住させる義務を有しているのみならず、賃借人相互間においても危険、不潔その他近隣に迷惑を及ぼす行為は厳にこれを慎まなければならないことは当然の前提とし、犬を飼育することを禁止する条項は違法な条項ではないと判断したうえで、賃貸人の更新拒絶には正当な理由があるとした。

②**東京地判平成14・4・25 Westlaw2002WLJPCA04250010**　単身者居住用の物件で、書面による承諾なく同居人の数を増やしてはならないとされている条項が存在する賃貸借契約において、1人での居住であるとして申し込んだ元妻が、元夫を1週間のうち半分程度居住させており、賃貸人の再三の契約遵守の要請にもかかわらず、これを遵守せず、賃貸人の妻においては精神的苦痛を受け通院を余儀なくされるに至った事案において、信頼関係を破壊しないなど、解除の効力を妨げるべき事由は認められないとして、賃貸人からの解除を認めた。

【 *Answer* 】

　Case においては、賃借人の動物の飼育が、通常想定されている賃貸借契約の範囲を超えて近隣住民に迷惑を与えている状況か、また同居人が居住していることが本来の賃貸借契約の使用目的に違反しているか、契約を解除するにあたって催告が必要か、などを検討していくこととなる。そもそも動物の飼育を禁止しているアパートであれば原則として用法遵守義務違反となる。契約書において禁止がされていない場合には、犬の飼育方法が悪く、糞尿の臭いなどが相当程度近隣住民に影響を与えていたり、深夜に寝られないほどの騒音を出しているような場合には、賃貸借契約における付随義務違反を主張できる可能性がある。ただし、この場合でも近隣住民からの苦情があること、糞尿の臭いなどから建物の品位を保てない状況となりうることを指摘し、まずは改善を求める努力を求め、これをしてもなお改善がされない場合に初めて信頼関係の破壊が認められる状況となりうると考えられる。また、同居人の居住については、仮に 2 LDK などの広さで、複数人が居住することができる前提の物件においては、単に同居人欄に名前がない、というだけで恋人との同居を使用目的違反とするのは難しいと思われる。これに対しワンルームなど、単身居住が前提となっているような物件の場合には、同居自体を認めないことが前提となっているともいえるため、改善を求めてもこれを賃借人が改めないような場合には用法遵守義務違反による解除を主張していくことが可能となると考えられる。いずれにせよ、解除には信頼関係が破壊されているか否かという部分が重要な要素となってくるのは、賃貸借契約で規定された契約違反による解除と同様である。

9…賃料増減額請求の要件

Case

　X社は、東京都○○区○○にマンション1棟を所有している。このマンションの1階部分は店舗スペースになっている。X社は、1992年11月、この店舗スペースにつき、Y社と、期間6年、月額賃料50万円で賃貸借契約を締結した。この賃貸借契約には、3年ごとに賃料を改定する旨の条項が入っていた。X社は、1995年、1998年、2001年、2004年に2万円ずつ賃料を増額し、賃料は、現在月額58万円になっているが、2007年以降、X社はY社への賃料の増額申入れを失念していた。

　X社は、近隣の土地再開発事業により、最後の賃料増額時である2004年頃に比べて土地の価額が2倍以上に上昇し、マンションの固定資産税等の負担も増加したため、2019年9月、X社はY社に対し、同年11月分以降の賃料増額につき協議をしたい旨申し入れた。

・・・

ノボル：X社からの相談を受けたんですけど、近隣の賃料相場が2倍以上になったということでしたので、増額請求は間違いなく認められると答えておきました。

兄　弁：おいおい、建物賃料増減額請求の要件は検討したの？

ノボル：特別な要件なんてありましたっけ？（六法を見て）あ、確かに借地借家法32条に「賃料が不相当になったこと」って書いてありますね・・・。

兄　弁：じゃあ、具体的に賃料が不相当といえるのはどのような場合なのかな。

ノボル：条文によれば、まず、土地もしくは建物に対する租税その他の負担の増加。次に、土地建物の価格の上昇・低下、その他の経済事情の変動。そ

して、近傍同種の建物の借賃との比較、です。

兄　弁：そうすると我々としては、租税額の変遷、不動産の経済価値や現在の経済事情、近隣の賃料相場といった客観的な要素の調査さえすればいいってこと？　それ以外に、依頼者から聞いておくことはないかな。

ノボル：うーん･･･。

兄　弁：賃料増減額請求だと、当事者間の個別的な事情も「賃料の不相当性」の判断の資料になるんじゃないかな。だから依頼者からは、契約内容の確認とその契約を締結した経緯、これまでの当事者間の交渉の経過なんかを詳しく聞いてみる必要があるよ。特に、今回は賃貸借契約締結から30年近く経過しているということだし、その間にいろいろ事情が変化していることもありうるからね。

ノボル：なるほど･･･簡単じゃないんですね。

Check List

□直近の合意賃料は、いつ合意をしたものか［→2(1)］

□直近の賃料の合意から現在までどれくらいの期間が経過しているか［→2(2)❶、5(1)］

□建物と敷地の価額はどのように変遷しているか［→2(2)❶］

□公租公課はどのように変遷しているか［→2(2)❶］

□消費者物価指数などの経済指標はどのように変化しているか［→2(2)❶］

□近傍同種の建物の賃料はどうなっているか［→2(2)❶］

□賃貸借契約締結の際における交渉の経緯や当事者の意図、力関係はどのようなものであったか［→2(2)❷］

□当事者の事業規模、事業内容はどのようなものか［→2(2)❷］

□建物は居住用か事業用か［→2(2)❷］

□契約期間中、建物の改修工事費は誰がいくら負担したか［→2(2)❷］

□契約期間中、賃貸人は建物の修繕義務を履行していたか
　　[→ 2(3)]
　□賃料の不増額特約はあるか [→ 3]
　□契約書に、賃料改定につき協議条項はあるか [→ 4(2)]
　□契約書に、賃料の自動増額条項はあるか [→ 5(3)]
　□賃借人が、必要費・有益費を支出しているか [→ 5(4)]

〔 解 説 〕

1　概説

　賃料は当事者の合意に基づく契約によって定められるから、本来、契約期間中に契約の内容である賃料の額を一方的に変更することはできないはずである。しかし、賃貸借契約が継続的な契約であり、契約期間中に社会的・経済的な変動が生じる可能性も否定できない。そこで、借地借家法32条は、賃貸借契約の当事者の一方的な意思表示による賃料の増減額を認めている。

2　要件①：賃料の不当性

(1)現在賃料　賃料増減額請求が認められるためには、賃料増減額請求時において、現在の賃料が不相当であることが必要である。

　この場合の「現在の賃料」というのは、賃貸借契約の当事者が現実に合意した賃料のうち直近のもの（「直近合意賃料」といわれる）を指す（最判平成20・2・29集民227号383頁）。

(2)相当性の判断要素　❶基本的な枠組み：　賃料が相当か否かの判断要素はどのようなものか。借地借家法32条1項本文は、①建物の借賃が、土地もしくは建物に対する租税その他の負担の増減により、②土地もしくは建物の価格の上昇もしくは低下その他の経済事情の変動により、③または近傍同種の建物の借賃に比較して不相当となった

ときには、契約の条件にかかわらず、当事者は、将来に向かって建物の借賃の増減を請求することができる、と規定している。

しかし、賃料の不相当性の判断は、建物の客観的経済価値のみを基準とするのではなく、当事者間の個別的事情も考慮して「賃料の不相当性」を判断することになる（東京地判平成 17・3・25 判タ 1219 号 346 頁）。最判平成 15・10・23（集民 211 号 253 頁）も、賃料の不相当性の判断資料として、「当事者が賃料額決定の要素とした事情を総合考慮すべきであ〔る〕」と判示している。

❷具体的な判断要素：　具体的な判断要素としては、東京地判平成 13・3・7（判タ 1102 号 184 頁）は、「当事者が事業者か否かの当事者の属性、その事業の規模、その建物が居住用か営業用であるか等の賃借建物の用途ないし性格、賃貸借契約締結の際における交渉の経緯並びに当事者の意思、契約締結後の状況等の諸般の事情を総合考慮して判断される」ものと判示している。

また、東京地判平成 17・3・25（判タ 1219 号 346 頁）は、継続的契約である賃貸借契約では、「当該賃貸借契約締結の際の具体的な事情、賃料額の推移、契約上の経過期間と残存期間、当事者間の了解事項等諸々の個別具体的な事情を有して」いるとし、「裁判所は……〔賃料の〕額の決定については、上記個別具体的な事情を考慮した上で当事者間の衡平が図られるよう配慮しなければならない」と判示している。

そのほか、賃料保証特約の存在や保証賃料額が決定された事情（サブリースの事案。前掲最判平成 15・10・23 参照）や、当事者間の経済力や交渉力（前掲東京地判平成 17・3・25）、建物の改装工事費用の支出（東京地判平成 4・3・16 判タ 811 号 223 頁）等を考慮した裁判例もある。

これらの当事者間の個別的事情が、裁判上、「不相当性の判断要素」として採用されるかどうかはケースバイケースである。しかし、相手方との任意交渉を円滑に進めるうえで重要な交渉材料となりうるものであるから、丁寧に依頼者から事情を聴取すべきである。

（3）賃貸人が修繕義務を怠っている場合の賃料の減額請求　賃貸人が

修繕義務を怠っている等により、賃借人が不完全な使用収益しかできていない場合、賃料減額を求めることができるか。

この場合も、賃料の減額請求は可能である。そして、その法的根拠としては、民法536条により当然減額されるという見解もあるが、民法611条1項を類推適用して減額請求権の行使を認めるという裁判例がある（名古屋地判昭和62・1・30判時1252号83頁）。

3 要件②：賃料不増額特約がないこと

賃料の不増額特約は有効である（借地借家32①ただし書）。これに対し、賃料の不減額特約は無効と解されている（なお、最判平成16・6・29判タ1159号127頁、最判平成20・2・29集民227号383頁参照）。定期借家契約においては、賃料の不減額特約も有効である（同38⑦）。

4 要件③：賃料増減額の意思表示

(1)概説 賃料増減額請求は、その意思表示が相手方に到達した時点で効果が発生する（最判昭和32・9・3民集11巻9号1467頁）。賃料増減額請求は、将来に向かって効力を生じさせるものであり、過去にさかのぼって賃料増減の効果を生じさせるものではない。賃料増減額請求は、口頭で行ってもよいが、のちの立証を考慮すると、書面で行うべきである。また、同請求は意思表示であるから、相手方への到達を立証する必要があるので、配達証明付きの内容証明郵便で書面を送付すべきである（相手方が受領しない可能性がある場合の書面の送付方法については、第1章5-3(1)参照）。

賃料増減額請求では、賃料の増減額を求める意思が明確に表示されている必要があるが、増減の根拠や金額を明示することは必須ではない（東京地判昭和42・4・14判タ208号186頁）。

(2)賃料改定につき協議条項がある場合 賃料改定につき協議条項がある場合、協議を経なければ賃料増減額請求はできないのだろうか。この点については諸説あるが、最高裁は不要説をとっていると解され

ている（最判昭和 56・4・20 民集 35 巻 3 号 656 頁）。ただ、手続を円滑にするため実務的には事前の協議をすることが多いであろう。

(3) 賃料増減額交渉の申入れ 賃料増減額請求の前には、一方が賃料増減額交渉を申し入れ、当事者間で任意の交渉が行われるのが通常である。賃料の増減額は、賃料の鑑定書作成料や弁護士報酬等の費用や裁判手続にかかる時間などを考慮すると、任意交渉の段階で事件が終了することも多い。正式に賃料増減額請求をする場合には、事前に依頼者と十分協議をする必要がある。

賃料増減額交渉の申入れをもって、賃料増減額の意思表示があったといえるかという問題があるが、これは、結局は「賃料増減額交渉申入れの内容が、賃料を増額するという黙示の意思表示と認めることができるか」という事実認定の問題である。

依頼者と協議をして、正式に賃料増額請求に踏み切るという決断をした場合には、交渉開始の際あるいは交渉中であっても、賃料の増減額を求める意思を明確に表示した書面を、相手方に送付すべきである。

5 賃料増減額請求に対する反論

賃料増減額請求に対する反論としては、基本的には、「現在賃料は不相当でない」と主張することになる。その他、「賃料の不相当性」の要件に関し、以下の点が検討事項として挙げられる。

(1) 期間経過の必要性 賃料の増減額請求をするためには、賃料が定められた時（合意した時）から一定の期間が経過していることが必要かという点について、これを不要とするのが判例である（最判平成 3・11・29 集民 163 号 627 頁）。

ただ、期間の経過がまったく問題とならないわけではない。相当期間の経過の有無は、「賃料の不相当性」を基礎づける事実（評価根拠事実ないし評価障害事実）として位置づけられると解することになる。そこで、現行賃料が定められてからさほど期間が経過していない場合には、依頼者から、社会的・経済的事情の変化や、当事者間の個別的

事情の変化につき、丁寧に事情聴取して、事件処理の方向性を検討すべきである。

（2）賃借人の使用収益開始前の賃料増減額請求　賃貸借契約の締結から、実際に建物が賃借人に引き渡されるまでに一定の期間がおかれる場合がある。その間に社会的・経済的事情に変化が生じた場合、賃料増減額請求をすることができるか。

このような場合に、サブリースの事案ではあるが「当初賃料の増減を求めることはできないものと解すべきである」として、建物の使用収益開始前の賃料増減額請求を否定した判例がある（最判平成15・10・21民集57巻9号1213頁）。

（3）賃料の自動増額特約の有効性　賃貸借契約では、一定の期間ごとに、一定額あるいは一定割合を増額したり、消費者物価指数や固定資産税、路線価等に連動して賃料をスライドさせるような特約もある。この賃料の自動改定特約は、特約の内容が合理的なものである場合は有効であると解されている（特約の内容に合理性がなければ、特約は無効である）。賃料の自動改定特約が有効である場合は、その特約によって賃料が改定され、賃貸人は増減額後の賃料を受領する権利を有し、賃借人はこれを支払う義務を負う。

ただし、事情の変更により、特約によって賃料の額を定めることが法の趣旨に照らして不相当なものとなった場合には、特約の効力を争う当事者は、上記特約に拘束されず、賃料増減額請求権を行使することができる（最判平成15・6・12民集57巻6号595頁）。

（4）賃借人が必要費や有益費を負担していた場合　賃借人が建物につき、必要費や有益費（修繕費、維持費等）を負担したことは、賃貸人の賃料増額請求に対する反論（抗弁）にはならないと解されている（東京高判昭和38・5・8東高民時報14巻5号120頁）。もっとも、これらの精算すべき金銭は、任意交渉の材料となる可能性があるので、詳細に依頼者から事情を聴取すべきである。

（5）信義則、権利濫用の法理の適用　下級審には、賃料増減額請求権

の行使が、訴訟当事者間の信義則に反し権利の濫用になるとした事案がある（東京地判平成 13・2・26 判タ 1072 号 149 頁。訴訟上の和解により賃料減額請求訴訟を終了させた原告が、約 5 か月後に再び賃料減額請求訴訟を提起した事案）。このように、事案によっては信義則が適用される場合もあろうが、基本的に、信義則違反を基礎づける事情は「賃料の不相当性」を判断する事情の 1 つとして主張されることになろう。

6 減額請求に関する特約についての問題点

(1)オーダーメイド賃貸 オーダーメイド賃貸とは、土地所有者である賃貸人が、賃借人の営業に適した建物を賃借人の指定する仕様により建築する賃貸借をいう。このような契約は、大手小売店舗のチェーン店などに多くみられる契約方式である。

オーダーメイド賃貸では、建築した建物が賃借人の店舗の仕様に従って建築されており、汎用性を欠くため、契約が終了した場合に、建物所有者（賃貸人）が新たな賃借人を探すことが困難であるという特殊性をもつ。このような契約において、借地借家法 32 条に基づき賃料減額請求をすることが可能かどうか争いがあるが、一定の条件のもとにこれを認める最高裁判例がある（最判平成 17・3・10 集民 216 号 389 頁参照）。

(2)サブリース契約 サブリース契約に関する訴訟では、最低賃料保証特約等がある場合でも賃料減額請求ができるかといった点が争われた。詳細については、下記のコラムを参照。

◀コラム▶ 社会問題となったサブリース契約の法律問題

いわゆるサブリースとは、不動産会社等のサブリース業者が建物所有者から建物を一括して借り上げ、それを入居者に転貸する事業形態をいいます。事業形態としてのサブリースのうち、個別契約としての「サブリース契約」とはサブリース業者（転貸人）と入居者

（転借人）との間の転貸借契約をいい、建物所有者（賃貸人）とサブリース業者間の賃貸借契約を「マスターリース契約」といいます。多くのケースでは、サブリース業者の提案した資金計画のもとに、土地の所有者が建築資金を借り入れて建物を新築し、安定した賃料収入を前提に借入金を返済し、土地を有効活用していくものです。建築資金を借り入れることにより相続税対策となると勧誘する業者もいました。建物所有者は、「家賃保証」により安定した収入を得られることにメリットがありますし、サブリース業者は、転貸料と賃借料の差額や管理料、関与の仕方によっては建物建築によって収益をあげることができます。

　このビジネスモデルは、転貸人（サブリース業者）が入居者から予定した通りの賃料を確実に得ることに支えられています。ところが、経済状況の変動により、予定した数の入居者が入居せず、空室が生じるようになると、サブリース業者は建物所有者への賃料の支払いが困難になりました。そのため、サブリース業者から建物所有者に対して賃料減額請求がなされることになり、賃料増額特約や「家賃保証」が付されることの多かったマスターリース契約に賃料減額請求を規定した借地借家法 32 条 1 項の規定が適用されるのかが大きな争点となりました。様々な下級審裁判例が出ましたが、最終的に最高裁は、これを肯定しました（最判平成 15・10・21 民集57 巻 9 号 1213 頁）。

　サブリースは、建物所有者がサブリース業者よりも事業規模が小さい企業であったり個人であったりすることが多く、サブリース業者が策定した賃料収入計画に従って借入れをしているため、収支が予測通りにいかずに建物所有者の倒産が相次いだこともありました。サブリース業者の中には、賃料収入の減額リスクの説明をせずに、建物建築、資金の借入れを強引に勧誘する悪質な業者もいたことから、社会問題にもなっています。

　サブリースには、上記の賃料減額請求の問題以外にも、マスターリース契約が終了した場合に、建物所有者（賃貸人）は転借人に契約終了を対抗できるのか（合意解約による終了の場合は対抗できず、

債務不履行解除の場合は対抗できる)、マスターリース契約が期間の定めのある契約であった場合に、サブリース業者が賃借人として更新拒絶ができるのか（肯定）、賃貸人がマスターリース契約を更新拒絶するにあたり、サブリース契約であることが正当事由になるのか（事案により結論は様々）、サブリース業者が破産や民事再生となった場合に契約関係はどうなるのか（本章 15 参照）など、多くの法律問題が含まれ、多くの裁判例があります。　　　（市川　充）

7 賃料以外の費目についての増額請求の可否

賃料以外の費目についての増額請求については、①共益費について増額請求を認めた裁判例として、東京地判平成 4・1・23（判タ 832 号 127 頁）、②駐車料金の増額請求を認めた裁判例として、東京地判平成 2・11・29（判時 1395 号 100 頁）、③保証金につき借地借家法 32 条の適用を否定した裁判例として東京地判平成 8・7・16（判時 1604 号 119 頁）、④賃料が増額された場合の敷金の増額補充義務を否定した裁判例として東京地判昭和 48・1・26（判タ 302 号 205 頁）、などがある。

【 *Answer* 】

賃料増減額請求の相談を受けた場合、まず、直近の合意賃料を確認する（**Case** では、2004 年に決めた 58 万円になる）。そして、その賃料で合意するに至った経緯について確認する。また、契約書等を見て、賃料の不増減額特約がないかどうかを確認する。

賃料増減額請求の要件としては、最終的には直近合意賃料が「相当かどうか」がポイントとなる。この「相当賃料」を算定するために必要な資料を集める必要があるが、当面は、固定資産税の変遷状況をみるために、取得できる限りの過去の固定資産評価証明書（固定資産評価証明書は、最新年度プラス過去 4 年分しかとれないことが多いので、依頼者から、可能な限り過去にさかのぼった固定資産・都市計画税課税明細書をもらう）と、近隣の賃貸相場を示す資料（賃貸物件のオーナーの場合、懇意にしている不動産仲介業者がいることが多い）を早急に入手するとよい。

相当賃料とは、いわゆる「継続賃料」を指すため、近隣の新規の賃料相場（いわゆる新規賃料）よりも低額になる可能性が高い。また、賃料を供託された場合、事件解決まで賃料を取得できなくなり、その結果、依頼者の資金繰りに影響が出る可能性もある。これらのことは依頼者にきちんと説明をすべきである。そのうえで、賃料増額の意思表示までしてしまうのか、賃料増額の交渉の申入れにとどめるのか（交渉決裂の場合には、現状維持とするのか）、依頼者の意思を丁寧に確認し、十分協議をして、今後の方向性を決めるべきである。

10…相当賃料の判断方法

Ｃａｓｅ

　Ｘはマンションを所有し、20年前からその1室をＹに賃貸している。ＸとＹが賃貸借契約を締結した当時の賃料は月額10万円で、現在まで一度も賃料の改定をしていない。

　その後、マンションが建っている区画を含めた近隣の大規模再開発事業があり、地価が高騰し、近隣の賃料相場も著しく上昇した。現在の近隣の賃貸物件の相場で見ると、Ｙが居住しているマンションの家賃は月額20万円程度で貸出しが可能であった。そこで、Ｘは賃料を近隣の賃料相場に合わせるべく、Ｙに対し、賃料を月額20万円に増額する旨の賃料増額請求をした。

　Ｙは、いきなり従来の倍額の家賃を払うことはできないので、月額15万円ならば支払う旨Ｘに回答したが、Ｘはこれを受け入れなかった。そこで、Ｙは本件で相当な賃料が月額13万円であるとして、賃料の供託をしようと考えている。

● ● ●

ノボル：Ｙさんから賃料増額請求を受けて困っているという相談を受けました。この場合はやっぱり、近隣の賃料相場が基本になるんですかね？

兄　弁：そうすると、今回のＸの賃料増額請求を争う余地はないことになるよね。それでいいの？

ノボル：でも、近隣相場を無視するわけにはいかないんじゃ・・・。

兄　弁：Ｙさんの賃料は10万円で、今回20万円にするという増額請求があったんだよね。一気に賃料が2倍になること自体、おかしくない？

ノボル：確かにＹさんからするととても困ると思いますけど、相場が相場なんで

仕方ない気も・・・。

兄　弁：Yさんの場合は、これからこの建物を借りるというケースではなくて、もう20年も前から借りてるわけだろ。新規に借りる場合に設定する賃料の額と今までずっと続いてきた賃貸借の賃料とでは、賃料の設定の方法が違う、とは考えられないかな？

ノボル：確かに・・・。

兄　弁：賃料についての考え方とか賃料の種類っていうのはいろいろあるんだ。少しとっつきにくいけど、この機会に少し勉強してみたら？

ノボル：わかりました。

Check List

□公租公課はどのように推移しているか［→ 1(3)❷、2(2)❷］

□賃料のほかに賃借人が差し入れている金銭（敷金、保証金等）はあるか［→ 1(4)］

□近傍同種の建物の賃料はどのくらいか。また、その賃料の推移・動向はどのようになっているか［→ 2(2)❶・❹］

□消費者物価指数、国民所得、賃金指数などの経済指標はどのように変遷しているか［→ 2(2)❸］

□土地建物の価額は、どのように変遷しているか［→ 2(2)❸］

□賃貸借契約締結の際における交渉の経緯、当事者の意図はどのようなものか［→ 2(2)❶、3］

□減価償却費、維持管理費、損害保険料、貸倒準備金、空室等による損失相当額はどれくらいか［→ 2(3)］

□当事者の事業規模、事業内容はどのようなものか［→ 3］

□賃貸人が、賃借人が支払おうとする賃料の受領を拒絶しているか［→ 4］

［ 解 説 ］

1 賃料とは

(1)賃料の概念　ひとくちに賃料と言ってもいろいろな概念がある。結論から言えば、賃料増減額請求の場合の「相当賃料」の判断にあたっては、「継続賃料」がいくらであるのか算定して、それを基本として「相当性」を検討することになる。

　賃料の概念、それと関連して、賃料増減額請求の場合の「相当賃料」とはいかなる概念なのか。以下、みてみよう。

（2）不動産鑑定評価基準　賃料とは何か。この賃料の概念を規定しているのが「不動産鑑定評価基準」である。この不動産鑑定評価基準は、昭和37年に建設省に設置された宅地制度審議会の答申を基本とし、その後、時代に応じて改正され現在に至っている。

　この不動産鑑定評価基準は、「不動産の鑑定評価に関する法律」に基づき、不動産鑑定士が不動産の鑑定評価を行うにあたっての統一的な基準を定めるものであるとされ、賃料増減額請求における「相当賃料」の算定についても、理論的な根拠とされるものである。

　不動産鑑定評価基準では、賃料の概念を**(3)**・**(4)**のように説明している。

（3）新規賃料（正常賃料と限定賃料）と継続賃料　❶新規賃料：　新規賃料とは、正常賃料と限定賃料を意味し、新たな賃貸借契約を締結する場合の賃料を意味する。

　不動産鑑定評価基準によれば、正常賃料とは、正常価格と同一の市場概念（現実の社会経済情勢のもとで合理的と考えられる条件をみたす市場）のもとにおいて、新たな賃貸借等の契約において成立するであろう経済的価値を表示する適正な賃料をいう（不動産鑑定評価基準第5章第3節Ⅱ・1参照）。

　限定賃料とは、限定価格と同一の市場概念（正常価格と同一の市場概念のもとにおいて形成されるであろう市場価値と乖離することにより、市場

が相対的に限定される場合の市場）のもとにおいて、新たな賃貸借等の契約において成立するであろう経済的価値を表示する適正な賃料をいう（不動産鑑定評価基準第5章第3節Ⅱ・2参照）。たとえば、不整形の土地が隣接する土地と合わせれば価値が増加するような場合における賃料をいう。

❷継続賃料：　継続賃料とは、不動産の賃貸借等の継続に係る特定の当事者間において成立するであろう経済価値を適正に表示する賃料をいう（不動産鑑定評価基準第5章第3節Ⅱ・3参照）。賃料増減額請求の場合の「相当賃料」の判断にあたっては、この不動産鑑定評価基準の継続賃料を求める考え方が基本となる。

また不動産鑑定基準では、継続賃料を求める場合の一般的留意事項として、「契約当事者間で現行賃料を合意しそれを適用した時点（以下「直近合意時点」という）以降において、公租公課、土地および建物価格、近隣地域若しくは同一需給圏内の類似地域等における賃料又は同一需給圏内の代替競争不動産の賃料の変動等のほか、賃貸借等の契約の経緯、賃料改定の経緯及び契約内容を総合的に勘案し、契約当事者間の公平に留意の上決定する」としている（不動産鑑定評価基準第7章第2節Ⅰ・4参照）。

（4）支払賃料と実質賃料（不動産鑑定評価基準第7章第2節Ⅰ・1）

支払賃料とは、各支払時期に支払われる賃料をいう。契約にあたって、権利金、敷金、保証金等の一時金が授受される場合においては、支払賃料のほか、当該一時金の運用益や償却額も、次に説明する実質賃料を構成する。

実質賃料とは、賃料の種類のいかんを問わず賃貸人等に支払われる賃料の算定の期間に対応する適正なすべての経済的対価をいい、純賃料および不動産の賃貸借等を継続するために通常必要とされる諸経費等から成り立つものである。

2 相当賃料を求める手法

(1)基本的な手法　賃料増減額請求における「相当賃料」の算定は、基本的には、継続賃料を求める手法としての4方式（差額配分法、利回り法、スライド法、賃貸事例比較法）によって賃料を試算し、その試算賃料をもとに、当該賃貸借契約締結の経緯など契約の個別的な事情を斟酌して、具体的事実関係に即して合理的に定める（詳しくは、不動産鑑定評価基準第7章第2節Ⅱ・Ⅲ参照）。

(2)継続賃料の判断手法（不動産鑑定評価基準第7章第2節Ⅲ参照）　❶差額配分法：　差額配分法は、対象不動産の経済価値に即応した適正な実質賃料または支払賃料と実際実質賃料または実際支払賃料との間に発生している差額について、契約の内容、契約締結の経緯を総合的に勘案して、当該差額のうち賃貸人等に帰属する部分を適切に判断して得た額を実際実質賃料または実際支払賃料に加減して賃料を試算する手法である（たとえば、新規賃料が30万円、現在の賃料が21万円とし、割り振りとして3分の1が適切であるとすると、継続賃料は「$(30-21) \times 1/3 + 21 = 24$万円」となる）。

なお、新規賃料の算定方法としては、積算法（対象不動産の基礎価格を算出し、これに期待利回りを乗じて得た額に必要諸経費等を加算して賃料を試算する方式）、賃貸事例比較法（多数の新規の賃貸借事例を収集して適切な事例の選択を行い、これらに事情補正等を行い対象不動産の賃料を試算する方式）、収益分析法（一定の企業経営に基づく総収益を分析して対象不動産が一定期間に生み出すであろうと期待される純収益を求め、これに必要諸経費等を加算して対象不動産の賃料を試算する方式）などがある。

❷利回り法：　利回り法とは、土地への投下資本額に期待利回りを乗じて得られた額に、公租公課、管理費などの必要諸経費等を加えた額を賃料として試算する手法である。

❸スライド法：　直近合意時点における純賃料（不動産の使用により貸主に帰属する純収益相当額）に変動率を乗じて得た額に価格時点における必要諸経費等を加算して賃料を試算する手法である。

この変動率は、継続賃料固有の価格形成要因に留意しつつ、土地および建物価格の変動、物価変動、所得水準の変動等を示す各種指数や整備された不動産インデックス等を総合的に勘案して求めるものとされている。

　❹賃貸事例比較法：　賃貸事例比較法は、新規賃料に係る賃貸事例比較法に準じて対象不動産の賃料を試算する方式である。

(3)必要諸経費　相当賃料の算定の際に、必要諸経費を考慮することが多い。一般に必要諸経費に該当するものは、減価償却費、維持修繕費、公租公課（固定資産税、都市計画税）、損害保険料、土地に係る公租公課、管理費（見回り点検、家賃の徴収に係る費用等）、貸倒準備金、空室等による損失相当額等である。

　なお、マンション等の集合住宅では、家賃とは別に、管理費や共益費名目で金銭が徴収されることがある。これらの費用につき特約がない場合は、実質的に家賃と同じ性格を有するとして、借地借家法32条の類推適用がありうる（駐車料金につき肯定した例として東京地判平成2・11・29判時1395号100頁、共益費について肯定した例として東京地判平成4・1・23判タ832号127頁、保証金につき否定した例として東京地判平成8・7・16判時1604号119頁がある）。

3　裁判所の判断方式

　不動産鑑定評価基準では、継続賃料の算定方法として、差額配分法、利回り法、スライド法、賃貸事例比較法の4方式を挙げているが、実際の裁判では、借地借家法32条1項本文所定の経済事情の変動のほか、当事者が賃料額決定の要素とした事情を含め、当事者間の具体的な事情を総合的に考慮して、従来の賃料を維持することが公平か否かという観点から判断される。

　その意味で、上記4方式での賃料算定に必要な資料を収集すること（特に、不動産鑑定士による鑑定意見書）は重要であるものの、それと並行して、賃貸借契約締結に至った経緯、契約締結にあたっての当

事者の意図、契約当事者の力関係（当事者が個人と大企業であるか）など、事案ごとの個別事情も十分調査しなければならない。

4 供託

(1)賃料増額請求と履行遅滞　賃料の増額請求は形成権であるから、賃料増額の意思表示が相手方に到達した時点で、賃料が適正相当額に変更されることになる。しかし、その金額に争いがあれば、結局判決の確定まで金額が明らかにならないことになり、判決が確定した賃料額が増額請求時にさかのぼって適正賃料となる。そうすると、賃借人が裁判が継続している間、適正と主張して支払っていた（供託していた）賃料だけでは、結果として適正賃料の支払いをしていないことになり、債務不履行になってしまう。そこで、借地借家法32条2項は、賃借人は、「増額を相当とする裁判が確定するまでは、相当と認める額の建物の借賃を支払うことをもって足りる」と規定し、賃借人は「相当と認める額」の賃料を支払えば、履行遅滞の責任（たとえば債務不履行解除）を負うことはないとされている（なお、最判平成8・7・12判タ922号212頁）。

(2)供託の要件　家賃の増額請求をした場合、賃借人が賃料を供託することがある。民法494条は、「〔賃借人が〕弁済の提供をした場合において、債権者〔＝賃貸人〕がその受領を拒んだとき」（1項1号）、また、「債権者〔＝賃貸人〕が弁済を受領することができないとき」（1項2号）には、賃借人は、「債権者〔＝賃貸人〕のために弁済の目的物を供託することができる」と規定している。

　これら民法に定める要件をみたせば、賃借人は家賃を供託することができ、履行遅滞の責任を免れることができる。

　賃貸人が賃借人に対して明渡しを求めたり、賃料増額請求をしたりして紛争状態となり、賃料の受領を拒絶した場合には、賃借人は受領拒絶を理由として賃料を供託することができ（民494）、これにより弁済の効果が生じるので、賃借人は賃料不払いを理由に契約解除をされることはなくなります。

　ところで、賃料増額請求があった場合に、賃貸人が従前賃料を賃料の一部として受領すると言って従前賃料の支払いを求めてきたときは、受領拒絶を理由に供託できるのでしょうか。この点、名古屋高判昭和58・9・28（判タ513号182頁）、東京高判昭和61・1・29（判時1183号88頁）、東京地判平成5・4・20（判時1483号59頁）などは、賃貸人が、賃料増額請求後に賃借人から従前額の賃料の弁済を受けるにあたり、これを増額賃料の内金として受領する旨通知することが、原則として、賃料全額の支払いに対する受領拒絶に該当するとし、弁済の提供を欠く供託を有効としています。賃料増額が争われているのに、賃借人が一部としての受領に応じて支払いをすると、賃借人に賃料増額を認めさせたことになってしまい、このような弁済を強いることは妥当ではないことが背景にあります。

　もっとも、増額請求をする賃貸人が増額部分は裁判で確定するからそれまでは従前の賃料を支払うよう求めたのに対して、賃借人が現実の提供をせずにした供託を無効とした裁判例もあり（名古屋地判昭和47・4・27判時689号92頁）、微妙な部分もあります。

　近時の下級審裁判例の傾向は、上記の通り供託できるとするものですが、賃貸人の対応が強硬で、供託の効力自体を争うような事案では、供託をするのではなく、一部の賃料であることを明確にしたうえで、賃貸人に弁済するという選択も考えるべきでしょう。

（市川　充）

(3) 供託の手続等　供託場所は、債務履行地（基本的に賃貸人の住所地）に所在する供託所である。

　供託書には、地代・家賃の供託（弁済供託）の場合、賃貸物件の所在、地番、構造、種類、賃料、支払日等を記載する必要があるので、あらかじめ賃貸借契約書等で確認しておくのが望ましい。

　供託金の納入については、直接供託所の窓口で取り扱う供託所と日本銀行またはその代理店に納める供託所があるので、供託所に確認をする必要がある。

◀ **コラム** ▶ 賃貸人は係争中に供託金の還付を受けられるか

　供託物の払渡請求には、被供託者（供託をされる相手方）が行う還付請求と供託者が行う取戻請求があります。賃借人が供託した賃料の取戻請求をすると、賃料の弁済の効果がなくなりますので、取戻請求は通常、賃貸借契約が終了したとき等に行われます。

　賃料増額請求が争われ、賃借人が従前賃料を供託している場合、賃貸人は供託金の還付請求をすることができるのでしょうか。還付請求をすることにより、賃貸人は増額請求を撤回し、供託した従前賃料が相当賃料であることを認めることになってしまうのでしょうか。

　この点、判例は、債権全額に対する弁済として債務者のなした供託金額が債権額に足りない場合において、債権者（賃貸人）が債務者（賃借人）に対して供託金を債権の一部に充当する旨通知し、かつ、供託所に対して留保の意思を明らかにして還付を受けたときは、供託金は債権の一部の弁済に充当されたものと解すべきであるとして、一部金としての還付請求を認めています（最判昭和38・9・19判時351号27頁）。

（市川　充）

【 *Answer* 】

　賃料の概念は多岐にわたるが、基本として、新規賃料と継続賃料があること、そして、賃料増減額請求の場合の「相当賃料」とは、「継続賃料」を基本として考えていくことを理解すればよい。依頼者は、「相当賃料」を新規賃料と誤解しているケースがあるので、この点はしっかりと依頼者に説明をしておく必要がある。

　「相当賃料」の算定は、最終的には、不動産鑑定士に依頼して私的鑑定を行うほかはない。月額家賃が数百万円というケースでは、賃料増額の幅も大きいので、鑑定費用を払ってでも鑑定を依頼することがあるが、そうでない場合には、依頼者の負担を考えると簡単には鑑定を依頼できない。独自に「相当賃料」を算定することも検討してもよいが、相手方を説得するに足る資料になるかどうかというと、その効果は定かではない。

　賃料増減額請求は、調停前置であり、調停では、不動産鑑定士などの専門家調停委員がつくことがある。そこで、調停を申し立て、専門家調停委員の意見を聞きながら、合理的な相当賃料を検討するのも1つの方法である。

　いずれにせよ、説得力ある「相当賃料」の算定は容易ではない。日々の業務の中で、同業者、他士業問わずネットワークを広げ、その中から気軽に相談できる不動産鑑定士を見つけられるようにできるとよい。

　供託については、賃貸人が提供した賃料の受領を拒絶した場合、供託することができる。供託場所は、債務履行地（基本的に賃貸人の住所地）に所在する供託所である。

11…賃料増減額請求の裁判手続

Ｃａｓｅ

　Ｘは、自己所有のビル１階の店舗スペースをＹに月額60万円で賃貸している。そのビルがある地域は、近年地価が高騰し、同程度・同条件の店舗の賃料は90万円程度に上昇していた。そこでＸはＹに対し、賃料を月額90万円に増額することを申し入れた。ＸはＹと何度も話し合いを行ったが、結局、Ｙは、賃料増額は受け入れられないこと、また、従来の賃料60万円が適正な賃料であると主張し、従前賃料を供託するに至った。

　Ｘは、話し合いによる解決は困難であると考え、法的手続をとることを考えている。

・・・

兄　弁：Ｘさんからの相談だけど、ノボル君はどうしたらいいと思う？

ノボル：Ｘさんとしては、これまで何度も話し合って、結局、賃借人が供託するという事態に陥っているわけなので、もはや訴訟提起しか方法はないと思います。

兄　弁：いきなり訴訟提起・・・!? 法律上の手続はどう定められているか、確認した？

ノボル：あ、賃料増減額請求事件は原則として調停前置になってましたね・・・。

兄　弁：じゃあ、なぜ調停前置になっていると思う？ 調停のメリットはどこにあるんだろう？

ノボル：今まで交渉して、さらに調停で話し合いというのは、屋上屋を重ねるというか、時間のムダな気もしますが・・・。

兄　弁：賃料増減額請求についての調停申立ては、決してマイナーなものじゃなくて、それなりに申立件数も多いんだ。調停では不動産鑑定士などの専

門家調停委員が入ることが多いから、「賃料の相当性」を基礎づける資料もきちんと出せば、専門家の立場で説得的な調停案が示されることもある。専門家調停委員の意見を聞いて、その後の訴訟の見通しが立てられることもあるんだ。その意味で、調停をやってみる意味は十分にあるんだよ。

ノボル：なるほど。調停って、いいことづくめですね！

兄　弁：…（もう少し制度の趣旨を考えてほしいなぁ）。

Check List

【揃えるべき書類】（賃料増減額請求一般については本章9参照）

□賃貸借契約書 [→ 1(4)]

□土地・建物の履歴全部事項証明書 [→ 1(4)]

□固定資産評価証明書 [→ 1(4)]

□法人が当事者である場合は、法人登記事項全部証明書（履歴事項証明書）[→ 1(4)]

□賃料増減額請求書（内容証明郵便）[→ 1(4)]

□内容証明郵便の配達証明書 [→ 1(4)]

□すでに鑑定が行われている場合は、相当賃料に関する鑑定書 [→ 2(4)]

□（訴訟提起の場合は）調停不成立証明書 [→ 2(3)]

［ 解 説 ］

1　調停申立て

　賃料の増減額請求の法的手続としては、調停前置主義がとられている。そこで、訴訟を提起する前に、調停を申し立てることになる。

（1）調停前置主義　建物の賃料増減額請求に関する事件について、訴訟を提起しようとする者は、まず調停の申立てをしなければならない（民調24の2①）とされている。もっとも、調停前置は訴訟要件ではないので、調停を経ずにいきなり訴訟を提起しても却下されるものではない。この場合、受訴裁判所は、その事件を調停に付することになる（同②本文）。ただし、受訴裁判所が事件を調停に付することを適当でないと認めるときは、この限りでないとされていて（同②ただし書）、この場合には調停を経ることなく訴訟が係属することになる。

（2）調停を申し立てることのメリット　賃料増減額請求事件で調停前置主義が採用されている趣旨は、賃貸借契約が長期の継続的な契約であり、当事者間の信頼関係に基礎をおくものであるから、話し合いによる解決になじむこと、不動産鑑定士等の適切な専門家調停委員を活用して円満な解決が期待できること等にある。

　特に、専門家調停委員の活用は、申立人にとってメリットがある。後述するように、訴訟を提起する場合、賃料についての鑑定意見書を用意しなければならない場合があるが、その鑑定費用は不動産の価格によっては、かなりの高額になる。事前に調停を申し立て、相当賃料算定の資料を提出すれば、不動産鑑定士等の専門家調停委員が「相当賃料」の概算を提示してくれることがある。それにより、鑑定費用の節約や、今後の訴訟での「相当賃料」判断の見通しを立てることにつながる場合もある。そのためには、事前にできるだけ「相当賃料」を基礎づける資料を集め、疎明資料として提出すべきである。

（3）申立てをする裁判所　宅地や建物の貸借等の紛争に関する調停事件の管轄は、紛争の目的である宅地や建物の所在地を管轄する簡易裁判所または当事者が合意で定めるその所在地を管轄する地方裁判所である（民調24）。

（4）申立ての添付資料　申立ての添付資料としては、基本的に、賃貸借契約書の写し、土地・建物の登記事項証明書、評価証明書、賃料増減額請求書と配達証明書の写し、当事者が法人の場合には法人登記事

項全部証明書等が必要になる（詳細は、申立て予定の簡易裁判所の手続案内で確認されたい）。

(5)申立ての費用　費用としては、申立手数料と郵券の予納が必要となる。申立手数料の算出の基準となる訴額は、基本的に、①土地・建物の価額（固定資産評価証明書記載の評価額）×1/2（なお、土地の価額については固定資産評価額の2分の1）と、②（改定賃料－現行賃料）×（増減額の始期から訴え提起までの月数＋12か月（裁判所の平均審理期間））のうち、いずれか少額の方とされる。手数料と予納郵券の詳細は、申立て予定の簡易裁判所の手続案内で確認されたい。

(6)申立ての趣旨の記載例　❶賃貸人が、賃借人に対し、賃料増額を求める場合：　この場合の申立ての趣旨の記載例は、以下の通りである。

> 「申立人が相手方に賃貸中の別紙物件目録記載の建物について、相手方は、令和○年○月分からの賃料につき、相当額の値上げに応ずることを求める。」

なお、賃料増額請求は形成権であり、相手方に賃料増額の意思表示が到達した時に効果が生じるので、申立ての趣旨における賃料の起算日は、その意思表示の相手方への到達日（通常は、内容証明郵便の配達証明日）を記載する。

❷賃借人が賃貸人に対して賃料減額を求める場合：　この場合の申立ての趣旨の記載例は、以下の通りである。

> 「申立人が相手方から賃借中の別紙物件目録記載の建物について、相手方は、令和○年○月分からの賃料につき、相当額の値下げに応ずることを求める。」

賃料の起算日については、❶と同様である。

(7)調停申立書の記載例など　調停申立書の書式および記載例は、裁判所ウェブサイトの「トップページ」→「裁判手続の案内」→「民事

調停で使う書式」→「賃料等調停」からダウンロードできる。

2　訴訟提起

調停が不調となった場合には、訴訟を提起することになる。

(1)訴額　実務上、調停申立ての場合と同じ計算方法によって訴額を算定することが多い。

(2)請求の趣旨の記載例　請求の趣旨の記載例は、以下の通りである。

> 「原告が被告に賃貸している別紙物件目録記載の建物の賃料が令和○年○月○日以降1か月○○円であることを確認する。」

(3)調停不成立証明書　賃料増減額請求は、調停前置であるため、調停を申し立てたが不成立となったことを示す「調停不成立証明書」が訴訟提起の添付書類として必要となる。調停不成立証明書は、調停をした裁判所で調停不成立等の証明申請をして、証明書の交付を受ける（申請手数料は、証明事項1事項ごとに150円である。民訴費7別表第2の3）。

なお、調停不成立の場合、調停事件が終了したことを告知された日から2週間以内に調停の目的となった請求について訴訟を提起したときには、調停を申し立てた時にその訴訟の提起があったものとみなされる（民調19）。この場合、調停申立て時に納めた収入印紙の額を納めたものとみなされる（民訴費5①）から、訴訟提起の手数料は、調停申立て時に納めた手数料との差額分の収入印紙を納付すればよいことになる。

(4)訴訟における攻撃防御方法　❶鑑定書とその注意点：　賃料増減額請求訴訟では、不動産鑑定士などの専門家が作成した鑑定書が重要な意味をもつ。鑑定書の内容が争われるのは、その基礎となる事実関係を争うか、基礎となる事実関係を認めたうえで評価を争うか、である。鑑定評価を争うことは高度な専門性が必要となるが、事案ごとの重要な個別事情が裁判所の判断を動かすこともある。そこで、不動産

鑑定士と協働しながら、紛争当事者間の事実関係を綿密に調査すべきである。

❷**賃料に関する特約**：　賃料の増額特約を主張する場合、その特約の内容が合理性を有するものであるならば、原則として有効である。なお賃料の自動改定特約が定められていても、賃料減額請求は可能である（最判平成15・10・21民集57巻9号1213頁、最判平成16・6・29判タ1159号127頁参照）。

賃料不増額特約については、借地借家法32条1項ただし書にこれを認める明文がある。これに対し、賃料の不減額特約は無効と解されている（借地借家32①ただし書・38⑦）。この点が、普通賃貸借契約と定期借家契約の大きな違いである（定期借家契約では、賃料の不減額特約は有効である）。

❸**消滅時効の抗弁を主張する場合**：　賃料増額の意思表示が到達すれば、到達日以降の賃料が当然に増額となる（賃料増減額請求の法的性質について形成権説の帰結）。以降、本来の賃料の支払日ごとにそれぞれ履行期が到来する。また、権利行使に特段障害があるわけではないから、各所定の支払日から消滅時効の期間が進行する。時効期間は、債権者が権利を行使することができることを知った時から5年間、権利を行使することができる時から10年間であるが（民166①）、支払日が到達すれば、当然債権者である賃貸人は権利を行使することができることを知ったとみるべきである。したがって、各支払日から5年で消滅時効期間が満了すると考えられる。

❹**賃借人が必要費や有益費を負担していた場合**：　賃借人が建物につき、必要費や有益費（修繕費、維持費等）を負担したことは、賃貸人の賃料増額請求に対する反論（抗弁）にはならないと解されている（東京高判昭和38・5・8東高民時報14巻5号120頁）。

(5)判決　判決では、原則として適正賃料の金額まで、賃料を増減額することになる。

認定した適正賃料が原告の主張する増減幅に満たない場合には、そ

の範囲で認容する（一部認容判決となる）。賃料増額請求において原告が適正な賃料であると示した金額よりも高い賃料を適正と認めた場合は、判決では、請求額の限度で増額することになる。

　賃料増額請求の場合に、認定した適正賃料が現行賃料よりも低いときや、賃料減額請求の場合に、認定した適正賃料が現行賃料よりも高いときには、請求を棄却することになる。

（6）判決が確定した場合の賃料の清算方法　建物の借賃の減額について当事者間に協議が調わないときは、その請求を受けた者は、減額を正当とする裁判が確定するまでは、相当と認める額の建物の賃料の支払いを請求することができる。ただし、その裁判が確定した場合において、すでに支払いを受けた額が正当とされた建物の賃料の額を超えるときは、その超過額に年1割の割合による受領の時からの利息を付してこれを返還しなければならない（借地借家32③）。

　賃貸人が賃料増額請求をしていたが一部しか認容されなかった場合、過払い分について賃貸人は、民法704条の悪意の受益者として、賃借人に対し、過払金に利息を付して返還する義務を負う。なお、この場合の過払い分の利息については、借地借家法32条2項ただし書は適用されず、民法所定の法定利率となる（東京高判平成24・11・28判タ1387号219頁）。

〖 *Answer* 〗

　賃貸借契約書の写し、土地・建物の登記事項証明書、評価証明書、賃料増減額請求書の写しのほか、公租公課の変遷、経済事情の変動、近隣の建物の賃料相場を示す資料を集める。対象となる土地建物の住所地を管轄する簡易裁判所に調停を申し立てる。

　調停申立てと並行して、上記各追加資料の収集のほか、賃貸借契約締結に至った経緯、契約締結にあたっての当事者の意図、当事者が賃料額決定の要素とした事情等の個別的事実関係等について調査をし、専門家調停委員が相当賃料を算定する際に必要となる資料の提出準備をする。

12…賃貸人の地位移転

Case

　建物所有者AはYに対して建物を賃貸しているところ、AはXに対して当該建物を売却し、所有権移転登記を完了させた。しかし、AとXとの間では、個別契約により賃貸人の地位は移転させないことを留保する合意がなされており、AはYから賃料を受け取るなど、そのままYの賃貸人として振る舞っていた。そうしたところYが賃貸借契約を終了させ、退去後敷金の返還を求めようとしたところ、Aの経済状況が悪化しており、敷金返還が容易にできない状況であることがわかった。さらに調べたところ、建物の所有者はAからXに変更されていることも判明した。

• • •

ノボル：賃貸物件の建物が売買された場合に賃貸人の地位は当然に移転するというのは、もはや当然といえるくらい有名な判例規範ですよね。よし！これで行きます！

兄　弁：…おいおい、平成29年改正法を忘れたのかい？「有名な判例法理」どころか、すでに条文に記載されてるじゃないか。民法605条の2を見てごらんよ。

ノボル：た、確かに‼　すっかり忘れてしまってました…。（民法605条の2第2項を読んで）ふむふむ、不動産の売買契約の当事者が賃貸人たる地位の移転を留保する合意をした場合は、当然には賃貸人の地位は当然に移転はしない、とされていますね…。となると本件では、賃貸人たる地位の移転が留保されている合意がなされているから、賃借人は所有者ではない譲渡人のAに対して敷金返還請求をせざるを得ないことになるん

でしょうか。それだと、もはや不動産の所有者ではなくてお金もない状況だと、返還は期待できないなあ・・・。

兄　弁：いやいや、条文をよく読んでくれよ・・・。605条の2第2項は、単なる留保の合意だけじゃなくて、譲渡人と譲受人との間で賃貸借契約が成立していることが要件になっているじゃないか。

ノボル：す、すみません・・・。そうか、単なる留保の合意しかしていない場合には605条の2第1項の条文の通り、賃貸人たる地位は移転していると考えていいわけですね。

兄　弁：もちろん対抗要件として不動産の引渡しを受けている必要はあるけどね。

ノボル：うっかり条文を読み違えて、Xには請求できないとアドバイスしてしまうところでした・・・。ありがとうございます。

兄　弁：平成29年改正法の前の判例法理とそう変わったところがあるわけじゃないんだし、そう読み違えるものでもないと思うんだけどなあ。

ノボル：すみません・・・。あと質問ついでにもう1つ、契約書には敷金とは書かれておらず、預託金と記載されているんですが、預託金も敷金と捉えてしまっていいですよね？

兄　弁：おいおい、預託金と記載しているんだから、それが敷金とストレートに言えるわけないだろ。預託金というのがどういう意味なのか、家賃との兼ね合いで敷金として相当な金額かを、しっかり調査する必要があるぞ。

ノボル：ヒアリングしたところ、建設協力金的な意味合いもあるとかなんとか言っていましたが・・・。

兄　弁：そうなのか?? ・・・だとすると、建設協力金とされる部分については、預託金といっても賃借人が賃貸人に対して賃貸物件の建築資金に用いられている可能性があるから、この部分は敷金とは扱われないこともあるよ。いずれにせよもう少し調査をして、どの部分をXに請求できるのか、しっかり検討する必要がありそうだね。

ノボル：Xに請求できるとばかり思って安心していたんですが、全額というわけにはいかないかもしれませんね・・・。一難去ってまた一難、Yさんに説明しなくちゃ。

Check List

□ 賃貸物件の所有権の移転があるか [→ **1**]

□ 賃借人が賃貸人の地位の移転について承諾しているか [→ **1**]

□ 賃借人は賃借権登記または物件の引渡しを受けているか [→ **2**]

□ 新所有者は物件の所有権移転登記を完了しているか [→ **2**]

□ 賃貸人の地位を移転させないことの合意があるか [→ **3**]

□ 新旧所有者の間で賃貸借契約を締結しているか [→ **3**]

□ 新旧所有者の間での賃貸人の地位の留保契約につき賃借人の
　承諾があるか [→ **3**]

□ 費用償還請求が賃貸人・旧所有者間で発生しているか [→ **4(5)**]

□ 賃料の支払先は正当な権利者か [→ **5**]

□ 保証金・預託金の返還請求権について、その内容を確認した
　か [→ **6**]

[解 説]

1　賃貸人たる地位の移転

　対抗要件を具備する建物賃貸借契約において、建物所有者である賃
貸人が新所有者に建物を譲渡した場合、その不動産の賃貸人たる地位
は、譲受人に移転する（民605の2①）。従前は判例法理に従い、当然
承継法理といわれていたところ、平成29年改正法により条文化され
ている。

　対抗要件を具備しない賃貸借契約についても、賃貸物の譲渡人と譲
受人との間で合意することにより、賃借人の承諾を要することなく賃
貸人の地位を移転させることができる（民605の3）。この場合の効果
は、対抗要件を具備する賃貸借契約における賃貸人たる地位の移転の
効果と同様である。

2　対抗要件

　譲受人が賃貸人たる地位を主張するには、賃貸物である不動産について所有権移転の登記が必要であり、登記をしなければ賃借人に対抗できない（民605の2③）。なお、登記をしていなくとも賃借人がこれを認めれば、所有権移転後は賃貸人として行動することはできる。

　賃借人の対抗要件は賃借権の登記（民605）または賃貸物の引渡し（借地借家31、民605の2①）である。

3　賃貸人たる地位の留保

　賃貸物の所有権移転がなされる場合に、①譲渡人および譲受人が賃貸人たる地位を譲渡人に留保する合意をし、かつ、②その不動産を譲受人が譲渡人に賃貸する旨の合意をしたときは、賃貸人たる地位は譲受人に移転しない（民605の2②）。なお、この場合、②の賃貸借契約が終了したときは、譲渡人に留保されていた賃貸人たる地位は譲受人またはその承継人に移転することとなる（同②）。

　なお、賃借人が賃貸人の地位留保を承諾した場合には、賃貸借関係は従前の通り留保されることとなると解される（東京地判平成20・2・20 Westlaw2008WLJPCA02209007 参照）。民法605条の2第1項は任意規定であり、所有権の移転に伴う不利益を賃借人自らが容認したといえる場合にまで賃借人を保護する必要はなく、当該承諾後に賃借人が賃貸人の地位の移転を主張することはできないと解すべきだからである。

4　地位移転の効果

　賃貸人たる地位が移転されることとなった場合、従前の賃貸借契約はどのように承継されるのかが問題となる。

(1)賃貸借期間　従前の通りであり、残存期間を引き継ぐ。

(2)賃料　賃料前払いの特約も含め従前の通りである。

(3)敷金返還義務　譲受人が承継する（民605の2④）。

(4)保証金・預託金 敷金の性質を有すると評価されるもののみ譲受人が承継する（後述 **6** 参照）。

(5)必要費・有益費 賃借人に対し、必要費・有益費の償還請求債務を負っている場合、当該債務は譲受人が承継する（民 605 の 2 ④）。

(6)解除権その他譲渡人と賃借人との関係性 譲渡人が所有権移転前に行使しえた解除権は、原則として譲受人に承継されない。ただし、譲渡人が賃借人に有していた未払賃料債権が譲受人に譲渡されたような場合には、譲受人が従前の賃料未払分の債務不履行を理由として賃貸借契約を解除することも考えられる（参考判例①）。

契約更新拒絶の際の正当事由の判断については、建物買受け後の事情だけではなく、買受け前後の事情の一切を参酌して判断すべきであるとされている（参考判例②）。

(7)特約 賃貸人の地位移転の効果は新所有者が旧所有者の賃貸人としての権利義務をそのまま承継することである。そして、従来の判例によれば、借家法 1 条 1 項により、建物につき物権を取得した者に効力を及ぼすべき賃貸借の内容は、従前の賃貸借契約のすべてにわたるとされている（最判昭和 38・1・18 民集 17 巻 1 号 12 頁）。

他方で、特約は、賃貸借契約そのものから出る契約ではなく、賃貸借契約による別途合意であるため、この部分も当然に承継されるのかが問題となる。

この点従前の判例によれば、賃借権譲渡・転貸を認める特約（最判昭和 38・9・26 民集 17 巻 8 号 1025 頁）、賃料不増額特約（東京地判昭和 51・8・17 判時 850 号 52 頁）、建築協力金等償還金と賃料の一部を相殺する旨の特約（参考判例③）など、原則として特約については、新所有者に承継されると判断されている。

5 賃借人のなすべき行動

不動産の譲渡がなされても、所有権移転登記がなされていない段階では、譲受人は賃借人に対して新賃貸人たる地位を主張できないため、

それまでに賃借人が旧所有者に対して賃料を支払った分については、賃借人は免責される（民605の2③）。なお、登記がされていなくとも、賃借人が譲受人を新賃貸人と認めて賃料を支払うことはできる（最判昭和46・12・3集民104号557頁）。

　所有権移転登記がなされた後に、賃借人が所有権移転登記の存在を知らずに、旧所有者に対して賃料の支払いを行った場合、当該支払いは常に免責されず、賃借人は二重払いを強いられることとなるのだろうか。賃借人は当該物件を使用収益することに関心があり、当該物件の所有権の移転については関心事ではないため、所有権移転の事実を知らず、知らないことに相当な理由がある場合にまで賃借人は免責されないのかが問題となる。

　この点、受領権者以外の者であって取引上の社会通念に照らして受領権者としての外観を有するものに対してした弁済は、その弁済をした者が善意であり、かつ、過失がなかったときに限りその効力を有するとする規定が債権総則に存在する（民478）。賃借人の賃料の弁済についても、不動産の所有権移転登記がなされたことを知らず、かつその知らないことに過失がなかった場合には、有効な弁済として免責されることとなる。

　問題は、どのような場合に過失がなかったと評価されるか、ということである。この点、未成年者の旧所有者が賃貸中の土地について、その親権者の内縁の夫が譲渡担保に差し入れ、第三者が譲渡担保権を行使したうえで所有権を取得し、登記を経由したという事案について、旧所有者も賃借人も所有権の移転を知らずに賃料の授受を継続していた事案について、この支払いは債権の準占有者に対する弁済として有効とした裁判例がある（東京高判昭和32・8・24下民集8巻8号1597頁）。このように、賃借人が賃貸人への賃料の支払いについて、新所有者からの通知も受けず、かつ旧所有者も何の通知もなく賃料の受領をしていたような場合には、民法478条の弁済として免責される可能性が高い。所有権が移転したらしいという噂を聞いたが、新所有者からの

通知がないような状況で不動産の登記事項の調査もしないで旧所有者に弁済をしたような場合にどうなるかについては、過失の有無について疑問があるところである。不動産の登記事項の調査などは容易にできるため、過失があったとされる可能性も十分あると考えられる。

　これらを避けるために、支払先に疑義がある場合には、債権者不確知を理由とする供託を行うこと（民494②）も考えられる。しかし、債権者不確知を理由として供託が認められるのは、弁済者が過失なく債権者を確知できなかった場合に限られるため、不動産の登記情報を取得すれば簡単に弁済先がわかるというだけの事情の場合には、供託をしても有効な弁済とはならない可能性が高いため注意が必要である。

6　預託金の承継

　賃借人が賃貸人に金員を預託する場合の名称と性格は、個々の契約により様々である。新所有者が預託金の返還債務を引き継ぐか否かは、預託金に敷金の性格があるかどうかによって結論が異なる。預託金のうち敷金と評価されるものは、その部分につき新所有者が引き継ぎ、敷金と評価されるものではない保証金や建設協力金のようなものについては引き継がれない（参考判例③）。預託金の性質については、第1章6を参照。

▶ 参 考 判 例 ･･･

①**東京高判昭和33・11・29判時176号21頁**　不動産を譲り受けた新所有者が、旧所有者から延滞賃料債権を譲り受けたうえ、譲受け後の延滞賃料分と併せて15か月分の賃料未払いを理由に契約を解除した事案について、延滞賃料を相当期間内に支払わないことによる契約解除の意思表示を有効とした。
②**最判昭和30・6・7民集9巻7号865頁**　自己使用目的で賃貸物件を譲り受けた譲受人が賃借人に対し更新拒絶を行った事案について、正当事由の存否は、賃貸借承継の前後を問わず、あらゆる事情を参酌して、結局において賃借人側の居住の安定と、賃貸人となった者の側の自己使用の必要との双方の利害を実質的に比較考量したうえ、解約を正当と認めるべき事由が存するかどうかを判断しなければならないとし、双方の事情を考慮したうえで正当事由があるとした。

③仙台高判平成 25・2・13 判タ 1391 号 211 頁　旧所有者と賃借人との賃貸借契約において、契約時に賃借人が差し入れた建設協力金等の旧所有者の賃借人に対する償還債務と賃料債務との相殺契約が締結されていた事案について、旧所有者の物件の所有権が新所有者に移転したときには、賃借人は旧所有者との相殺契約に基づき、所有権移転後も新所有者に賃料債務と償還債務の相殺を主張することができるとした。

【 *Answer* 】

　賃貸人たる地位の移転について、旧所有者にその地位を留保させるという合意は、当事者間では有効であるが、賃借人がこれを承諾しない限り、当該合意を賃借人に主張できない。**Case** のように、賃貸人の地位の移転を留保し、所有権移転の事実を賃借人に伝えないで旧所有者が賃料を受領し続けているような場合であって、旧所有者と新所有者との間に賃貸借契約が存在しないようなときには、賃貸人の地位は新所有者が所有権移転登記を具備した段階で、新所有者に移転することとなる。なお、賃料の支払いは、新所有者と旧所有者との間で受領権限が付与されているため、有効な弁済となる。

　したがって、賃借人は敷金の返還については新所有者に主張することができる。賃借人が預託した金員が敷金と評価されるか否かについては、契約書上の文言がどうなっているかということ以外に、預託がなされた経緯や、その金額（賃料の何か月分か）などを考慮して、敷金と評価できるもののみを新所有者に対して請求することとなる。

13 …賃借権の譲渡（賃借人の変更）

Case

　YはXから美容院経営を目的として店舗を賃借している。Yは複数の店舗を経営しているところ、当該店舗の売り上げがあまり芳しくないため、撤退を検討している状況である。そのような中、同じく美容院を経営するAから当該店舗をそのまま使わせてもらえるのであれば、引き継いでもよいという話があった。Yとしても原状回復のための費用を考えれば、そのままAが引き継いでくれた方が経済的であり、当該賃借権を無償で譲渡したいと考えている。

• • •

ノボル：Yから、Aに賃借権を譲渡したいという相談がありました。Xがまずどう言うかなのですが、そうすんなり行かないような気がして不安です。

姉　弁：どうしてそう思うの？

ノボル：だってXには何らメリットはないわけですから、承諾料などを求められたりしてモメるんじゃないかと思ったりします。

姉　弁：借地権と違って、法律的に承諾料といったような話が出てくることはないから、居抜きで物件を譲渡するというような場合に、オーナーから承諾料を求められるというようなことはあまりないんじゃないかしら。

ノボル：あ、そうですね・・・。借地権の譲渡と混同しそうになっていました。

姉　弁：オーナーとしても条件が合致しているんだったら、Aの信用にもよるとは思うけど、経営に意欲のあるAに変更することも良いと考える場合もあるんじゃない？　貸室が空いてしまって賃料収入がなくなるよりもオーナーにはメリットがあるし、新しいテナントを探す手間もなくなるのよ。そうやってオーナーと交渉するようアドバイスしたら？

ノボル：なるほど。まずは交渉、ということですね。その際の交渉で、何か気を
　　　　つけなければならないことってありますかね？

姉　弁：ざっくりとした質問ね・・・。仕方ないわね。原状回復とか、敷金につい
　　　　ての合意は譲渡人にとっては必須の条件交渉になると思うわよ。

ノボル：敷金ですか。でも、賃借権を譲渡するわけですから、賃借人の地位が移
　　　　転するという意味で、当然に敷金も移転するんじゃないですか。

姉　弁：今度は賃貸人の地位の移転の話と混同しているわね、大丈夫かしら・・・。
　　　　賃借権の譲渡の場合には、将来新賃借人が新たに負担することとなる可
　　　　能性のある債務については新賃借人が自分で差し入れるのが筋でしょ。
　　　　最高裁も、特別な合意がない限りは敷金交付者の権利義務関係は新賃借
　　　　人に承継されないって言ってるのよ。知らなかったの？

ノボル：確かにそうでした・・・。そうなると、賃貸人とも賃借人とも、譲渡の条
　　　　件を確認しておく必要がありますね。

姉　弁：そうね。また、もともとの賃借人は今後賃貸借関係から抜けてしまうの
　　　　で関係はないと言ってしまえばそれまでだけど、原状回復義務について、
　　　　新賃借人は具体的にどうすればいいのか、きちんと理解しないまま譲り
　　　　受けてしまう可能性があるから、ここについても賃貸人と新賃借人との
　　　　間の原状回復義務の理解に齟齬がないようにしておいてあげると親切だ
　　　　と思うわよ。

ノボル：そうですね。その方が今後の信用も維持できそうですし。

Check List

□賃貸人の承諾は得られたか［→ 1］

□承諾に代わる許可の裁判を検討できるか［→ 1］

□契約書に承諾に関する記載または特約があるか［→ 1］

□従前の契約と異なる条件を設定する必要があるか［→ 2］

□譲受人は敷金を差し入れる資金準備ができているか［→ 3］

□敷金返還請求権について賃貸人、譲受人と合意ができている

か [→ **3**]

□原状回復義務の範囲・内容について、賃貸人、譲受人と合意
　ができているか [→ **4**]

□権利変動の事由は特定承継か、包括承継か [→ **5**]

□無断譲渡が賃貸借契約の信頼関係を破壊しているか [→ **6(1)**]

□黙示の承諾といえる事情があるか [→ **6(2)**]

［ 解 説 ］

1　原則論

　賃貸人の承諾のない賃借権の譲渡・転貸は法律上禁止されている
（民 612 ①）。一般的に建物賃貸借契約書には、賃借人への禁止事項と
して、賃借権の譲渡・転貸を無承諾で行うことを禁止する条項が定め
られているが、これは法律上確定されている事項である。

　賃借権の譲渡は賃貸人の承諾があれば可能であるが、賃貸人は賃借
人からの承諾の求めに対して特に理由を付することなく承諾の拒否を
することができる。承諾は黙示の承諾であっても有効である。

　賃貸人が賃借権の譲渡について承諾をしていないにもかかわらず、
無断で賃借権の譲渡がなされた場合には、賃貸人は賃貸借契約を解除
しなくても、譲受人に対して建物の明渡しを求めることができる（最
判昭和 26・5・31 民集 5 巻 6 号 359 頁）。

　建物賃貸借契約の場合は、借地権の譲渡における承諾に代わる裁判
を求める制度（借地借家 19）は存在しない。

2　賃借権の譲渡の効果

　賃借権が適法に譲渡された場合には、譲渡に際して別途賃貸人との
合意をしない限り、従前と同様の条件で引き継がれることとなる。

3 敷金

賃貸人の地位の移転の場合、敷金は賃貸人の地位の移転に伴い原則移転するのが確立した裁判例であり、平成 29 年改正法により明文化されたところであるが、賃借人の譲渡により賃借人の地位が移転した場合には敷金は当然に移転するのか、賃貸人の地位の移転の場合と比較して問題となる。

結論として、敷金は賃借権譲受人には原則として承継されない（借地につき最判昭和 53・12・22 民集 32 巻 9 号 1768 頁参照）。敷金交付者が賃貸人との間で敷金をもって新賃借人の債務不履行の担保とすることを約し、または新賃借人に対して敷金返還請求権を譲渡するなどの特段の事情のない限り、敷金をもって将来新賃借人が新たに負担することとなる債務についてまでこれを担保しなければならないものと解することは、敷金交付者にその予期に反して不利益を被らせる結果となって相当でなく、敷金に関する敷金交付者の権利義務関係は新賃借人に承継されるものではない。

そのため、旧賃借人は、賃貸人との間で敷金の払戻し等敷金関係の清算をし（民 622 の 2 ①(2)）、賃借権の譲受人は、賃貸人に対して新たに敷金を差し入れることになる。

4 原状回復義務についての確認

賃貸借契約締結時においては、原状について当事者双方で確認がされており、原状回復の範囲・内容についても写真を撮るなどして、当事者間において原状回復の範囲・内容について合意がされていることが多い。

ところが、賃借権の譲渡などが行われる場合においては、賃貸借契約書のみの確認がなされ、契約当時の状況の写真などが散逸してしまうことがある。この場合、原状回復の範囲・内容について、賃貸人と賃借権の譲受人との間で大きな乖離が生じてしまう場合があり、退去時にトラブルが生じることがある。

賃借権を譲り受ける側になる場合には、譲渡人から、契約当初の状況についての写真などの資料を譲り受け、賃貸人との間では原状回復の範囲・内容について改めて確認をしておくことが、退去時のトラブルを避けるためにも重要である。

5 民法612条1項の「賃貸人の承諾」が不要とされる場面

賃借権の譲渡は、契約その他の事象により権利変動がなされ、賃借人の地位が移転することにより生じる。この場合、原則として民法612条1項の適用があり、賃貸人の承諾がない場合には有効な賃借権の譲渡とならない。しかし、権利変動が生じた場合またはこれに類似する事態が生じた場合でも、同条項の適用の場面とはならないことがある。

(1)相続 相続における賃借人の地位の移転の場合、賃貸人の承諾が得られる場面ではなく、賃借人の義務違反にあたらない。

なお、包括遺贈については賃貸人の承諾が必要な場面であるが、原則としていずれ相続による地位の移転が想定され、背信行為が認められる場面ではなく、信頼関係不破壊の法理により解除は認められないとされる可能性が高い。

(2)法人の代表者変更や代表者変更のみなし条項の有効性 賃借人が法人である場合において、法人の構成員や機関に変動が生じても、法人格の同一性が失われるものではないから、原則として賃借権の譲渡にはあたらない（最判平成8・10・14金判1009号3頁）。

とはいえ、賃貸借契約については、信頼関係を前提とする継続的契約であることから、法人の構成員（たとえば代表者）が変更になることにより、賃貸人と賃借人の信頼関係が破壊される一事情となりうることはあると考えられる（前掲最判平成8・10・14参照）。

法人格の変動がない場合でも、代表者が変更された場合には、賃貸人の承諾が必要な賃借権の譲渡とみなすとする条項が設定されることがある。このような条項が有効とされる場合、代表者の変更の際には

賃貸人の承諾がない限り無承諾の賃借権の譲渡ということとなり、契約が解除されうる事態となる。

　この点に関し、代表者の変更を賃借権の譲渡とみなすという特約がある賃貸借契約で、代表者の変更があった際に賃貸人の承諾を得なかったとして契約の解除を求めた事案について、実質的に賃借権の譲渡にあたらないとして解除を認めなかった事例がある。具体的には、代表者の変更を賃借権の譲渡とみなすという特約の趣旨を、バーを経営することを目的とする賃貸借契約であることの特殊性に注目し、実質的に賃借権の譲渡と評価しうる場合に適用される条項であると限定解釈したうえで、実際の代表者の変更は、当初から賃借人会社の経営に携わり賃貸人とも十分な面識のある人物に変更される事案であり、当該特約の適用はないとした（東京地判平成 25・8・20 甲 Westlaw2013 WLJPCA08208003。後述 **6(1)❷**の判例も参考になる）。

　結局のところ、賃貸人と賃借人との間の信頼関係が破壊されるような事案か否かで判断がされており、特約の存在はその信頼関係の破壊を判断する要素としては重要視されているものと考えられる。

（3）企業再編の場合　企業再編において、会社の法人格に変動がない場合には、原則として賃借権の譲渡があったとはいえない（前掲最判平成 8・10・14）。その他詳細については渡辺晋『建物賃貸借』（大成出版社・2014 年）151 頁以下が参考になる。

（4）事業譲渡の場合　事業譲渡は、法人の事業の一部について個別に権利義務を譲渡する行為であるから、賃借権の譲渡にあたる。

6　無承諾の賃借権の譲渡の効果

　承諾は明示の承諾ではなくとも黙示の承諾でも有効である。黙示の承諾があったと評価される場合や、承諾がなくとも信頼関係を破壊するに足りない特段の事情がある場合には、解除は否定されることとなる。どのような場合に黙示の承諾があったと判断されるか、またどのような場合に信頼関係を破壊するに足りない特段の事情があると判断

されるのか。また、解除が否定されることとなった場合の効果はどのようなものか。

(1) 解除が否定される場合の法律関係　賃借権の無断譲渡にも信頼関係破壊の法理（第3章 **23** 参照）が適用される（最判昭和 39・11・19 民集 18 巻 9 号 1900 頁）。賃借権の無断譲渡・転貸がなされた場合でも、信頼関係を破壊するに足りない特段の事情がある場合には、契約解除は否定されることとなる（信頼関係の破壊は、時に「背信行為と認めるに足りない特段の事情」と表現されているものもある）。

　具体的な裁判例としては、以下のものが参考になる。

　❶最判昭和 36・4・28（民集 15 巻 4 号 1211 頁）：　一軒家の建物の賃貸借（居住用）に関して、当該建物のごく一部を賃貸人が第三者に転貸した事案について、建物の建築費用、増改築費用、修繕費等の大部分は賃借人が負担していること、賃貸人は多額の権利金を徴していること、賃借人が共同経営契約に基づき転借人に使用させている部分は階下のごく一小部分であり、備え付けられた回転式まんじゅう製造機械は移動式のもので、家屋の構造にはほとんど影響がなく、機械の取り除きも容易であること、転借人は当該建物に居住するものではないこと、賃貸物件の階下はもともと店舗用であり、転貸に際しても格別改造を行ったりしていないこと等の事情に鑑み、当該転貸行為が背信行為と認めるに足りない特段の事情があるとして、解除を認めなかった。

　❷東京地判平成 18・5・15（判時 1938 号 90 頁）：　ラーメンを中心とした飲食チェーン店のチェーン店舗の建物賃貸借に関し、契約書には役員の変更等には賃貸人の承諾が必要で、当該条項に該当する場合には賃借権の譲渡とみなすという特約がある場合に、役員の変更について承諾を得ていないために特約に基づき賃借権の無断譲渡を理由に契約の解除を主張した事案について、当該特約について文言通りの特約とは読まず、特約を脱法的な無断賃借権の譲渡を禁止する趣旨と解し、具体的事情を勘案して脱法的無断賃借権の譲渡にはあたらないと

し、また信頼関係の破壊についても主張はないが念のため検討したうえで信頼関係の破壊もないとして、解除を認めなかった。

　背信行為と認めるに足りない特段の事情の判断については、黙示の承諾を匂わせる事情があるか、利用状況に変化がないか、譲渡・転貸後の権利移転をあえて隠すような態度をとったか否か、経営実態の変化があるか否か、株式会社においては新たな出資者が介入する度合いが大きいか否か、譲渡（転貸）の対象範囲が全体の一部であるか否か、賃貸人側に特段の不利益がないか、などが重要な要素となる。また、個人事業主が法人成りしたような事案については、形式的には賃借権の譲渡となるが、個人が100％出資し、役員構成においても当該個人が実質的な実権を握っているなど、実態に変更がないような場合には、特段の事情について賃借人に有利な事情となると考えられる（参考判例①）。

　契約解除が否定された場合には、譲渡人は賃貸人の承諾があったと同様に賃借権の譲渡をもって賃貸人に対抗することができることになる。

（2）黙示の承諾　黙示の承諾の主張は、信頼関係を破壊するに足りない特段の事情が存在するという主張と併せて主張されることが多い。明示の承諾の立証が困難と考えられる場合に、賃貸人の賃借権の譲渡後の対応を前提に、黙示に承諾がなされていたことを主張する。同時に、仮に黙示の承諾があったとまではいえない場合でも、譲渡後の賃貸人の態度を前提にすると、信頼関係を破壊するに足りない特段の事情があることを主張することとなる。

　裁判例は様々であるが、黙示の承諾の主張があったとしても、黙示の承諾があったか否かについて明示することなく、賃貸人の譲渡後の態度をみるに、信頼関係を破壊するに足りない特段の事情があると認める場合もある（賃貸人の黙示の承諾を認定することなく、賃貸人退去後も同居人から賃料を受領し続けていた事案について、背信行為と認めるに足りない特段の事情があるとして契約解除を認めなかった事例（東京地判平成

28・7・24 判例秘書 L07131696))。

▶ 参 考 判 例 ……………………………………………………………………

①**最判昭和 39・11・19 民集 18 巻 9 号 1900 頁** 賃借家屋を使用してミシン販売の個人営業をしていた賃借人が、税金対策のため、これを賃貸人の承諾のないまま株式会社組織にしたが、その株主は、賃借人の家族や親族の名を借りたにすぎず、実際の出資はすべて賃借人がなし、当該会社の実権はすべて賃借人が掌握し、その営業、従業員、店舗の使用状況等も個人営業の時と実質的に何ら変更がない場合に、賃貸人の承諾なくして賃借家屋を当該会社に使用させていても、賃貸人に対する背信行為と認めるに足りない特段の事情があるから、賃貸人に民法 612 条による解除権が発生しないとした。

【 *Answer* 】

　賃借権の譲渡については、居住目的の賃貸借契約よりは事業目的の場合に行われることが多い。**Case** のように、造作が存在する店舗を居抜きで譲渡したいと考える賃借人がいる場合、賃借人にとっては収去費用を免れることができるうえ、場合によっては造作部分について一部有償譲渡ができる可能性がある。譲受人にとってみれば、同業種の事業をそのまま引き継ぐこととなり、内装費について、リニューアルするにしても造作費用や機材の導入費用のことを考えれば、新規に店舗を開設するよりも安価に収まる。賃貸人にとってみれば、譲受人次第ではあるが新たに賃借権を買い取る意欲を有している譲受人であれば、経営難となっている現在の賃借人よりも信用がおける可能性がある。

　賃借権の譲渡にあたっては、賃貸人の承諾を得るだけでなく、現契約から変更すべき箇所はないか、敷金について、現状を確認したうえでどのように精算し、いくら新賃借人が差し入れることとするのか（場合によっては賃借権の譲渡の際に敷金返還請求債権についても含めて譲渡することもある）、当初の引渡し時の状況はどのような状況で、原状回復をする場合にはどの程度の作業が必要なのかについてあらかじめ三者で確認をしておくことが、紛争を避けるためには必要である。

14…転貸借

Case

　Xは、Yに対して、美容院の店舗として所有建物の1階を賃貸している。ある日Xが新聞を読んでいると、同店舗のアルバイト募集の公告があり、店舗の名前は同じであるが、営業主体とされている会社がYではなく、Aという会社であった。依然として家賃はYから振り込まれ続けているが、もしや当該店舗を経営しているのはAであり、Yは他人物転貸を承諾なく行っているのではないかと、Xは疑っている。

● ● ●

ノボル：賃貸人のXさんから相談を受けました、賃貸借契約の中に、賃借権の譲渡・転貸には賃貸人の承諾が必要という特約があるケースなんですが、どうも転貸がされている可能性が高いので、その場合には契約違反なので解除したい、という相談でした。

姉　弁：ふむふむ。それで？

ノボル：転貸の事実が明らかになれば、書面による承諾はしていないので契約の解除ができると思うんですけど、転貸しているかどうかがパッと見明らかではないので、どうやってこれを調査しようかなと‥‥。

姉　弁：ちょっと待って。そもそも、書面による承諾が必要という特約があるからといって、絶対に解除ができるという前提でXに話をしたの？

ノボル：はい‥‥。マズかったですか？

姉　弁：もちろん、書面による承諾が必要という合意は有効とする最高裁判例は存在するわね。でも、だからといってすぐに解除できるかというと、書面による承諾を不要とする合意があったことか、信頼関係を破壊するに足りない特段の事情があることを賃借人の方から主張すれば、契約の解

除は制限されることとされてるのよ。だから、Xには今の状況になって
いる経緯とか実態をもう少しヒアリングして、場合によっては解除が制
限される可能性もあることを説明しておくべきじゃないかしら。

ノボル：すみません、勉強不足でした･･･。

姉　弁：ちなみに転貸の事実については何かわかっていることがあるの？

ノボル：Xの把握している範囲では、アルバイト広告が違う会社の名前でされて
いたり、実際店に常駐しているのはもともとYの代表者だったのに、今
はまったく違う人物が常駐しているとのことなんです。

姉　弁：うーん、それだと営業の一部を業務委託しているだけ、という可能性も
あるよね。営業許可や届出の名義をとっているのが誰かなど、許認可や
届出の点も弁護士会照会などで調べてみるといいんじゃないかな。あと
はこちら側に話をしてくれる従業員などがいないか、探してみることか
な。水道光熱費の支払いなども参考になるかもしれないわね。

ノボル：なるほど、そうですね。解除が制限される可能性があるにしても、まず
は転貸の事実の有無について調査してみます！

Check List

【有効な転貸借か】

□賃貸人の承諾があるか［→ **1(1)**］

□契約書に転貸借を認める規定があるか［→ **1(1)**］

□賃借人に対し債務不履行解除による終了を主張する場合に、
　催告や解除の通知は誰に行うか［→ **1(3)❷**］

□原賃貸借が解約申入れや期間満了により終了する場合に、転
　借人に通知はしたか［→ **1(3)❸**］

【無断転貸借といえるか】

□契約書は「賃貸借契約」か「業務委託契約」か［→ **2**］

□賃借人が利用者から実質的な賃料を受領しているか［→ **2**］

□利用者の利用中に賃借人が立ち会うようなことがあったか

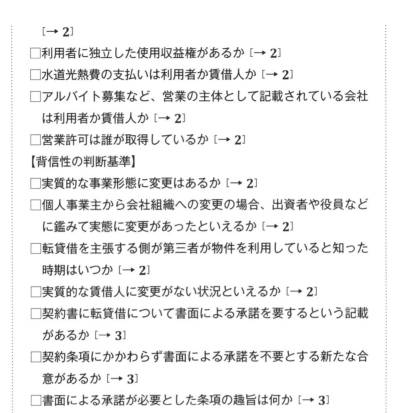

　　　　　　［→ **2**］

□利用者に独立した使用収益権があるか［→ **2**］

□水道光熱費の支払いは利用者か賃借人か［→ **2**］

□アルバイト募集など、営業の主体として記載されている会社
　は利用者か賃借人か［→ **2**］

□営業許可は誰が取得しているか［→ **2**］

【背信性の判断基準】

□実質的な事業形態に変更はあるか［→ **2**］

□個人事業主から会社組織への変更の場合、出資者や役員など
　に鑑みて実態に変更があったといえるか［→ **2**］

□転貸借を主張する側が第三者が物件を利用していると知った
　時期はいつか［→ **2**］

□実質的な賃借人に変更がない状況といえるか［→ **2**］

□契約書に転貸借について書面による承諾を要するという記載
　があるか［→ **3**］

□契約条項にかかわらず書面による承諾を不要とする新たな合
　意があるか［→ **3**］

□書面による承諾が必要とした条項の趣旨は何か［→ **3**］

［ 解 説 ］

1　転貸借

(1)概要　賃借人は、賃貸人の承諾があれば当該建物を転貸すること
ができる（民612①）。承諾を得て転貸借契約が締結されたとしても、
賃借権譲渡の場合とは異なり、賃貸人と賃借人の契約関係に変更は生
じず、賃貸人と転借人との間にも契約関係は生じない。

　転貸人は転借人を利用して利益を得る立場にあり、賃貸人の立場か
らすると、転借人は賃借人の履行補助者の立場と評価される。したが

って、賃貸借契約における義務違反を転借人が行った場合、賃貸人は賃借人に対し、当該義務違反による契約上の責任を追及することができる。

　承諾を得られた転貸借契約が成立した場合、転借人は賃貸人と賃借人との間の賃貸借に基づく賃借人の債務の範囲を限度として、賃貸人に対して転貸借に基づく債務を直接履行する義務を負う。この場合においては賃料の前払いをもって賃貸人に対抗することができないと民法上定められている（民613①）。このように転貸借は法律上認められた制度であること、転借人が賃貸人に直接義務を負うことからしても、転貸に対して承諾する場合には転借人の状況や転貸借に対する民法・借地借家法上の規定を理解しておくことは必須である。

（2）転借人の賃貸人に対する直接義務（民613①）　賃貸人と転借人との間には直接の契約関係がないところ、転借人には賃貸人に対して直接に義務を負うものと民法上に定められていることから、これは法定の義務である。この直接に義務を負うとはどのような意味か。

　転借人が直接負う義務には、賃料支払いの義務のほか、保管義務、保管義務違反による損害賠償、賃貸借終了の際の目的物返還義務などがある。賃料支払義務については、転借人は賃料の前払いをもって賃貸人に対抗することができない。この前払いは、転貸人と転借人との間の契約に基づく賃貸借契約上の賃料支払義務の前払いと解されている。

（3）原賃貸借契約終了における転貸借契約の効力　❶合意解除：　賃貸人と賃借人との間の合意解除による賃貸借契約の終了は転借人に対抗できない。賃貸人と賃借人とのなれあいによって転借人に不利益を被らせることを防ぐのが主な理由である（最判昭和38・2・21民集17巻1号219頁）。

　債務不履行解除や更新拒絶による契約終了のような外形であったとしても、賃貸人と賃借人がなれあいによって当該形式を作出していると判断されるような場合には、実質的合意解除と判断され、当該契約

の終了については転借人に対抗できないものとなる（最判昭和 48・10・12 民集 27 巻 9 号 1192 頁）。

❷債務不履行解除：　原賃貸借が賃料不払いの債務不履行によって解除されて終了した場合には、転貸借は、賃貸人が転借人に対して貸室の返還を請求した時に、賃借人（転貸人）の転借人に対する債務の履行不能により終了する（参考判例①）。これによれば賃借人（転貸人）の賃貸人への債務不履行は、転借人にとっては非常に重大な事項となる。そこで、賃借人（転貸人）の債務不履行に対する解除について、賃貸人は転借人に対しても通知・催告が必要となるか。

この点、原賃貸借を解除するには、特段の事情がない限りは、賃貸人は賃借人（転貸人）に対して催告をすれば足り、転借人に催告をする必要はないと最高裁は判断している（最判昭和 51・12・14 集民 119 号 311 頁、参考判例②）。催告を要する特段の事情とは、たとえば、賃貸人と転借人との間で、賃借人（転貸人）が賃料不払いの状況となったときには転借人に教えるという協議があるような場合が考えられる。同判決によれば、賃貸人が転借人に催告せずにした原賃貸借の解除について、信義則上転借人に対抗できないという判断がなされている。

❸更新拒絶・契約期間満了：　原賃貸借が期間満了または解約申入れによって終了するときは、賃貸人は原賃貸借の終了を転借人に通知しなければ、賃貸借の終了を転借人に対抗することができないこととされている（借地借家 34 ①）。原賃貸借契約が更新拒絶や契約期間満了により終了する場合に、かかる通知がなされている場合には、建物の転貸借は、その通知がされた日から 6 か月を経過することによって終了する（同②）。

なお、原賃貸借の期間満了または更新拒絶による終了について、賃貸人からの請求の場合には借地借家法 28 条により、正当理由が必要となるところ、正当事由の判断については転借人の事情も考慮される。したがって、通知による転借人の保護については、正当理由が存在する場合に、さらに転借人を保護するために設けられている制度という

ことができる。

2　転貸借の判断および背信性の判断

　無断転貸を主張するにあたって、まずはそもそも転貸といえるのかについての判断が争われることがある。

　転貸の場面においては、実質的には転貸であるのに業務委託の形にして、賃料支払いとう外形はないものの実質は賃料を取得している場合も存在する。単なる業務委託であれば転貸にはあたらないので解除は認められないが、その実態が転貸にあたるとされると無断転貸となり、解除事由となりうる。

　賃貸借契約の解除は、実質転貸または譲渡であることを主張して行うこととなるが、最終的には賃貸借契約の実態をみて、信頼関係が破壊されたか否かがポイントとなってくると考えられる。以下、具体的事例にて検討する。

(1)転貸借性について参考となる事例　❶最判昭和 32・10・31（民集 11 巻 10 号 1779 頁）：　書証の記載およびその体裁から、特段の事情のない限り、その記載通りの事実を認めるのが当然である場合に、何ら首肯するに足る理由を示すことなくその書証を排斥するのは、理由不備の違法があるとされた事例である。

　業務委託契約書が存在しているか否かは、転貸借性の判断には重要な要素となる。

　❷東京地判平成 15・10・29（判例秘書 L05834481）：　業務委託契約書を前提に、これを覆す特段の事情がないとして転貸借性を否定した事例である。

　建物賃借人が当初自身のみで経営していたスナックについて、業務委託契約書に基づいて第三者にスナック営業を委託していたところ、業務委託契約の終了に基づき、建物の明渡しを求めた際、受託者が当該契約は賃貸借契約であるとして、更新拒絶の正当理由がないことを理由に建物の明渡しについて争われた。業務委託契約書が存在してい

ること、営業許可はそのままであったこと、毎月定額の金員を委託者に支払っているが、それは賃貸人と賃借人との間の賃料と同額であり、これに加えて受領する金員も従前の収入より高いものでもなかったことなどから、業務委託契約書の体裁を覆すに足りる特段の事情はないものとして転貸借性を否定した。

❸東京地判平成7・8・28（判時1566号67頁）：　業務委託契約書の内容を検討すると、その合意の内容からして実質は転貸借契約であるとした事例である。

美容院における業務委託契約の覚書の内容について、美容院店舗の名称は受託者に任せられていること（委託者がまったく関与しないものとされていること）、受託者が毎月定額の運営費を委託者に支払うものとされていること、毎月の光熱費については委託者が受託者に対し請求し、受託者がその責任において支払うものとされていること、本契約に際して、受託者が委託者に対し、保証金として50万円、権利金として50万円をそれぞれ支払うものとされていること、契約期間の最初の月の家賃の負担につき委託者と受託者との分担割合が決められていること、本件賃貸借契約の更新時において家主に対して支払うこととなる更新料についての受託者の負担割合が決定されていることなどから、その内容は実質的には建物賃貸借契約であるとした。これらのほか、業務委託性を否定する事情として、受託者は2店舗目の店舗経営であったこと、委託者が受託者に対して顧客を引き継ごうとしたところ、受託者はこれを固辞した事実があること、委託者は受託者の売り上げ等について関心をもつような事情がなかったことなども考慮要素として挙げられている。

❹東京地判平成17・4・26（判例秘書L06031672）：　業務委託契約が締結されている事案で、特別の事情があるとして転貸借を認めた事例である。

受託者が月々定額を委託者に支払うこととされていること、業務委託契約書上、受託者が売上金を管理し、上記定額金のほか、経費を支

払い、残額を受託者が取得することが前提とされているという内容からして、受託者が自らの計算で経営をしていると評価でき、また、受託者は委託者の影響を受けない別個独立の法人として、自らの経営方針に基づいて営業し、店舗を使用収益していると認められることから、本件店舗を使用させている実質は、転貸借契約に相当するとした。

なお、この事案では委託者が営業許可を得ている事案であったが、そのことは判断を左右しないと判断されている。

(2)転貸借を認め、解除を肯定した事例　❶東京地判平成4・2・24（判時1451号136頁）：　使用目的類似の第三者に時間貸しをした事例において、利用したものに独立の使用収益があるとして転貸借が肯定された事例である。

ダンス教室利用目的（無断転貸禁止の特約あり）の賃貸借契約において、1週間のうち20時間程度、第三者に時間貸しをして、第三者がバレエ・タップダンス・ヨガ・太極拳等の教室を開いていた事案について、賃貸借契約書が存在すること、これには賃貸日時として毎週の特定の曜日、開始および終了時間、1時間当たりの賃貸料、賃貸料の支払方法、契約金および解約手続等について具体的な約定が記載されていること、時間貸しを受けていた各借主は当該時間帯に賃借人から鍵を預かって建物に自由に出入りして使用し、その間賃借人が立ち会うような事実もなかったことから、各借主は「当該曜日の時間帯は継続的に本件建物を独立して使用収益していたもの」と認められるとして、転貸借を肯定し、背信性を認めるに足りない特段の事情もない（毎週の転貸の時間や、原賃貸借の締結経緯、転貸料の金額の大きさなどを考慮）として、解除を認めた。

❷東京高判昭和31・3・14（下民集7巻3号572頁）：　個人事業主から会社組織への変更の事例について、会社の資本金額や役員構成、株主構成を検討したうえで、社会経済上同一であるとみることはできないとして転貸借を肯定し、背信行為と認めるに足りない特段の事情もないとして解除を認めた事例である。

海産物の加工販売業を営んでいた個人が株式会社を設立し、当該賃貸物件に居住しながら株式会社事務所をおいて経営していた事案について、株式の資本金額および株主構成（株主6名）、役員構成（取締役5名・監査役1名）という事情を考慮すると、従前通り個人がそのまま家屋に居住して使用したうえで同業種の事業を行っているとしても、一応は個人たる賃借人が株式会社に転貸をしていると評価できる（社会経済上まったく同一であるとみることはできない）とし、背信行為と認めるに足りない特段の事情もないとして解除を認めた。

（3）転貸借を肯定し、背信行為と認めるに足りない特段の事情があるとした事例　❶最判昭和39・11・19（民集18巻9号1900頁）：　個人事業主の法人化事案で、同一であるとみることはできないため、転貸借にあたるが、出資金の額、株主構成、役員構成などに鑑み背信行為と認めるに足りない特段の事情があるとして解除を認めなかった事例である。

　ミシン販売を業とする個人事業主が賃借人であったが、税金対策のためこれを法人化させた事案で、会社の株主はすべて名前を借りただけの賃借人の親族で、実際の出資はすべて賃借人が行っており、営業や経営実態は個人営業時代と実質的に何らの変更がなく、従業員、店舗の使用状況も同一であること、賃借人には個人事業主と会社の区別がなく、賃料も賃借人が会社から転貸料を受け取るということはなく、会社から直接賃貸人に小切手で支払われている（賃貸人は先代の賃貸人であり、訴訟の原告とは異なる人物である）ことなどから、賃貸人との間の信頼関係を破るものとはいえないため、背信行為と認めるに足りない特段の事情あるものとして解除を認めなかった。

　❷東京地判昭和47・10・30（判時697号66頁）：　賃借人の息子に対して転貸借の事実を認定しなかった事例である。

　賃貸借契約書上、パチンコの営業許可名義人となることを認めている第三者の物件への占有について、賃貸人が営業許可名義人とその息子に対し両方に対する転貸借契約が存在することを前提に契約を解除

してきた事案について、営業許可名義人については雇用経営者ではなく共同経営者であるとして転貸借性を認め、一方で名義人の息子については転貸借性を認定せず、結果として賃貸借契約時の業務実態に何らの変更もないことを理由に背信性を否定し、解除を認めなかった。

3　書面による承諾が必要とする特約

　賃借人の転貸に関して、賃貸人の書面による承諾が必要とする内容の特約を合意することは、将来の紛争を避けるためという合理的な目的をもってされている場合には有効である（最判昭和41・7・1集民84号7頁）。

　ただし、上記特約がなされているとしても、書面による承諾がなければ直ちに解除ができるというものではなく、ここでも信頼関係を前提とする継続的契約の性質から、解除は制限されている。

　すなわち、当該特約が存在する場合であったとしても、特約の成立後に書面による承諾を不要とする別の合意が成立するか、書面による承諾を必要とした特約の趣旨その他諸般の事情に照らし、転貸（なお、判例は賃借権の譲渡の事案である）が賃貸人に対する背信的行為であると認めるに足りない特段の事情がある場合には、解除が否定される場合がある（最判昭和44・2・13民集23巻2号316頁）。

▶ 参 考 判 例 ┈┈┈┈┈┈┈┈┈┈┈┈┈┈┈┈┈┈┈┈┈┈┈┈┈┈┈┈┈┈┈┈┈┈┈┈

①**最判昭和37・3・29民集16巻3号662頁**　土地の賃貸借契約において、適法な転貸借関係が存在する場合に、賃貸人が賃料の不払いを理由に契約を解除するには、特段の事情のない限り、転借人に通知等をして賃料の代払いの機会を与えなければならないものではないとした。

②**最判平成6・7・18集民172号1007頁**　建物所有を目的とする土地の賃貸借において、上記参考判例①の最高裁の考え方を踏襲した判断がなされた。ただし、裁判長裁判官より次のような反対意見が付されている。「当該判断は転借人の地位を不当に軽んじるものであり、また多数意見のように解すれば賃貸人と賃借人が意を通じて実際には賃貸借契約を合意解約する意図であるのに、合意解約の効力を転借人に対抗できなくなることを避けるため、あえて地代の延滞という状況を作出し、地代の延

滞を理由に契約を解除した場合にも、転借人は上記の事情を主張立証しなければ解除の効力を争うことができなくなり、なれあいによる合意解約によって転借人の権利を消滅させるのと同一の不都合な結果が生じることも避けられなくなる」。

③**最判平成９・２・25 民集 51 巻 2 号 398 頁**　建物賃貸借契約が転貸人の債務不履行を理由とする解除により終了した場合、賃貸人の承諾のある転貸借は、原則として、賃貸人が転借人に対して目的物の返還を請求した時に、転貸人の転借人に対する債務の履行不能により終了するとした。

[*Answer*]

　転貸借契約なのか、実質的に単なる業務委託または従業員を雇っているだけなのか、という判断は賃貸人の側からは立証が難しいことがある。また、転貸とみなされることを避けるため、実態は転貸であるにもかかわらず業務委託の形にすることで、うまく転貸の承諾を得られない場合にこれを潜脱する形で占有状態が作られている場合もある。

　結果的には賃貸人と賃借人との間の信頼関係が破壊される事情があるか否かを判断することになり、転貸借の契約書があるか否かではなく、実質的な支配関係や利用状況、賃借人の利益や契約関係に入った状況などをみて、転貸借の事実の有無や解除の可否が判断されている。また、解除を主張する側の事情なども大きく影響する。たとえば賃料の増額や明渡しを請求したがこれを拒否された場合、契約を解除する理由として無断転貸を突然に入れてくるような場面では、賃貸人に不利益に働く事実経緯となる。また、一度は承諾を求めたが断られ、その後利用形態が大きく変化したような事情がある場合には、賃借人に不利益に働く事実経緯となりうる。

　Case のような場合でも、賃貸人が今なぜ現状の利用形態に不満をもっているのか、契約時の転貸借契約に関する考え方（属人的な信頼関係があるのかなど）、賃借人の今までの態度などを詳細にヒアリングしたうえで、転貸といえるのか、転貸といえるとしても解除が可能な事案なのかを精査していく必要がある。

◀ コラム ▶ 建物賃借人による民泊事業

　近年、住宅の全部または一部を利用して、旅行者等に宿泊サービスを提供するいわゆる「民泊」が増加しています。もともと、オリンピックに向けて外国人観光客が増加することを見越して国際戦略特区が設けられ、一定の要件のもと旅館業法の適用が排除されるという形で、東京都大田区で平成28年1月から、大阪府で同年4月から始まりました。また同年、旅館業法の規制緩和により全国で合法化されており、民泊事業を行う場合には、旅館業法における簡易宿所として許可を得るか、国家戦略特別区域法に基づく特例を利用するという方法がありました。

　もっとも、いずれも要件が厳しいこともあり普及が限定的であったことから、民泊を本格的に解禁するため、平成30年6月15日に住宅宿泊事業法が新たに施行されました。今後同法に基づく民泊が認められるようになり、利用が増えていくと思われ、賃貸借契約に関する相談の中で民泊に関する質問も増えてくると予想されます。賃貸借契約上、民泊について気を付けるべきポイントを挙げてみましょう。

　この住宅宿泊事業法が対象とする住宅宿泊事業とは、旅館業法上の営業者以外の者が、宿泊料を受けて、住宅に人を宿泊させる宿泊サービスで、1年間当たりの宿泊させる日数が180日を超えないものをいい（住宅宿泊事業法2③）、住宅宿泊事業を営もうとする者は、住宅の所在地を管轄する都道府県知事等に必要書類を届け出る必要があるとされており（同法3②）、家主には、宿泊名簿の作成、民泊施設であることの標識設置、マンションなどの管理規約に反しないことの確認が義務づけられており、違反者には登録取消しなどの処分がなされます。

　民泊事業は不動産の所有者のみならず、賃借人が行うことも多くみられますが、宿泊利用者に当該物件を使用させることは転貸にあたることから、賃借人は民泊事業を営む場合には、賃貸人から転貸

の承諾を得ておく必要があることになります。これは国家戦略特別区域法に基づく場合でも住宅宿泊事業法に基づく場合でも同様であり、民泊事業を営む賃借人の立場からは、あらかじめ賃貸借契約書において、賃貸人が宿泊利用者に当該物件を使用させることを事前に許諾していることを明記しておく必要があります。他方、賃借人が民泊事業を営むことを防ぎたい賃貸人は、賃貸借の目的を「居住のみ」に限定し、民泊事業を営むことは転貸条項違反ないし用法遵守義務違反となり賃貸契約の解除事由となることを明記しておくことが望ましいことになります。 （小泉　始）

15…契約当事者の倒産

Case

　Y社（賃借人、転貸人）は、X社（賃貸人）所有の建物を転貸目的で賃借し、X社の承諾のもとZ社（転借人）に転貸していた。XY間の賃料は月額350万円、契約期間は3年、保証金は12か月分、YZ間の転貸借契約の賃料は月額380万円、契約期間は3年、保証金は20か月分となっていた。契約更新を経て、当初契約から5年経過した時点で、Y社は資金繰りが悪くなり、民事再生手続開始の申立てを検討している。

• • •

ノボル：ボスの顧問先のY社から、民事再生の申立てをすると賃貸借契約がどうなるのか、相談を受けました。破産法は勉強しましたが、民事再生法はちょっと初めてです。でも、どうせ破産とあまり変わらないですよね。

兄　弁：確かに民事再生は破産の応用だけど、民事再生は再建手続で会社の事業が継続することを前提とするから少し違っている部分もあるよね。まずは破産の場合を押さえて、次に民事再生の場合を考えるといいと思うよ。賃借人Y社が破産した場合、XY間の契約はどうなる？　賃貸人X社の側から契約を終了させることはできるかな？

ノボル：賃貸借契約も双務契約ですから、賃借人の破産管財人が契約を解除するか履行するかの選択権をもっているので、賃貸人の側から契約を終了させることはできないと思います。

兄　弁：本当？　Y社には賃料の不払いはなかったの？

ノボル：いえ。まだ確認してません。

兄　弁：Y社が数か月分の賃料の不払いをしているとしたら、すでに賃貸人X社には契約解除権が発生しているんじゃないの？

ノボル：え？ でも破産開始決定がなされると賃貸人側からの解除は制限される
　　　　んじゃないですか。

兄　弁：おいおい。そこはよく調べた方がいいんじゃない？ Ｙ社とＺ社の転貸
　　　　借の方はどうなる？ 特にＺ社からすると、差し入れた保証金が返って
　　　　くるか心配だと思うとけど。

ノボル：破産の場合は、賃貸人が破産したときに賃借人が賃料を支払う際に敷金
　　　　分までの賃料を寄託するように管財人に請求できるという規定があった
　　　　と思います。

兄　弁：民事再生の場合も同じになるの？

ノボル：いえ。そのへんはまだ確認していません‥‥。

兄　弁：その点は民事再生の場合は破産と違う扱いになるのでよく調べてから対
　　　　応するように。いずれにしても、いろいろな法律関係が倒産手続によっ
　　　　てどうなるのか、Ｙ社もよく吟味して今後のことを考えたいだろうから、
　　　　十分な情報を提供しておく必要があるよ。次回は僕も同席するよ。

Check List

□法的倒産手続の開始前に賃借人に賃料不払いがあるか［→ 1
　(1)❷］

□賃貸借契約の解除通知がすでになされているか［→ 1(1)❷］

□賃借人からの解約申入れをする場合は一定期間前にすること、
　あるいは一定期間前の解約告知に代えて損害金を支払う旨の
　特約があるか［→ 1(1)❺］

□賃借人（Ｙ）の意向は賃貸借契約（ＸＹ間）の継続か［→ 1
　(2)❶］

□賃借人（Ｙ）に倒産手続開始後の賃料を支払える資力がある
　か［→ 1(2)❶］

□賃貸借契約（ＸＹ間）に倒産解除特約があるか［→ 1(2)❷］

□敷金と認められるのは何か月分の賃料か［→ 2(1)❸］

□転借人（Z）の意向は賃貸借契約の継続か［→ 2（2）❶］

［ 解 説 ］

1 賃借人に破産手続や民事再生手続が開始された場合

(1)破産手続の場合 ❶管財人による契約解除または履行の選択：
賃借人に破産手続開始決定があった場合、賃貸借契約はどのような影響を受けることになるのか。

賃貸借契約は、双務契約であるから破産法 53 条の規定が適用される。すなわち、賃貸借契約の当事者双方の債務が未履行の場合には、破産管財人は、債務の履行か契約の解除かを選択することができる（破 53 ①）。たとえば、賃借人が 6 月 30 日に 7 月分の賃料を支払った後、7 月 15 日に破産手続開始決定があった場合、賃借人の債務である 7 月分の賃料債務は履行済みであるが、7 月 31 日が経過すると、8 月分の賃料債務が未履行となり、賃貸人側の 8 月 1 日以降の使用させる債務も未履行となって、当事者双方の債務が未履行の状態となる。この場合に、賃借人の破産管財人は、債務の履行を選択して賃貸借契約を継続するか、解除するかを選択することになる。管財人が解除を選択すれば、契約は終了し、明渡義務が発生する。反対に、管財人が履行を選択すると、賃料債務は財団債権として支払義務が発生し、賃貸人も使用させる債務を負うことになる。

❷賃貸人側からの解除：　平成 16 年以前は賃借人の破産により賃貸人と破産管財人の双方が賃貸借契約の解約申入れをすることができる旨の規定があったが（旧民 621）、この規定が廃止されたので、破産手続開始決定を理由に解約申入れはできないことが明確になった。もっとも、破産手続開始決定前に信頼関係を破壊するほどの賃料不払い等の債務不履行があって、契約解除権が発生している場合は、賃貸人は破産手続開始決定後であっても契約解除権を行使することができる。

なお、倒産解除特約に基づいて賃貸人が契約を解除できるかについては、実務では消極的に解されている（後述**（2）❷**を参照）。

　❸賃料債務等の財団債権・破産債権の別：　破産手続開始決定前に賃料不払いがあるときは、その不払賃料は破産債権となる。破産手続開始決定後、破産管財人が破産法53条により契約解除をしたときは開始決定後から解除までの期間の賃料は財団債権となり、破産手続によらずに随時弁済されることになる。破産管財人が履行を選択したときも、開始決定後の賃料は財団債権となる。

　解除等により契約が終了した後、明渡しまでは賃料相当損害金が発生するが、破産手続開始決定までのものは破産債権となり、開始決定後のものは、それが破産管財人の管理処分権に基づく行為を原因として生じるものであるときは、財団債権となる。

　破産管財人が履行か解除かの選択をしない場合でも、契約は継続するから賃料債務は発生する。その場合、開始決定後の賃料は財団債権となるから破産財団を圧迫することになる。そのため、破産の申立人が賃借人である場合には、開始決定前に賃貸借契約を終了させて、明渡しを済ませておいた方が破産財団を圧迫しなくて済むことから、実務では、申立ての前後に明渡しをしておくことが多い。

　❹原状回復義務の財団債権・破産債権の別：　賃貸借契約が終了することにより賃借人には目的物の原状回復義務が生じるが、これが破産手続開始決定前に発生していた場合には、破産債権となる。破産管財人が契約解除等をして原状回復義務が破産手続開始決定後に生じた場合には、破産管財人が原状回復義務を負い、これは財団債権となる。

　法人の営業用の建物のように原状回復義務が極めて大きな額になり、これが破産財団を圧迫し、あるいは破産財団ではまかないきれないこともある。このような場合は、破産管財人が賃貸人と交渉し、費用負担等について和解をして解決せざるを得ないことになるが、契約終了の時期が破産手続開始決定の前後で取扱いが大きく異なるため、実務においては、申立代理人の側において契約を終了させておく（場合に

よっては原状回復を済ませておく）などの対応が求められることもある。

　❺解約に伴う約定の損害金：　賃借人から解約申入れをする場合、一定の予告期間を要するものとし、予告期間に代えて期間賃料に相当する損害金の支払義務を定める特約が付されることがある。賃貸人が次の賃借人を見つけるまでのロスを避けるための措置である。破産管財人が破産法53条により契約解除を選択した場合、破産管財人は当該特約に基づき損害金の支払義務が生じるのか。

　この点、破産管財人に当該特約の適用があるのかについても議論があるが、仮に適用があるとしても実務では損害金は破産債権となると解されている。

（2）民事再生手続の場合　❶再生債務者による契約解除または履行の選択：　賃借人について民事再生手続開始決定があった場合、再生債務者は双務契約の双方未履行部分について契約解除か履行かの選択をすることとなる（民再49①）。破産の場合は、破産管財人が履行を選択することは稀であるが、民事再生の場合は、事業の継続に必要な目的物であり、賃料を支払える資力があれば履行を選択することが多い。再生債務者が選択をしない場合、債権者（賃貸人）は相当期間内に確答するように催告をすることができ、相当期間後に確答をしない場合、再生債務者は解除権を放棄したものとみなされる（同②）。なお、破産手続にも債権者の同様の催告権があるが、破産管財人が確答しないときは解除したものとみなされる（破53②）。

　❷倒産解除特約：　賃貸借契約には、賃借人に破産や民事再生など法的倒産手続が開始したときは賃貸人は契約を解除できる旨の特約が付されることがある。破産の場合は、賃借人は事業を継続しないのが一般的であり、賃貸借契約が終了しても支障がないので、あまりこの特約が問題になることはない。他方で、民事再生の場合は、事業が継続されるために、賃貸借契約が解除されてしまうと賃借人の事業に影響する場合がある。そのため、この特約に基づき賃貸人が解除できるかについて争われることがある。この点、実務では特約の効力を制限

して解除できないとする見解が支配的である。フルペイアウト方式の
リース契約について当該特約を無効としたものとして、最判平成20・
12・16（民集62巻10号2561頁）がある。

　❸賃料債権等の取扱い：　破産手続と同様に、手続開始決定までの
不払賃料や賃料相当損害金は再生債務となり、手続開始後の賃料や賃
料相当損害金は共益債権となる。

2　賃貸人に破産手続や民事再生手続が開始となった場合

(1)破産手続の場合　❶管財人による契約解除の制限：　賃貸人が破
産した場合、賃貸人の破産管財人は対抗要件を具備している賃借人に
対して賃貸借契約を解除することができない（破56①）。この場合、
賃借人の債権（目的物を使用する権利等）は財団債権となる（同②）。
したがって、建物賃貸借では引渡しを受けている賃借人は対抗要件を
備えるため、継続的に目的物を使用することができることになる。

　破産管財人は受領した賃料を破産財団に組み入れながら、賃貸目的
物を売却していくことになる。目的物が売却されると、賃貸借契約は
新たな所有者に承継されることになる。賃貸目的物に抵当権が設定さ
れている場合には、担保権者は破産手続により担保権行使の制限を受
けないため、抵当権者が賃料債権を物上代位して差し押さえることが
ある。このような場合には破産管財人が賃貸目的物を破産財団から放
棄することもある。賃借人は、賃料を差押債権者に対して支払うこと
になるが、破産者が法人の場合、賃貸目的物の管理を誰が行うのかと
いう困難な問題が生じる。このような場合、賃貸目的物は抵当権の実
行により競売に付されるのが一般的であるから、競売手続により買受
人に所有権が移転するまでの一時的な期間の問題であるが、実務では
法人の元代表者が事実上、管理行為を行うなどの工夫をしているよう
である。

　❷賃貸人の債務（修繕義務等）の財団債権・破産債権の別：　賃借
人の権利は財団債権となるから（破56②）、賃貸目的物の修繕請求権

も財団債権となると解するのが一般的であるが、修繕を要する原因と
なった行為が破産手続開始決定よりも前に生じていた場合には破産債
権となるとの見解もある。

❸敷金返還請求権：　賃借人は、賃貸人に対し、敷金をその債務の
弁済に充てることを請求することができないが（民622の2②後段）、
賃借人が破産管財人に対して賃料を弁済する場合、敷金返還請求権の
額の限度において弁済額を寄託するように請求することができる（破
70後段）。賃借人は、賃貸目的物の明渡しをして現実に敷金返還請求
権を行使することができるようになったときに寄託金分の返還請求権
を財団債権として行使することができる。賃借人の敷金返還請求権に
ついての不安を解消して賃料の支払いを促進するために設けられた措
置である。

　ここでは「敷金」とされているが、保証金名目で金員が預託されて
いる場合でも、それが実質的に敷金と同じ趣旨で預託されている場合
はその範囲で敷金と同じ扱いを受ける。どこまでが実質的な敷金とい
えるかの認定は、必ずしも容易ではないが、この点については、第1
章6参照。

　賃料債権が賃貸人の建物の抵当権者によって物上代位により差し押
さえられている場合は、賃借人の賃料の弁済先は差押債権者となるが、
この場合賃借人は、破産管財人に対して寄託請求はできないと解され
ている。

（2）民事再生手続の場合　❶再生債務者による契約解除の制限：　賃
貸人に民事再生手続が開始した場合に、賃貸人が対抗要件を備えてい
る賃借人に対して契約解除できないのは、破産手続の場合と同様であ
る（民再51、破56）。したがって、賃借人の債務不履行や賃借人から
の解約申入れ等がなければ賃貸借契約は継続することになる。

　❷敷金返還請求権：　破産手続の場合は、賃借人の賃料の支払いを
促進させるための措置として寄託請求があるが、民事再生手続の場合
に再生債務者に賃料の弁済を受けるつど寄託をさせると、それが敷金

額の限度であったとしても、資金繰りを悪くする原因になりかねない。そこで民事再生手続では、再生債権者が、再生手続開始後にその弁済期が到来すべき賃料債務について、再生手続開始後その弁済期に弁済をしたときは、再生債権者が有する敷金の返還請求権は、再生手続開始の時における賃料の6か月分に相当する額の範囲内におけるその弁済額を限度として、共益債権とするとしている（民再92③）。預託した敷金が賃料の6か月分を超える場合は、超過部分は再生債権となり、再生計画により権利変更の対象となる。

　賃貸目的物がほかに売却されたときは、賃貸人の地位も新所有者に移転し、敷金返還債務も新所有者に移ることになる。その場合は、全額（それまでの間の賃料不払い等により充当された後の敷金の残額）の敷金返還債務が新所有者に移転すると解されている（全国倒産処理弁護士ネットワーク『論点解説新破産法（上）』（金融財政事情研究会・2005年）141頁）。

〖 *Answer* 〗

　Case においてY社に民事再生手続が開始された場合、XY間の賃貸借契約は、Y社に契約を解除するか継続するかの選択権があるが、手続開始前に信頼関係を破壊するほどの賃料の不払い等の債務不履行がある場合は、Xからの契約解除が可能となる。賃貸借契約が継続する場合、手続開始前の賃料債務は再生債権となり、手続開始後の賃料は共益債権として随時弁済をしていくことになる。

　YZ間の転貸借契約は、Zが対抗要件を具備しているためY社からの契約解除はできず、契約が継続することになる。その場合、Y社が預託を受けた賃料20か月分の保証金のうち、6か月は敷金として共益債権となるが、残りの14か月分は再生債権となり、再生手続で権利変更の対象となる。

16…期間満了と契約更新

Case

　XはYに対して賃料月額30万円の約定で建物を賃貸していた。賃貸借契約書には、「契約期間は3年とする。ただし、期間満了の6か月前までに賃貸人・賃借人のいずれからも契約を終了させる旨の通知がないときは、契約を3年間更新するものとし、それ以後も同様とする。この場合の更新料は、更新後の賃料の1か月分とする」という条項があった。賃貸人は当初の契約期間で契約を終了させようと考えていたが、更新拒絶の申入れをすることを失念してしまい、期間満了の2か月前になってそのことに気付いた。

• • •

ノボル：賃貸人のXさんから更新拒絶の通知を失念してしまったのでどうしたらよいか、という相談を受けました。

兄　弁：借地借家法上は、賃貸人が更新拒絶をする場合の予告期間をどのように定めてる？

ノボル：借地借家法26条では、期間満了の1年前から6か月前までの間に更新拒絶の通知をしなければならないと規定しているので、本件の約定と同じです。これが過ぎてしまっているから更新拒絶は難しいですね。

兄　弁：更新拒絶するには正当事由も必要だし、予告期間が過ぎてしまっているのなら、合意解約しかないね。Yは解約に応じそうなのかな？

ノボル：Yはまだ出ていくつもりはないようです。

兄　弁：そしたら、契約を終了させるのは難しそうだね。ところで、更新拒絶できないとすると、この契約は今後どうなるのかな。

ノボル：さっきの借地借家法26条だと、更新拒絶の通知をしなかったときは、

従前の契約と同一の条件で契約を更新したものとみなす、とあります。その場合は、期間の定めのない契約になるとも書いてあります。

兄　弁：おいおい。それって法定更新のことだよね。でも XY 間の契約では自動更新条項もあるんだろ。法定更新と自動更新はどこがどう違うの？　本件では法定更新と自動更新のどっちになると思う？

ノボル：確かに自動更新条項はあります。法定更新は期間の定めのない契約になりますけど、自動更新だと契約上の期間、本件だと 3 年間という期間の定めのある契約になって違いが出てきます。だけど、本件のような場合は、法定更新と自動更新のどっちになるんでしょう…。

兄　弁：法定更新と自動更新とでは、更新後の契約の期間についても違いが出てくるし、更新料が発生するかという点で違いが出る場合もあるよね。本件だとどちらの更新になるのか、両者の関係についてはよく考えた方がいいんじゃないかな。それに保証人の保証債務がどうなるのかも考えた方がいいね。特に民法の平成 29 年改正の施行後に更新された場合に根保証の要件を備えないといけないのか、その点も検討しておくようにね。

Check List

□ 更新拒絶の通知が相手方に届いたのはいつか［→ 1］
□ 賃貸人の側に更新拒絶をする正当事由があるか［→ 1］
□ 賃借人に契約を終了させる意思があるか［→ 1］
□ 賃貸借契約書で更新条項が合意更新となっているか［→ 2(1)］
□ 賃貸借契約書に自動更新条項があるか［→ 2(2)］
□ （自動更新条項がない場合）期間満了の 1 年前から 6 か月前までに当事者から更新拒絶通知があったか［→ 2(3)］
□ （自動更新条項がない場合）期間満了後に賃借人が建物の使用を継続していたか。その場合、賃貸人が異議を述べたか［→ 2(3)］
□ 更新料の規定があるか［→ 2(5)］

□更新料の規定は自動更新や法定更新の場合に適用されること
　が明確になっているか〔→ 2(5)〕
□保証契約を更新の際に締結し直すことがあったか〔→ 2(7)〕

［ 解 説 ］

1　期間満了

　期間の定めのある賃貸借契約の場合、当事者が期間満了の1年前
から6か月前までに相手方に対して更新しない旨の通知または条件
を変更しなければ更新しない旨の通知をしないときには、従前の契約
と同一の条件で契約を更新したものとみなされるので（借地借家26
①）、更新拒絶をすることができない。また、この通知をした場合で
も、期間満了後に賃借人が建物の使用を継続するときには賃貸人が遅
滞なく異議を述べないと契約は更新されてしまう（同②）。さらには、
賃貸人が更新拒絶するためには、正当事由が必要である（借地借家
28）。これらの規定は賃借人保護のための強行規定なので、賃借人に
不利益な特約は無効であるが、賃借人からの予告期間を短くするなど
賃借人に有利になる特約は有効である。

　このように、期間が満了しても、（定期借家契約等の場合を除き）賃
貸借契約が自動的に終了するのは例外的となる。更新拒絶をするには、
これらの要件をみたす必要があり、そうでない限り契約は更新される
ことになり、賃借人が合意解約に応じるなどの事情がない限りは、契
約は継続する。そこで更新がどのような事由によってなされ、更新後
の契約内容がどのようなものとなるのかが契約当事者にとっても重要
となる。

　なお、賃貸借期間が1年未満の契約は期間の定めのない契約とな
るから（借地借家29①）、契約期間が満了することはなく、契約が更
新されることはない。

2　契約更新の種類

(1)合意更新　合意更新は、自動更新条項や法定更新によらずに、明示的に契約更新の合意をすることをいう。契約期間ごとに書面を交わすことは煩瑣ではあるものの、そのつど契約条件について当事者間で協議する機会となるため、当事者にとっては自分が望む契約内容に変更されるチャンスも出てくる。合意によって賃料額、契約期間その他の契約条項をそれまでの契約とは別の内容にすることができる。

(2)自動更新　自動更新は **Case** のような条項を賃貸借契約に設けておくことにより、明示の合意（合意更新）がなくとも、更新が自動的になされるものをいう。契約期間が経過するごとに契約締結手続を省くことができる点がメリットであるが、契約条項の見直しの機会がなくなる点ではデメリットである。また、後述のように法定更新よりも自動更新条項が優先的に適用されることになると、更新後の契約が期間の定めのある契約となり、更新前の契約と同一性が保てることになる。

(3)法定更新　期間の定めのある賃貸借契約の場合で、①当事者が期間満了の1年前から6か月前までに相手方に対して更新しない旨の通知または条件を変更しなければ更新しない旨の通知をしないとき（借地借家26①）、②この通知をした場合でも、期間満了後に賃借人が建物の使用を継続するときには賃貸人が遅滞なく異議を述べないとき（同②）、賃貸借契約は更新される。更新後の賃貸借契約は、期間の定めのない契約となる（借地借家26①ただし書）。これを法定更新という。

　法定更新後の契約は、期間の定めのない契約となるから、当事者はいつでも解約申入れをすることによって契約を終了させることができるが（民617①）、解約の申入れから6か月の告知期間を要する（借地借家27①）し、賃貸人からの解約申入れには正当事由が必要である（同28）。賃借人からの解約申入れには正当事由は不要であり、解約申入れから3か月を経過すると賃貸借契約は終了する（民617①）。

　なお、期間の定めのない賃貸借契約の場合、当事者の合意で賃借人

からの解約申入れ期間を3か月よりも長くすることは可能であり、そのような契約も少なくない。

(4)自動更新と法定更新の関係　当事者間の賃貸借契約に自動更新条項が付されている場合に、6か月前の更新拒絶をしなかった場合、借地借家法26条1項の規定により法定更新となるのか、それとも当事者間の特約として自動更新となるのか。

　借地借家法は賃借人保護のための強行法規であるから、賃借人に不利な特約は無効となる。それでは、自動更新条項が賃借人に不利な条項であるのか。法定更新がなされると当該賃貸借契約は期間の定めのない契約となるから、（正当事由が必要ではあるものの）賃貸人はいつでも解約申入れができる。それに対して、自動更新がなされると期間の定めのある契約となるから、賃借人は契約期間中に賃貸人からの解約申入れを受けることはないことになる。また期間が経過しても賃貸人が更新拒絶をするためには正当事由が必要であるから、期間の定めのある契約になったからといって賃借人にとって契約の終了のリスクが増したことにはならない。このように考えると、自動更新は法定更新に比べて賃借人に不利なものとはならないことになる。そのため、自動更新条項が付されている場合には、この条項が借地借家法26条1項に優先して適用されることになる。

(5)更新料　当事者間の特約で契約更新がなされたときに賃借人が賃貸人に対して更新料として一定の金銭を支払う旨が付されることがある。賃料の補充や前払い、契約継続の対価などの趣旨を含む複合的な性質を有するとされ、1か月ないし2か月程度の賃料額とされることが多い。更新料の有効性については消費者契約法10条に反し無効ではないかと争われたこともあったが、同法に反するものではないとされている（最判平成23・7・15民集65巻5号2269頁）。

　更新料は、合意更新がなされたとき、あるいは自動更新がなされたときに支払う旨が契約書に記載されていることが多く、この場合は賃借人に更新料の支払義務が発生する。問題は、法定更新の場合に更新

料の支払義務が生じるかである。

　この点、多くの下級審裁判例があり、たとえば東京地判平成29・11・28（金判1551号49頁）は、「原被告間の合意により契約期間満了後も賃貸借契約を更新することができ、その場合の更新料支払の定めをおく賃貸借契約の約定からは、合意による更新の場合にのみ更新料支払義務が発生し、法定更新の場合に更新料の支払いは不要である」と判示している。

　このように、この事案では更新料の支払義務を否定したが、法定更新すべての場合に更新料の支払義務を否定したものではない。更新料の規定に仕方によっては、法定更新の場合であっても支払義務を認める余地があると解されている。ちなみに、前記裁判例の事案では、更新料について「期間満了後は、原告及び被告の合意により本契約を更新することができ、この場合、更新料は更新後の賃料の1か月分とする」と規定されていた。合意による更新に限らず、広く更新がなされたときに更新料の支払義務があることを明示的に規定していれば、法定更新であっても更新料の支払義務が認められた可能性がある。

（6）更新と保証契約　契約更新前になされた保証の効力は、更新後の契約にも及ぶか。

　この点判例は、合意更新後の保証人の責任について、特段の事情のない限り、保証人が更新後の賃貸借から生ずる賃借人の債務についても保証の責めを負う趣旨で合意がされたものと解すべきであるとした（最判平成9・11・13集民186号105頁）。

　更新前と更新後の賃貸借契約は同一性があること、期間の定めのある契約では更新が原則となっていることから、通常、保証人としても更新後の契約にも保証の範囲が及ぶと予期していることが前提となっている。前記判例は合意更新の事例であったが、法定更新の場合もその趣旨は及ぶものである。

（7）平成29年改正法と更新後の保証契約　民法の平成29年改正により、根保証についての規律は賃貸借契約の保証人の場合も対象とな

ったため、同改正法が施行される令和2（2020）年4月1日以降の保証契約には極度額の定めや保証人に対する情報提供等が必要となる。更新前の賃貸借契約が改正法施行前に締結され、更新が改正法施行後になされた場合、更新後の保証契約は改正法に従うのか（極度額の定めや情報提供が必要となるのか）が問題となる。

　保証契約は、賃貸借契約とは別の契約であり、当初の賃貸借契約を締結した際に締結された保証契約の効力は、更新後の賃貸借契約に基づき生じた主債務にも及ぶとするのが判例である（前掲最判平成9・11・13）。つまり、保証契約は、賃貸借契約が更新されても、新たに契約が締結されるものではなく、更新前に締結された保証契約がそのまま継続していると考えられる。したがって、平成29年改正法が施行される前に締結された保証契約が継続しているため、保証契約は改正法によらなくともよいことになる。

　もちろん、更新の際に新たに保証契約を締結し直した場合には、それが令和2（2020）年4月1日以降であれば平成29年改正法に従って、極度額の定めをし、民法で定める主債務者に関する情報提供等をしなければならないことになる。

▶ 参 考 判 例 ·······

①**最判平成9・11・13集民186号105頁**　期間の定めのある建物の賃貸借において、賃借人のために保証人が賃貸人と保証契約を締結した場合には、反対の趣旨をうかがわせるような特段の事情のない限り、保証人が更新後の賃貸借から生ずる賃借人の債務についても保証の責めを負う趣旨で合意がされたものとした。

【 *Answer* 】

　Xは更新拒絶通知の期限を徒過してしまったので、更新拒絶はできない。契約を終了させるためには、Yとの間で合意解約をするほかないことになる。Xとしては、立退料等を提示してYが合意解約に応じるための諸条件を整える必要があろう。Yに契約を終了させる意思がない場合契約は継続するが、XY間の賃貸借契約には自動更新条項があるので、この規定が適用され、XY間では3年間の賃貸借契約が更新されることになる。この場

合、契約に特別の規定がない限り、従前と同様の契約の内容となる。また、賃貸人は賃借人に対して約定の更新料を請求できる。

◀ コラム ▶ 更新拒絶があったが正当事由がない場合、法定更新となるのか

　期間の定めのある建物賃貸借契約において、賃貸人が賃借人に対して更新しない旨を通知したものの、正当事由がない場合、当該賃貸借契約は更新されることになります。賃貸借契約に自動更新条項があった場合、ここでいう更新が法定更新なのか、それとも合意更新なのかは、悩ましい問題です。

　この問題については、いろいろな考え方がありうると思われますが、自動更新条項をどのように解釈するのかという問題になると考えられます。自動更新条項中、単に「更新拒絶の通知」とされていることからすれば、正当事由を欠くとしても更新拒絶の通知自体は行っていることから自動更新条項は適用されないという考え方もありうるところです。

　これに対し、借地借家法 28 条が強行法規であることを考慮すると、当事者間の合理的意思としては、ここでいう「更新拒絶の通知」は、「借地借家法 28 条の正当事由がある更新拒絶の通知」を意味すると解釈されるとし、このような通知がない以上、自動更新条項に基づき自動更新されるという考え方もありえます。

　このように賃貸人による更新拒絶がなされたものの正当事由がなく契約が更新される場合、この更新が法定更新となるのか自動更新となるのかについては、賃貸借契約上自動更新条項の有無およびその定め方により具体的に判断されることになるので、自動更新条項を確認する際には意識しておいた方がよいでしょう。　　（小泉　始）

第 3 章

賃貸借契約の終了をめぐる法律問題

17…更新拒絶

Case

　Xは、40年前に父が建てた木造2階建てのアパートを最近相続したが、建物が老朽化し、耐震基準もみたしていないので、更地にして売却をしてはどうかと知り合いの不動産業者から提案された。Xは相続税の支払いのための資金と、自身の事業の資金作りのために、建物を取り壊して、第三者に売却することとした。賃貸アパートは、2家族向けのメゾネットとなっていて、1つは中学生の子どもを含むY1の家族が、1つは80代の高齢者のY2の夫婦が長い間居住している。いずれも来年4月と5月にそれぞれ賃貸借期間が満了するので、Xは更新拒絶をして明渡しを求めたいと考えている。

• • •

ノボル：家主のXさんから更新拒絶をすることについて問題がないか相談を受けました。基本的には立退料の問題になるだろうと回答しました。

兄　弁：Xはアパートを自ら使用する必要があるわけではないんだよね？

ノボル：Xさんは自分で住むとか、仕事で使うということではないようでしたが、相続税の納税資金を作るために売りたいということでした。親がやっていたアパートの管理もやりたくないということでした。

兄　弁：賃借人の側の事情はどうなっているの？

ノボル：地元の学校に通う子がいる3人家族と、もう1つの家族は年金暮らしの老夫婦だそうです。引越しするのは大変かもしれませんが、引越し費用や新しい移転先を借りるための費用はXさんの方で負担してもよいということでした。

兄　弁：80代の老夫婦ということだと病気で動けないといった事情はないのか

な。かかりつけの病院が近くにあるとか。もう1つの家族も子どもが地元の学校に通っているとなると転校とかしないといけなくなるのかな。簡単に立退料を支払えば済むことではないんじゃないの？ 建物が老朽化しているということだったけど、建築後40年だとすぐに倒壊のおそれがあるということはないんだろ？

ノボル：確かにXさんのお父さんは、よく修繕などしていたようなのですぐに倒れる心配はないようですが、確か耐震基準は1981年に変わったので、耐震基準はみたしていないようなんです。

兄　弁：耐震基準をみたしていないからといって建替えの必要性が直ちに認められるわけではないよね。いずれにしても、立退料を十分支払えば更新拒絶が認められると思ったらそれは間違いだよ。当事者の細かい事情をきちんと拾って、仮に裁判になったときにどうなるのかをよく検討した方がいいね。

ノボル：わかりました。もう少し事実調査をしてみます。

Check List

【賃貸人側の使用の必要性】

□賃貸人側（賃貸人の親族や知人等の第三者を含む）が賃貸建物を自ら使用する必要性があるか〔→3(1)・(5)〕

□賃貸人側の使用は居住目的か営業目的か〔→3(2)・(3)〕

□賃貸建物の取壊し・建替えが必要か〔→3(3)、5〕

□賃貸建物の敷地の有効利用を目的とするものか〔→3(3)、5〕

□賃貸建物の売却を目的とするものか〔→3(4)〕

【賃借人側の使用の必要性】

□賃借人が賃貸建物を使用する必要性が高いか〔→3(1)〕

□賃借人の使用の必要性は居住目的か営業目的か〔→3(2)・(3)〕

□賃借人が移転することに支障が生じる事情があるか〔→3(2)・(3)〕

□転借人・同居人の事情はどうか〔→ 3(5)〕

【従前の経過】

□賃貸借契約の期間を定めた特別の事情があったか〔→ 4(1)〕

□契約締結時にあった基礎的な事情に変更があったか〔→ 4(1)〕

□賃料は近隣相場に比べて低廉か〔→ 4(2)〕

□契約期間中に賃料の増減はあったか〔→ 4(2)〕

□契約期間中の信頼関係破壊行為はあったか〔→ 4(3)〕

□賃貸借期間はどのくらいか〔→ 4(4)〕

□両当事者の明渡し交渉の言動はどのようなものか〔→ 4(5)〕

□権利金や更新料の授受はこれまでいくらあったか〔→ 4(6)〕

□再開発計画に具体性はあるか〔→ 4(7)〕

【建物の現況・利用状況】

□建物は老朽化しているか〔→ 5(1)〕

□建物の安全面で最新の法規に抵触していないか〔→ 5(4)〕

□建物の利用状況はどのようなものか〔→ 5〕

【立退料】

□立退料の提示があるか〔→ 6〕

□立退料の額は相当か〔→ 6〕

〔 解 説 〕

1 賃貸借契約の終了と正当事由

①建物賃貸借契約に期間の定めがないとき、②1年未満の期間の定めがある場合であって借地借家法29条1項により期間の定めがないとみなされるとき、または③期間の定めがある契約であっても法定更新により期間の定めがなくなるとき（借地借家26①ただし書）は、賃貸人が契約を終了させるためには、解約の申入れ（民617、借地借家27）をするだけでは足りず、正当事由が必要である。同様に、期間の

定めがある建物賃貸借契約でも、賃貸人が期間満了により契約を終了させるには、期間満了の1年前から6か月前までの間に更新拒絶通知をし、期間満了後の使用継続に対して遅滞なく異議を述べるだけでは足りず、正当事由が必要である。

借地借家法は、この正当事由について、「建物の賃貸人及び賃借人（転借人を含む。）が建物の使用を必要とする事情のほか、建物の賃貸借に関する従前の経過、建物の利用状況及び建物の現況並びに建物の賃貸人が建物の明渡しの条件として又は建物の明渡しと引換えに建物の賃借人に対して財産上の給付をする旨の申出をした場合におけるその申出を考慮して、正当の事由があると認められる場合」と規定している（借地借家28）。

そこで、賃貸人が賃貸借契約を解約または更新拒絶により終了させる場合に、同条に列挙された正当事由を基礎づける各事情の内容およびその関係が重要になる。

2 正当事由を基礎づける各事情の位置づけ

正当事由は、様々な事情（ファクター）によって判断される。これまでの裁判例で積み重ねられてきたこの様々なファクターを立法化したのが借地借家法28条である。しかし、同条に列挙された正当事由を基礎づける各事情は同列のものではない。正当事由の判断の基本的枠組みは、まずは契約当事者（転借人を含む）の建物使用の必要性を比較衡量することである。それ以外の事由は補完的考慮要素にすぎない。賃貸人が建物を使用する必要性がないのに、多額の立退料を提供しさえすれば正当事由が認められるというものではない。

もっとも、当事者の建物使用の必要性とそれ以外の事情の関係はそれぞれ異なる。たとえば、賃貸人の使用の必要性が低くても建物の倒壊のおそれが極めて大きいときは正当事由が肯定されやすい。したがって、これまでの裁判例を分析して裁判所がどの事情をどのように位置づけているのか、その判断基準を探し出すことが重要である。反対

に言えば、当該事案において適切な事情（正当事由を根拠づける、あるいは反対に正当事由の障害となる、それぞれの事由）をいかに多く拾い上げるかが裁判を有利に進めるためのキーとなるのである。

　裁判例は多数あるため、ここですべてを取り上げることはできない。この点、本田純一『借家法と正当事由の判例総合解説』（信山社・2010年）、澤野順彦『借地借家の正当事由と立退料判定事例集〔改訂版〕』（新日本法規・2009年）、伊藤秀城『実務裁判例　借地借家契約における正当事由・立退料』（日本加除出版・2017年）などが多数の裁判例をまとめて紹介しているので参照されたい。

3　建物の使用を必要とする事情

　建物使用の必要性については、賃貸人と賃借人それぞれについて具体的な事情（どれだけ切実な事情があるのか）を拾い上げることが重要である。

(1)賃貸人側と賃借人側の使用の必要性の比較衡量　建物使用の必要性は、賃貸人と賃借人のそれぞれの必要性を比較し、前者の必要性が後者をかなり上回る場合には正当事由が認められることになり、両者が同程度であれば、従前の経過や立退料の額等によって正当事由の存否の判断が影響されることになる（福岡地判昭和47・4・21判時680号66頁）。後者が上回る場合は、正当事由が認められないか（東京高判昭和50・8・5判タ333号197頁）、あるいはその他のファクター（特に相当高額な立退料）が賃貸人に有利に働かないと正当事由が認められないことになる。

(2)「使用」は居住目的か営業目的か　「使用」については、居住目的と営業目的とがある。居住目的と営業目的とを比較した場合、居住が人間としての生活の基盤になることからこれを重視する例もある。しかし他方で、現代の住宅事情を考えると、代替建物は比較的容易に見つかることから居住についての切実な事情が認められるのは、たとえば高齢や病気で当該建物での居住が必要、あるいは当該建物での居住

期間が長くその建物に愛着があるというような場合に限られるとの指摘もある。

(3)営業目的の使用の態様　営業目的は新規開業か、営業継続か、営業拡大かなどその態様も異なるし、個人営業で生活の維持のための営業なのか、多額の資本投下をすでにしている営業なのかなど様々な場合があるので、個別の事情を拾い上げて切実性を基礎づける必要がある。一般に営業の場合は、場所的利益、顧客との関係性等から移転を伴うことによる損失が大きくなる傾向がある。なお、賃貸人側の営業の必要性は、建物の建替えを伴う場合が多いので、後述の「建物の現況」の要素と重なることがある。

(4)賃貸人による売却のための明渡請求　賃貸人が賃貸中に建物を有利に売却するために明渡しを求める場合には基本的に正当事由は認められない（東京高判昭和26・1・29高民集4巻3号39頁）が、売却することが生計のための唯一の手段の場合（納税や経済的困窮を理由とする場合）は正当事由が認められることがある（最判昭和38・3・1民集17巻2号290頁、東京高判平成12・12・14判タ1084号309頁）。この場合、経済的困窮に至った事由も考慮される。

(5)第三者による使用　使用は原則として自己使用を前提とするが、賃貸人が第三者に使用させる場合（たとえば、息子が結婚するにあたり同人に使用させる、または老親と同居するために使用する）も賃貸人の使用の必要性として否定はされない。この場合、賃借人の自己使用の必要性やその他の事情の相関関係により判断されることになる。

　転借人については、適法な転貸の場合は、転借人の事情を考慮して正当事由が判断されるが、無断転貸の場合は特段の事情がない限り転借人の事情は正当事由に考慮されない（東京高判昭和58・7・26判タ512号132頁）。

4　建物の賃貸借に関する従前の経過

(1)契約締結の際の事情　たとえば、外国への転勤期間中一時的に

（定期借家ではなく）建物を貸すといった事情があり、その点を賃借人も承知していたような場合は、そのような事情は正当事由を認定するための有力な要素となる（東京地判昭和60・2・8判時1186号81頁）。ただ、たとえば転勤の期間が延長して更新が繰り返されていたような場合には正当事由を認定するための要素にはならなくなる傾向がある。

(2)低額な賃料　賃料額が低いことは正当事由を認定するための要素となる（大阪地判昭和59・7・20判タ537号169頁）。

(3)契約期間中の当事者間の信頼関係を破壊する行為　賃借人の賃料不払い、用法違反行為、無断転貸等の債務不履行が信頼関係を破壊するまでに至っておらず解除権が発生しない場合でも正当事由を認定するための要素となる（東京地判昭和54・10・29判タ403号130頁）。反対に、賃貸人による営業妨害等の嫌がらせ行為などは正当事由を認めないための要素となる（東京地判昭和51・9・27判タ365号287頁）。

(4)賃貸期間の長さ　賃貸借期間が長いことは賃借人にとって有利な事情として正当事由を認めない要素となる（東京地判平成3・5・13判時1396号82頁）。

(5)明渡し交渉時の当事者の言動　賃貸人の明渡し交渉時の強圧的な態度は賃貸人に不利な要素となる（東京地判平成3・5・13判時1396号82頁）。反対に、賃貸人が従前の更新の際の協議で譲歩をした事実（東京地判平成8・5・20判時1593号82頁）や賃借人が「立退料次第である」と言った事実を賃貸人に有利な要素とした例がある（東京地判平成9・9・29判タ984号269号）。

(6)権利金や更新料の授受　権利金や更新料の授受が「従前の経過」として挙げられることがあるが、判例上は正当事由の判断要素にあまり取り上げられない。

(7)地上げ目的の明渡請求　再開発計画に具体性がないなど明渡請求が地上げ目的と思われる事実は正当事由を認めない要素となる（東京地判昭和54・12・14判時967号88頁）。賃借人がいることを認識しながら購入した新賃貸人からの明渡請求は正当事由が認められにくい。

5 建物の利用状況および建物の現況

　建物の現況とは、建物を建て替える必要がある状況にあることをいう。老朽化だけではなく、社会的・経済的効用を喪失している場合も含む。

(1)建物がすでに朽廃していて倒壊の危険がある場合　賃貸人の使用の必要性がなくとも直ちに正当性が認められるとした判例がある（参考判例①、最判昭和35・4・26民集14巻6号1091頁）。

(2)建物が老朽化してはいるがまだ使用できる場合　賃貸人が旅館の改築の必要性から更新拒絶をしたところ、賃借人が修理で足りると争った事案について、旅館として使用される建物については、客を誘引するのに適した一定の水準が必要であること等を理由に正当事由を認めた（長野地飯田支判昭和33・9・4下民集9巻9号1755頁）。

(3)建物の朽廃はそれほどではないが、建物の高度再利用を目的とする場合　賃貸する店舗建物の敷地の一画にビルを建てるため賃貸人が解約申入れをした事案について、賃借人に移転による損害が生じても、相当の立退料を提供することにより正当事由を認めた（大阪高判昭和41・5・31下民集17巻5・6号452頁）。

(4)建物の構造的部分の老朽化はそれほどではないが、安全面での法規に抵触している場合　建物全体の構造部分が老朽化し、修繕が困難あるいは修繕に莫大な費用がかかるといった事情はないが、建築後、建築基準法等の法規が改正され、避難階段、避難口、地震発生時の保安装置等の設置が必要であること、それまで交渉において賃借人の譲歩の態度がみられなかったこと等を理由に、金銭的補償があれば解約申入れの正当事由が補完されるとした（東京地判平成8・3・15判時1583号78頁）。

　(2)から**(4)**の場合は、賃借人側の使用の必要性や立退料提供その他の事情によって正当事由の有無が判断される。

6　財産上の給付（立退料）

　正当事由の有無は、当事者の使用の必要性の比較を基軸として、それ以外の補完的要素を加味して判断されるが、その際、立退料の有無およびその額が果たす役割は大きい（参考判例②）。概括的に言えば、賃貸人の使用の必要性が低い場合は立退料の提供があっても正当事由は否定される傾向にあるが、両当事者の使用の必要性が同等程度の場合には、相当の立退料が正当事由の判断において大きな役割を果たしている。当事者の交渉の過程において、賃貸人の側から立退料の提示があったということは、正当事由の判断の重要な要素となる。

　立退料の算定方法は、賃借人の使用目的が居住用の場合と営業用の場合とで異なる。この点については、本章 **18** と **19** を参照されたい。

▶ **参考判例** ………………………………………………………………

①**最判昭和 29・7・9 民集 8 巻 7 号 1338 頁**　「正当の事由」とは、賃貸借当事者双方の利害関係その他諸般の事情を考慮し、社会通念に照らし妥当と認めるべき理由をいうのであって、賃貸人が自ら使用することを必要とするとの一事をもって直ちに「正当の事由」に該当するものと解することはできないとした。

②**最判昭和 38・3・1 民集 17 巻 2 号 290 頁**　原判決が、その認定した当時者双方の事情に、移転料の支払いという補強条件を加えることにより、解約の申入れが正当の事由を具備したと判断したことは相当であるとして、賃貸人による立退料の提供により「正当の事由」を具備するとした。

【 *Answer* 】

　賃貸人側には建物の使用の必要性はなく、納税資金等の調達のために売却するということなので、資金調達のために売却する必要性がどの程度あるのか、反対に賃借人は居住目的であるので代替住宅への移転にどのような具体的な障害があるのかという点がまず検討されるべきである。そのうえで、建物の老朽化の程度、賃料額、賃貸借期間の長さ等と立退料の額を考慮して、正当事由が認められるかを判断することになる。

18…立退料（居住目的で使用していた場合）

Case

　Xは、東京都○○区○○に木造アパートを所有している。このアパートは、昭和42年建築ですでに老朽化しており、Xとしてはアパートを取り壊して、跡地にマンションを建築することを計画している。Xは、居住者に対して順次立退きを求めており、現在アパートに居住しているのはYのみとなっている。Yはこのアパートに30年ほど住んでいるが、Xは、Yとの賃貸借契約が期間満了を迎えるにあたり、Yに対し更新拒絶の通知を出した。これに対し、Yは、72歳と高齢で、健康状態にも不安があること、現在の収入では新たな転居先を見つけることはできないことから、退去はできないと回答した。

　Xは、ある程度の立退料を支払ってでもYに退去してもらいたいと考えている。

● ● ●

ノボル：Xさんから、建物明渡しの相談が来ました。ポイントは、立退料の額になりそうです。

兄　弁：立退料に飛びつく前に、XがYに対して明渡しを求める場合、借地借家法上の要件はどうなっているのかな。

ノボル：Xさん側に、明渡しを求める正当事由が必要です。

兄　弁：本件で、Xの通知に正当事由は認められるかな？

ノボル：Yが建物を使用する事情もいろいろあるでしょうから、単に建物の老朽化というだけでは、正当事由を認めるのは難しいんじゃないでしょうか。

兄　弁：老朽化の程度もしっかり確認しないといけないよ。老朽化が著しい場合は、立退料の提供がなくとも正当事由を認める場合があるからね。それ

と、ノボル君の言う通り、Y側の事情も確認しないといけない。正当事由の有無にあたっては、賃貸人、賃借人双方の建物使用の必要性が考慮されるからね。

ノボル：簡単にはいかないんですね・・・。

兄　弁：ところで、正当事由が認められるためには、どのような要素が考慮されるのかな。

ノボル：はい！ 建替えの必要性のほかは、立退料をいくら支払うかです！ だって、最後は何事もお金ですから。

兄　弁：立退料というのは、あくまで正当事由を補完する事由であって、立退料のみで正当事由が認められるものではないんだよ。じゃあ、本件で仮に補完要素としての立退料が必要になるとして、その額はどう決めるの？

ノボル：借家権価格だと思います。

兄　弁：実際はそんな単純なものではないんだけどね。立退料の内容としては、移転実費の補償、居住権の補償、借家権価格の補償などがあるんだけど、借家権価格という考えを明確に否定した裁判例だってあるよ。

ノボル：知りませんでした・・・。そうすると、借家権価格という考えは意味がないんでしょうか。せっかく勉強したのに・・・。

兄　弁：裁判例では、借家権価格を立退料算定の一要素として使用しているものもあるし、任意交渉の段階では、路線価図に基づいて借家権価格を計算して、様々な事情をもとにその借地権価格を増減するという形で交渉をするのも1つの方法だと思うよ。

ノボル：単純計算というわけにはいかないんですね。

Check List

（※正当事由一般については本章17参照）

□引越しにかかる費用（梱包、運送、保険、分解取付調整、住所変更届、移転通知費用等）はどれくらいか ［→ 2(3)❷］

□移転先取得にかかる費用（敷金、権利金保証金、不動産業者

への仲介料等）はどれくらいか〔→ **2（3）❷**〕

□現在の賃料と移転先の賃料の差額はどれくらいか〔→ **2（3）❷**〕

□現在使用中の建物、およびその敷地の価額はどれくらいか
〔→ **2（3）❷**〕

□当該建物の借地権割合、借家権割合はどれくらいか〔→ **2
（3）❷**〕

［ 解 説 ］

1 立退料の意義

(1)立退料に関する法律上の定め　借地借家法 28 条は、以下の要素を考慮して、正当事由が認められる場合でなければ、更新拒絶の通知をすることができないとしている。

①建物の賃貸人および賃借人が建物の使用を必要とする事情

②建物の賃貸借に関する従前の経過

③建物の利用状況

④建物の現況

⑤建物の賃貸人が建物の明渡しの条件としてまたは建物の明渡しと引換えに建物の賃借人に対して財産上の給付をする旨申し出た場合におけるその申出

　上記のうち①が基本的要因であり、正当事由の有無を判断する重要な判断基準である。②〜⑤は補充的要因である。そして、上記の⑤「財産上の給付」を一般に立退料と呼んでいる。

(2)立退料と正当事由の関係　立退料の提供は、正当事由を補完する要素にすぎないと解されており、立退料の提供のみで正当事由が認められるものではなく、また、立退料の提供がなくとも正当事由が認められることもある。

正当事由の有無を判断する基本的な要因である「建物の使用を必要とする事情」は、賃貸人・賃借人双方の生活の本拠として使用するという居住の必要性に始まり、営業の必要性や家族の事情に至るまで多種多様なものが考慮される。

　したがって、まずは正当事由の有無の判断として重要な要素となる「建物使用の必要性」という基本的要因の有無、そして、正当事由を補完する要因（建物の賃貸借に関する従前の経過、建物の利用状況、建物の現況、立退料の提示）の有無を詳細に調査すべきである。これらの事情が、立退料の算定要素と重なっていることも多い。

　なお、正当事由一般については本章 17 を参照。補完的要因の 1 つである立退料がどのように算定されるのかについては、次の 2 で解説する。

2　立退料の算定方法

(1)立退料算定のための定型的な計算式は存在しない　立退料は、各事案ごとの個別事情を考慮して、裁判所がその金額を算定することになる。その立退料算定にあたって、勘案すべき具体的な事情は、次の通りである。

(2)立退料算定にあたって勘案すべき具体的事情　立退料の算定にあたって勘案すべき具体的事情としては、以下の例が考えられる（大野喜久之輔＝仲肥照暁＝嶋田幸弘『転換期にある借地権・借家権の評価と補償』（住宅新報社・2011 年）245 頁等参照）。

　これらの事情は、建物使用の必要性の判断要素と重なる部分も多いので、慎重に依頼者から事情を聴取すべきである。

　❶賃貸人側の事情：　賃貸人側の事情としては、賃貸人の年齢や健康状態等のほか、資産や経済状態等の金銭的な側面、物件の使用状況や交渉の経過など様々な事情が考慮される。賃貸人側の事情を具体的に示すと、以下のような事項が挙げられる。

・年齢、経歴、職業等

・資産、経済状態

・健康状態

・家族関係（構成、年齢、職業、収入、健康状態等）

・対象不動産に関する事情（土地建物の状態、建物経過年数、老朽
　化の程度、近隣状況、自己使用目的はどのようなものか等）

・賃貸借契約の内容（開始日、期間、賃料、権利金・礼金・更新料・
　保証金の償却額等の一時金の支払状況、更新状況、居住用・営業用
　の別、契約締結時の特殊事情、周辺賃料との差など）

・賃貸借中の使用状況等

・立退請求後の交渉経過（交渉態度、立退料の提示、移転先斡旋の
　有無、調停経過等）

❷賃借人側の事情：　賃借人側の事情も、賃貸人と同じく、様々な
事情が考慮される。賃借人側の事情を具体的に示すと、以下のような
ものが挙げられる。

・年齢、経歴、職業等
・資産、経済状態
・健康状態
・家族関係（構成、年齢、職業、収入、健康状態等）
・対象不動産に対する事情（土地建物の状態、建物経過年数、近隣
　状況、立地、通勤・通学に要する時間、愛着度等）

(3)立退料の内容　❶3つの判断要素：　立退料の金額は、最終的に
は事案ごとの特性に応じて裁判所が判断することになるが、立退料の
内容は、大別して、次の3つに分けることができる（大野＝仲肥＝嶋
田・前掲書247頁参照）。

①立退きによって賃借人が支払うべき、移転費用の補償
②立退きによって賃借人が事実上失う利益の補償（いわゆる居住

権、営業権）

③立退きにより消滅する利用権の補償（いわゆる借地権・借家権）

　上記の①〜③のうち、**(2)**で述べた具体的事情を勘案して、どこまでを立退料として補償すべきものとするのか、また、その金額をいくらとするのか、検討することになる。

　立退料の算定の具体的例を挙げると、たとえば、東京地判平成20・4・23（判タ1284号229頁）は、都心の一等地にある老朽化した居住用建物の明渡しの事案で、賃借人Y1〜5の5名それぞれについて、建物使用の必要性を個別に判断したうえで（Y1〜3については建物使用の必要性が大きく、Y4についてはその必要性が著しく小さく、Y5については必要性が高いとはいえない、とした）、Y1〜3については、補償方式（賃料の差額補償＋賃料3か月分の一時金補償＋移転実費）と割合方式（借家権価格）で算出された金額の平均値を、Y5については、一時金補償（賃料3か月分）と移転実費をもって立退料とした。Y4については、立退料がなくとも正当事由が認められるとした。

　このように、同じ建物でも賃借人の事情によって立退料の有無、金額が異なるのであるから、依頼者からの事情聴取は重要である。

　❷具体的な費目の内容：　❶の①②はいわゆる「通損補償」、③は「権利補償」と呼ばれるものであるが、これらの具体的な内容は以下の通りである。

　ア）賃借人が支払わなければならない移転費用の補償としての立退料：　賃借人の移転補償として考慮すべきものとしては、以下のような費用が挙げられる。

- 引越しにかかる費用（梱包、運送、保険、分解取付調整、住所変更届、移転通知費用等）
- 移転先取得のために支払いを要する費用（敷金、権利金、保証金、不動産業者への仲介料等）
- 従前賃料から移転先において増加した賃料差額（厳密には、従

前の賃料と移転先の賃料との差額に補償月額数を乗じた額から中間利息を控除した額）

　イ）賃借人が事実上失う利益補償としての立退料（居住権）：　賃貸人が失う利益の補償として考慮すべきものとして、居住権の補償（ただし、この権利は精神的な要素を含むため、一定の算定式により金額を出すことは一般的に困難である）が挙げられる。

　ウ）消滅する利用権の補償としての立退料（借地権・借家権）：これは、本来、なお存続すべき利用権が、何らかの事情により途中で消滅を強制された場合の補償で、いわゆる「借地権」「借家権」といわれるものである。借家権価格は、「更地価格×借地権割合×借家権割合」という計算式で計算することもある（割合方式と呼ばれる）。

　ただ、借地権は、賃貸人の承諾に代わる裁判所の許可の制度（借地借家 19）により、あたかも物権の売買のような市場性を有するのに対し、借家権には、裁判所による代諾許可の制度がないため、市場性が制限されているという相違点がある。

　借家権価格については、これを立退料の算定において考慮すべきでないという裁判例もある。店舗兼住宅の明渡しを求めた事案（賃料は月額 10 万 5000 円）で、東京高判平成 12・12・14（判タ 1084 号 309 頁）は、借家権価格によって立退料を算定することを否定し、当該事案における立退料としては、賃借人が支出した改修工事費の一部 240 万円、所得 2 年分に相当する 200 万円、移転実費 40 万円、差額賃料月額 5 万円としてその 2 年分 120 万円を合計した 600 万円と算定した。

3　居住用建物の場合の立退料の算定方法

　居住用建物について、いわゆるバブル期には、立退料の金額が著しく高騰し、中には、立退料を借家権価格の 2 倍以上とする裁判例もあった（東京地判平成 2・1・19 判時 1371 号 119 頁）。

　事業用建物の場合は、事業継続のために「立地」が重要になる場合が多いので、借家権価格による補償や営業補償の要請が強い。これに

対し、居住用建物では、借家権価格を算定の一要素とする裁判例も少なくないものの、現在の住宅事情を勘案すれば、当該建物に居住する必要性がある場合は限定的であることが多い。建物使用の必要性に関する事実関係を調査のうえ、賃貸人と賃借人双方の建物使用の必要性に優劣がつけられないような場合は、立退きによって賃借人が支払わなければならない移転費用の補償と立退きによって賃借人が事実上失う利益の補償（いわゆる居住権）を中心として、立退料を算定するのが妥当なように思われる。

【 *Answer* 】

Case では、Yは、高齢であること、健康に不安があることおよび経済的理由から転居を拒んでいる。Yが高齢で健康に不安があるとしても、本件アパートに居住しなければ健康を維持できないとは考えにくい。引越しにより体調が悪化するかもしれないという程度であれば、Yの建物使用の必要性が高いとはいえない。Case では、他の賃借人の退去が完了しているのであるから、Xの主張する建替え計画には、合理性・実現可能性があると思われる。そこで、正当事由を補完する立退料の金額としては、引越し費用、転居の際に必要となる費用（敷金、礼金、前家賃、不動産業者への仲介料等）、転居先の賃料が増額となる場合はその2年分程度の差額賃料が相当であろう。なお、Yの収入が低額で、かつ、本件アパートの家賃が他と比較して著しく低廉に抑えられていたような場合、すなわち、Yとしては本件アパートでなければ生活することが事実上不可能といえる場合には、借地権割合を参考にした立退料の加算が必要になる場合もありうる。以上のように立退料は具体的事情を勘案して個別に算定されるものであり、立退料の相場というものは存在しないのである。

19…立退料（事業目的で使用している場合）

Ｃａｓｅ

　Ａは、昭和50年、東京都○○区○○に事業用の甲ビルを建設してこれをＹに賃貸し、賃借人Ｙは甲ビルにおいて家具販売業を営んできた。甲ビルは、東京都心の一等地に建築されている。ＡとＹとの賃貸借契約は3年ごとに更新されてきたが、現時点での賃料は近隣の賃料に比べてかなり割安になっている。Ａは、平成16年に甲ビルをＸに売却したが、Ｘは、東京都心部において土地の再開発を手がけている大手の不動産業者であり、将来的に老朽化した甲ビルを建て替えて収益性の高い新しいビルを建設したいと思ってビルを購入したのであった。Ｘは、Ｙとの賃貸借契約期間満了にあたって、立退料を払ってでもＹに本件ビルから退去してもらいたいと考えている。

• • •

ノボル：建物の期間満了に基づく明渡請求ですよね。以前勉強したので（本章18）、ばっちりです！

兄　弁：それじゃあ、今回の事案では「正当事由」は認められるのかな。

ノボル：立退料次第です！

兄　弁：ほんと、ノボル君は立退料一本主義だな・・・。ほかの要件も検討してみようよ。たとえば今回、賃貸人としては、古い建物を建て替えて収益性の高いビルにしたいということだから、建物使用の必要性の程度は低いんじゃないかな？　賃借人の方の事情は？

ノボル：Ｙは昭和50年から甲ビルで営業をしていたということですから、お客さんもかなりついていると思います。自己使用の必要性は高いんじゃないでしょうか。

兄　弁：そうするとどうなる？

ノボル：賃借人の建物使用の必要性の方がずっと高いですから、立退料による補完はできず、正当事由は認められない、ということになりそうです。

兄　弁：そうかな？　居住用の建物と違って、事業用建物は結局のところ経済的利益をめぐる紛争だから、立退料による調整になじむ紛争といえるんじゃないかな。ところで、さっき「Xの建物使用の必要性は低いのではないか」と言ったけど、事情によっては、高度利用・開発も自己使用に準じる事由になることもあるし、立退料で正当事由が補完されるケースも多いんだよ。本件でも、高度利用の必要性、再開発計画、建替計画の必要性・具体性、実現可能性などに関する事実をきちんと確認する必要があるよ。

ノボル：でも最後はやっぱり立退料ですね！　立退料を算定する計算式とかってないんでしょうか。

兄　弁：ない！

Check List

（※正当事由一般については本章 17 参照）

□修繕によって建物を維持することはできるか。またその場合の費用はどれくらいかかるか［→ 1(2)］

□建替計画の必要性・具体性・現実性はどの程度あるか［→ 1(2)、2(2)❶］

□ほかのテナント（賃借人）の退去状況はどうなっているか［→ 2(2)❶］

□建物の現況により、その収益性が低下しているか［→ 2(2)❶］

□賃借人が店舗を移転した場合、それまでの顧客を継続して確保できるか［→ 2(2)❷］

□賃料額は、近隣の賃料相場と比較して低額か［→ 2(2)❶］

□賃貸人への嫌がらせや軽度の賃料滞納、用法違反等、当事者

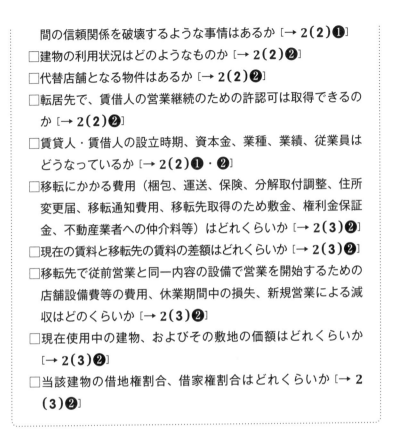

□間の信頼関係を破壊するような事情はあるか［→ 2(2)❶］

□建物の利用状況はどのようなものか［→ 2(2)❷］

□代替店舗となる物件はあるか［→ 2(2)❷］

□転居先で、賃借人の営業継続のための許認可は取得できるのか［→ 2(2)❷］

□賃貸人・賃借人の設立時期、資本金、業種、業績、従業員はどうなっているか［→ 2(2)❶・❷］

□移転にかかる費用（梱包、運送、保険、分解取付調整、住所変更届、移転通知費用、移転先取得のため敷金、権利金保証金、不動産業者への仲介料等）はどれくらいか［→ 2(3)❷］

□現在の賃料と移転先の賃料の差額はどれくらいか［→ 2(3)❷］

□移転先で従前営業と同一内容の設備で営業を開始するための店舗設備費等の費用、休業期間中の損失、新規営業による減収はどのくらいか［→ 2(3)❷］

□現在使用中の建物、およびその敷地の価額はどれくらいか［→ 2(3)❷］

□当該建物の借地権割合、借家権割合はどれくらいか［→ 2(3)❷］

[解 説]

1 立退料の意義

(1)立退料に関する法律上の定め 借地借家法 28 条は、以下の要素を考慮して、正当事由が認められる場合でなければ、更新拒絶の通知をすることができないとしている。①建物の賃貸人および賃借人が建物の使用を必要とする事情のほか、②建物の賃貸借に関する従前の経過、③建物の利用状況、④建物の現況、⑤建物の賃貸人が建物の明渡しの条件としてまたは建物の明渡しと引換えに建物の賃借人に対して

財産上の給付をする旨申し出た場合におけるその申出、である。

（2）立退料と正当事由の関係　立退料の提供は、正当事由を補完する要素にすぎないと解されている。

　事業用建物での正当事由の判断は、主に、賃貸人・賃借人双方の営業のために用いる必要性、建物の老朽化、耐震性能等の安全性の欠如、建物および敷地の高度利用の必要性は、正当事由を肯定する重要な要素と考えられている。なお、老朽化等により安全性に問題があるという事案でも、耐震補強が可能な場合は正当事由の存在は消極的に、費用等により補強工事が困難な場合は正当事由の存在は積極的に解されることになる。また、建替え、高度利用、再開発の場合、計画の必要性・具体性・進捗状況なども重要な考慮要素となる。

　これ以外の補充的要因として、建物の賃貸借に関する従前の経過（好意貸借かどうか、特別の関係すなわち雇用関係、親族関係、友人関係、取引関係等に基づくものかどうか、基礎事情の変更の有無、賃料額の相当性、賃貸人への嫌がらせや軽度の賃料滞納、用法違反等、契約当初の権利金や更新料の授受、設定以来の賃貸借の期間等）、建物の利用状況、建物の現況などが正当事由の有無において考慮される。

（3）土地の高度利用と正当事由　期間満了を理由とする建物明渡しの場合、敷地の高度利用、すなわち、建物を建て替えて（場合によっては、周辺の土地所有者と共同で高層利用をする）、賃料収入を増額させたいという動機のもと、正当事由を主張するケースが少なくない。特に、周辺の再開発や街の発展等により、当該建物の収益力が相対的に低下したため、建替えを計画するというケースがみられる。

　本来、敷地の高度利用・再開発といった周辺事情は、借地法・借家法改正要綱試案（平成元年）から「土地の存する地域の状況その他一切の事情」という文言が削除された立法の経緯からみると、正当事由の判断要素として裁判所は考慮できないようにもみえる。

　しかし実際の訴訟では、再開発等の周辺事情や土地の高度利用は、「建物使用の必要性」という重要な正当事由の判断要素となっている。

ただ、それは経済合理性の観点からみた理由にすぎないことは間違いないため、立退料はかなり高額に算定される傾向にある。

そこで、正当事由の認定および相当額の立退料算定のために、賃貸建物の高度利用、建替えの必要性・具体性を示す資料、建替計画に関する資料をきちんと収集し、裁判所に提出すべきである。

2 立退料

(1)補充的要素としての立退料　立退料は、居住用建物の場合と同様、賃貸人・賃借人双方の建物使用の必要性を補完する要素である。ただ、居住用建物の場合と異なり、事業用の建物での明渡しの問題は、結局は経済的利益をめぐる紛争であるから、立退料による調整になじむ紛争といえる。

(2)立退料の算定方法　居住用建物と同様、事業用建物でも立退料算定のための定型的な計算式は存在しない。立退料は、各事案ごとの個別事情を考慮して、裁判所がその金額を算定することになる。

その立退料算定にあたって勘案すべき具体的な事情としては、以下のような事情が考えられる。

❶賃貸人側の事情：　賃貸人側の事情としては、本章 18-2**(2)**❶で挙げた事情のほか、賃貸人が法人の場合にはその設立時期、資本金、業種、業績、従業員等に関する事情、対象不動産の収益性の程度、高度利用の必要性、他のテナントの退去状況等が挙げられる。

❷賃借人側の事情：　賃借人側の事情としては、本章 18-2**(2)**❷で挙げた事情のほか、賃借人が法人の場合にはその設立時期、資本金、業種、業績、従業員等に関する事情、営業継続のために必要な許認可、顧客に対する影響等が挙げられる。

(3)立退料の内容　❶3つの内容：　立退料の金額は、最終的には事案ごとの特性に応じて裁判所が判断することになるが、立退料の内容は、大別して、①移転費用の補償、②営業権の補償、③借家権の補償、に分けられる。

上記の①〜③のうち、**（2）**で述べた具体的事情を勘案して、どこまでを立退料として補償すべきものとするのか、また、その金額をいくらとするのか、検討することになる。①〜③の具体的な内容は以下の通りである。

❷具体的内容：　ア）移転費用の補償：　移転費用の補償としては、移転にかかる費用（梱包、運送、保険、分解取付調整、住所変更届、移転通知費用等）、移転先取得のために支払いを要する費用（敷金、権利金、保証金、不動産業者への仲介料等）、従前賃料から移転先において増加した賃料差額（おおむね2年分くらいを賃料差額補償として加えるケースが多い）等がある。

　イ）営業権の補償：　営業権の補償には、移転先で従前営業と同一内容の設備で営業開始するための費用、休業期間中の損失、新規営業による減収分の補償等がある。

　ウ）借家権の補償：　借家権の鑑定評価の方式には、主に、以下の4つの手法がある。

- 賃料差額法：　（新規の実際支払賃料−現在の実際支払賃料）×一定期間＋賃料の前払い的性格を有する一時金の額等、という計算式で借家権価格を求める手法
- 割合方式：　（土地価格×借地権割合×借家権割合）＋（建物価格×借家権割合）という計算式で借家権価格を求める手法
- 価格控除方式：（自用の建物およびその敷地の価格）−（貸家およびその敷地の価格）という計算式で借家権価格を求める手法
- 比準方式：　他の立退料の実例と比較して立退料を求める手法

3 事業用建物の場合の立退料の算定方法

　立退料算定について、決まった計算式はない。事業用建物の場合も、居住用建物と同様、立退料算定のための計算式があるわけではない。しかし、事業用建物の場合、移転先で事業を継続した場合に、当面の収支が明らかにマイナスになるというのでは、任意の明渡しは望めない。そこで、賃貸人としては、最低限、移転費用の補償と営業権の補償、特に、移転先での営業開始に必要な造作費用、休業期間がある場合の休業損失については、きちんと補償すべきである。その他、「立地」が重要な場合は、一部、借家権価格による補償も考慮する必要がある。賃借人側としては、移転補償と営業補償のほか、立地の重要性、賃貸人が示した資料で建物老朽化と建替計画の必要性・具体性・実現可能性が十分読み取れるかどうかを検討する必要がある。

　参考判例で、立退料による正当事由の補完を認めなかった例を含め、いくつか裁判例を紹介するので参照されたい。

▶ 参 考 判 例 ·······

①東京地判平成9・10・29判タ984号265頁［立退料による正当事由の補完を認めた例(1)]　本件の事案は、東京都中央区築地場外市場にある木造建物の1階のうち、3.12 m²の部分の賃貸借契約の更新拒絶について正当事由の存否が争われたというものである。賃借人は同所でおでん、珍味食品の販売をし、賃貸人はその他の部分で惣菜屋を経営していた。賃貸人は賃借人に対し、建物の老朽化、区から近隣の者とともに共同ビルを建築するよう指導を受けたこと、自己使用の必要性などを理由に更新を拒絶した。なお、建物は築70年以上経過、賃料は月額10万円であった。これに対して裁判所は、結論として、近隣地域の特質、本件店舗の規模・形状、利用状況、賃料・期間等の賃貸借契約の内容等を考慮して算出した借家権価格136万円、賃借人の過去3年分の営業実績に基づく営業補償額358万円、2年間分の家賃補償160万円の合計654万円の立退料を認定した。

②東京高判平成3・7・16判タ779号272頁［立退料による正当事由の補完を認めた例(2)]　本件の事案は、本件建物が外苑東通りに面する間口約5m、奥行き約12mの土地に建っており、賃貸人は本件建物で小規模な電気店を営んでおり、顧客は近隣の一般家庭や会社等であること、本件建物は明治37年頃建築されたもので老朽化が著しく遠からず朽廃に達することが必至であること、修繕も可能であるが、その修繕には新築費用を超える費用がかかる、というものである。賃借人の直近の申告

所得は、300万円前後〜500万円近くである。本件建物の周辺では、東京都による外苑東通りも拡幅計画がある。賃料は月額3万5800円（賃借人はこの金額を供託していた）である。結論として、本件では、賃貸人に本件建物および敷地を自己使用する必要性はないが、建物の状況に照らし、立退料による正当事由の補完を認めた。立退料は、借家権価格を基礎にしないとしたうえで、賃借人の年間収入の4年分程度にあたる1500万円とした。

③**東京地判平成19・6・26（平成18年（ワ）第16802号）[立退料による正当事由の補完を認めた例(3)]**　本件の事案は、賃貸建物は昭和38年6月に建築され、すでに建築後44年が経過し多少の老朽化がみられるが、継続使用に特段の問題はみられないという状況で、賃貸人が賃借人に対し、建物の老朽化による建替えを理由とする明渡しを求めたものである。賃借人は、本件建物を事務所と倉庫に使用し、賃料は月額合計63万4950円である。結論は、賃貸人の真の目的は、「本件建物を取り壊して、その敷地と隣地を合わせた広大な土地に、現況を大幅に上回る高層ビルを建築して、これを高度利用しようとするところにあるものと推認することができる」とする一方で、「高層ビルを建築してこれを高度理由することにより、より大きい収益を得んとする賃貸人の私的な必要に基づくものであるという事情も、正当事由の存否を判断するに当たって斟酌すべきであると考えられる」とした。そのうえで、立退料によって正当事由が補完されるとした。立退料は、借家権価格を1318万8712円と算定（差額賃料方式で1018万円、割合方式で1920万と算定し、それぞれを1対2の割合で斟酌した）したうえで、最終的に1300万円とした。

④**東京地判平成9・2・24判タ968号261頁[立退料による正当事由の補完を認めなかった例(1)]**　賃貸人が建物の老朽化による建替えを理由として、賃借人に対し更新拒絶を通告した事案で、本件建物を老朽化に至らせた事由が賃貸人の管理運営上の問題にあるときは、建替えという事由は更新拒絶の正当事由とは認められないとした。

⑤**東京地判平成4・9・25判タ825号258頁[立退料による正当事由の補完を認めなかった例(2)]**　賃貸人が、再開発計画に基づく高層建物の建築を目的とする建物賃貸借の解約申入れにつき、賃貸人に計画の実現能力がないとして、正当事由の存在を否定した。

[*Answer*]

　Caseと類似の事案（東京地判平成9・9・29判タ984号269頁）で、建物の老朽化が進んでいること、土地の更地価格が約6000万円であること、賃借人の建物での年間売上げは約3600万円であること、建物の賃料が現在月額33万5000円と低廉であること、原告（賃貸人）が正当事由を補完するための立退料として2900万円または裁判所が相当と認める金員の提供を申し出ていること、その他の事情を考慮して、正当事由を補完

する立退料の金額を 4200 万円とした。

　上記裁判例では、本件建物の立地、再開発事業の必要性・実現可能性、建物の老朽化の程度、建物の補修に高額な費用がかかること、立地が良好（建物が東京都心に所在し、幹線道路に面している）であるにもかかわらず賃料が低廉であること等の事情を総合的に考慮したうえで、結局は、双方の経済的利益をめぐる争いであって、立退料により正当事由が補完される事案であるとした。

　したがって、Case でも、建物の立地、高度利用の必要性、再開発事業の必要性・実現可能性、建物の老朽化の程度と補修費用等について依頼者から十分事情を聴取して確認する必要がある。賃料が近隣と比べて割安になってきていることも加味すると、基本的には、立退料の額によって調整可能な事案であると思われる。

20…立退料（裁判手続）

Case

　Y社は、昭和53年、木造2階建て店舗・居宅兼事務所をXから賃借し、1階を倉庫兼車庫、2階を事務所兼従業員居宅として使用してきた。この建物の月額賃料は20万円であったが、これは、XとY社の代表取締役は古い知り合いであったという経緯から周辺の賃料相場に比べて2分の1程度の格安の賃料にしたものである。この建物は、駅徒歩1分の都心の商業地にあるが、築50年以上経過しており、老朽化が進んでいた。

　本件建物の周辺は再開発が進み、高層ビルが増え、また、地価および賃料相場も上昇していた。本件建物および敷地についても再開発の話が来ていたので、Xは、Y社との賃貸借契約の期間満了にあたり、更新を拒絶した。

　XはY社に対し、立退料として1000万円を提示したが、Y社が立退きを拒否したので、やむなく訴訟を提起することにし、弁護士に依頼することにした。

● ● ●

ノボル：Xさんから訴訟提起の依頼を受けました。

兄　弁：正当事由の有無の見通しは立ってる？

ノボル：Xさんから、建物周辺の再開発の状況、Y社の事業内容等のほか、Y社とのこれまでの交渉経過を中心に話を聞こうかと思っています。

兄　弁：それも重要だね。とにかく、Xさん・Y社双方の建物使用の必要性と、再開発の状況、建物の建替計画の進捗状況など、聞くことは盛りだくさんだよ。そうそう、請求の趣旨に立退料の額を書く場合、多めに書いた方がいい？ それとも少なめに書いた方がいい？

ノボル：え!? 多めとか少なめとかあるんですか？ 多めか少なめかのどちらかで言えば、多めに書いておいた方がいいですよ。立退料を少なめに主張して、「その額じゃ少ないから正当事由は補完できません。請求棄却！」なんてことになれば、目も当てられませんから。

兄　弁：裁判所は、当事者が主張する立退料を増額したり減額したりすることはできないのかな。

ノボル：だって、弁論主義の原則から言っても裁判所が勝手に金額は決められないんじゃないですか。

兄　弁：その点については、もう少し判例を調べた方がいいんじゃない？

ノボル：わかりました。難しいんですね・・・。

兄　弁：それから形式的なことだけど、訴訟提起にあたって最低限必要な書類にはどんなものがあるか、ちゃんとわかってる？

ノボル：まず建物の登記事項証明書と固定資産評価証明書、そしてＹ社が法人なので商業登記事項証明書、が必要になります。

兄　弁：あと、我々の訴訟委任状も忘れずにね。

Check List

□以下の資料は揃っているか
　□土地建物の履歴全部事項証明書 [→ **1(1)**]
　□建物図面 [→ **1(1)**]
　□当事者が法人の場合、法人の履歴全部事項証明書 [→ **1(1)**]
　□建物および敷地部分の固定資産評価証明書 [→ **1(2)**]
　□更新拒絶通知の内容証明郵便と配達証明 [→ **1(3)**]
　□賃貸借契約書、契約書記載の賃貸条件を変更している場合はその変更を示す書類（念書、覚書など）[→ **1(3)**]
　□賃貸建物の高度利用・建替えの必要性・具体性を示す資料 [→ **1(4)**]
　□建替計画に関する資料 [→ **1(4)**]

□代替店舗を確保できる場合はその資料〔→ **1(4)**〕

□移転にかかる費用（引越し費用、移転先に支払う費用、差額賃料、休業補償、造作に関する補償等）につき、事前に賃借人との交渉により入手している資料があれば、その資料〔→ **1(4)**〕

□対象土地建物の現状（修繕の経過も含む）、近隣の状況、周辺の賃料相場を示す資料、当事者双方の経営状況に関する資料（財務諸表のほか、設立時期、資本金、業種、業績、従業員、支店の有無等を示す資料）〔→ **1(4)**〕

□不動産鑑定士等による鑑定意見書がある場合はその鑑定意見書〔→ **4(1)**〕

□明渡し交渉の経過はどのようなものであったか〔→ **3**〕

□明渡し交渉の過程で、立退料の算定根拠について、相手方から入手した書類はあるか〔→ **3**〕

〔 解 説 〕

1 受任当初に検討すべき事項

(1)建物明渡請求訴訟の基本事項　建物明渡請求訴訟を提起するにあたっては、土地建物の履歴全部事項証明書、建物図面、当事者が法人である場合は法人の履歴全部事項証明書を収集する必要がある。

　建物明渡請求訴訟の基本事項については、本章 **23** に詳しく書かれている。相手方・明渡しの対象（占有部分）の特定、送達についての問題、訴訟提起にあたっての基本的な添付資料等については、同所を参照されたい。

(2)訴訟物の価額　所有権に基づく建物明渡請求訴訟の訴訟物の価額は、目的物の価額（固定資産評価額記載の価額）の 2 分の 1 である。マンション、ビル等の場合には、建物の価格を床面積で除して 1 m² 当

たりの価格を求め、それに該当物件の専有面積を乗じて算出することとなる（本章23参照）。なお、未払賃料、賃料相当損害金は、建物明渡請求の附帯請求となり、訴額に算入しない。

(3) 基本的な書証　基本的な書証としては、賃貸借契約書、更新拒絶の通知が必要である。また、賃貸借契約書および契約書記載の賃貸条件を変更している場合はその変更を示す書類（念書、覚書など）も必要である。

(4) 正当事由を基礎づける事実および立退料算定に必要な資料の収集
期間満了の際の更新拒絶の通知には、正当事由が必要になる。依頼者とよく打ち合わせをして、事実調査と資料収集を行う。賃貸建物の高度利用・建替えの必要性・具体性を示す資料、建替計画に関する資料、代替店舗を確保できる場合はその資料、引越し、営業補償等移転に係る費用に関する資料（事前に賃借人との交渉により入手している資料があればその資料）、その他、対象土地建物の現状（修繕の経過も含む）、近隣の状況、周辺の賃料相場を示す資料、当事者双方の経営状況に関する資料（財務諸表のほか、法人の設立時期、資本金、業種、業績、従業員、支店の有無等を示す資料）等を可能な限り収集する。

2　請求の趣旨と原因の書き方

(1) 請求の趣旨　❶基本的な書き方：　請求の趣旨の基本的な記載方法は、以下の通りである。

> 1　被告は、原告に対し、別紙目録記載の建物を明け渡せ。
> 2　被告は、原告に対し、令和○年○月○日から前項の明渡し済みまで1か月○円の割合による金員を支払え。
> 3　訴訟費用は、被告の負担とする。

❷立退料の主張をする場合：　訴え提起の段階で立退料による正当事由の補完を主張する場合、請求の趣旨の記載は次のようになる。

1　被告は、原告から○円の支払いを受けるのと引き換えに、原
　　　告に対し、別紙物件目録記載の建物を明け渡せ。
　　2　訴訟費用は、被告の負担とする。

　なお、立退料の金額につき、ある程度裁判所の裁量的判断に任せる
という場合には、第1項は次のような書き方もある。

　　1　被告は、原告から○万円または裁判所が相当と認める金員の
　　　支払いを受けるのと引き換えに、原告に対し、別紙物件目録記
　　　載の建物を明け渡せ。

(2)請求の原因　請求の原因は、当然、期間の定めのある賃貸借契約
における建物明渡請求の要件に基づいて組み立てていく。

　上記建物明渡請求の要件は、①賃貸借契約の締結、②賃貸人が対象
建物を賃借人に引き渡したこと、③①で定めた存続期間の経過、④期
間満了前6か月から1年内に賃貸人が賃借人に更新拒絶の通知をし
たこと、⑤正当事由の存在であるから、これらの要件を示す事実関係
を請求の趣旨に記載することになる。

3　訴訟提起までの交渉経過の重要性

　期間満了による建物明渡しの事案では、立退料なく正当事由が認め
られる例外的な場合を除き、立退料の金額をいくらに設定するのかが
重要であり、その設定のための資料収集も同様に重要となる。

　期間満了による建物明渡しの場合は、「期間満了前6か月から1年
内に貸主が借主に更新拒絶の通知をしたこと」が要件とされているの
で、期間満了までの間に、最長1年、最短で6か月の交渉期間が存
在することになる。この間に可能な限りの交渉を行うことが重要であ
る。賃貸人・賃借人双方で、立退料の金額について交渉し、可能であ
れば、その金額の根拠となる資料を相手方から入手しておけば、将来
の訴訟追行の方針を決定するにあたって重要な判断資料にもなる。賃
貸人が賃借人に対し、代替物件を提供したかどうかも重要である。更

新拒絶の通知があった当初より代理人となった場合、賃貸人の代理人となろうが、賃借人の代理人となろうが、このあたりの交渉については労を惜しまないようにすべきである。

4　裁判手続における立退料の主張についての注意事項

(1)裁判所による裁量的認定　立退料は、裁判所の裁量によってその金額が決定される。原告（賃貸人）の申し出た額を超える立退料を認定できるかどうかについて、最判昭和 46 年 11 月 25 日（民集 25 巻 8 号 1343 頁）は、「被上告人〔＝賃貸人〕が上告人に対して立退料として 300 万円もしくはこれと格段の相違のない一定の範囲内で裁判所の決定する金員を支払う旨の意思を表明し、かつその支払と引き換えに本件係争店舗の明渡を求めている」場合に、「500 万円と引き換えに本件店舗の明渡請求を認容」することは許されるとした。このように、裁判所は、賃貸人の申出額を増額して正当事由を認定することも可能である。ただし、賃貸人の意思に反し、大きくかけ離れた金額の認定はできず、また、立退料を支払えば正当事由が認められるケースであっても、賃貸人に立退料の提供の意思が認められない場合には、正当事由が否定される。立退料について、このような非訟的裁判が許されるかどうかについて消極に解する見解もあるが、実務においては、原告も申出額と格段の相違のない限度であれば（この限界を判断することは難しいが）、裁判所の裁量的判断が許されるとしている。

　また、後述の通り、賃貸人が解約申入れ後に立退料を提供またはその増額を申し入れた場合において、裁判所は、その中途での申入額を考慮して、当初の解約申入れ時において正当事由を具備しているかどうかを判断することができる（最判平成 3・3・22 民集 45 巻 3 号 293 頁）。

　立退料の金額は裁量性が強い一方で、立退料支払いの意思と金額についての賃貸人サイドの意思も無視できない。また、訴訟係属中の立退料の増額も可能である。そこで、判決で立退料による正当事由の補完を適切に認定してもらうために、期日での裁判所の訴訟指揮を注意

深く観察して、裁判所が今どのような心証をもっているのか、敏感にアンテナを張っておくことが重要である。そのうえで、裁判所が知りたいと思っている事実関係、欲しいと思っている資料について検討し、的確に裁判所に示すべきである。このことは、訴訟終盤で裁判所から和解勧告を受ける場合に、より有利な立退料額を提示してもらうためにも有用である。

　なお、訴訟において、不動産鑑定士等による鑑定意見は重要な意味をもつ（裁判所が選任した専門家による鑑定が行われることもある）。ただ、当事者間の衡平の見地から、裁判所がその鑑定意見の内容を否定することも少なくない。

(2)立退料の提供時期　立退料の提供時期について、賃貸人が解約申入れ後に立退料の提供またはその増額を申し出た場合においても、その提供または増額された立退料を斟酌して、当初の解約申入れの正当事由の有無を判断することができる（前掲最判平成3・3・22）。また、借地の事案ではあるが、「正当の事由を補完する立退料等金員の提供ないしその増額の申出は、土地所有者が意図的にその申出の時期を遅らせるなど信義に反するような事情がない限り、事実審の口頭弁論終結時までにされたものについては、原則としてこれを考慮することができるものと解するのが相当である」と判示した判例がある（最判平成6・10・25民集48巻7号1303頁）。

　したがって、賃貸人の代理人である場合、事実審の口頭弁論終結まで（すなわち控訴審まで）、期日における裁判所の訴訟指揮を注意深く観察して、必要があれば、立退料増額の検討を行うべきである。特に控訴審での和解勧告は、話し合いによる解決のラストチャンスであるから、依頼者と立退料の金額について十分協議のうえ、期日に臨むべきである。

5　被告による防御活動

　原告の請求原因（要件）は、**2(2)**で述べた通りである。被告の防

御活動としては、原告の請求原因事実、特に正当事由の存否を争うことが中心となる。その中でも、建物の自己使用の必要性が正当事由の存否に影響し、その結果、立退料金額の判断のために重要となる。

▶ 参考判例 ··

①**東京地判平成９・11・７判タ981号278頁〔立退料による正当事由の補完を認めた例〕**　本件の事案は、賃借人が木造２階建て店舗・居宅兼事務所を賃借し、１階を倉庫兼車庫、２階を事務所兼従業員居宅として使用してきたところ、この賃貸借契約では、「都市計画などにより賃借物件が収去される場合は本契約は当然終了する」との条項があり、本件建物の敷地について、都の都市計画整備事業として道路拡幅のために買収されるという話が出たため、賃貸人が賃借人に対し、賃貸借契約の終了と建物の明渡しを求めた、というものであった。賃借人は、本件建物は私鉄駅から徒歩１分の好立地にあり、代替物件は容易に見つからないと主張した。賃貸人は、都に対し都市整備用地売却の諸手続を行っていた。賃料は月額25万円であった。本件では、立退料の要否につき、本件建物が好立地にあること、賃借人の営業上本件建物が重要であること、代替物件は容易には見つからないこと等の賃借人側の事情、本件賃貸借契約書中の契約終了に関する約定の存在、本件建物の敷地がすでに買収候補地に選定されていること等を考慮すると賃借人の事情は自己使用に準ずるものといえること、賃借人らの事情は金銭的な補償で解決できないものでもないこと等から、立退料により正当事由が補完される事案であるとされた。立退料は、借家権価格1662万円、営業補償386万円（いずれも鑑定人による鑑定結果である）の合計2048万円とした。

【 *Answer* 】

　Case では、賃貸人である X の建物使用の理由が、主に、「敷地の高度利用」にある点に特色がある。このような場合、現在の建物の収益が、周辺と比較して、また、X 自身の収入に照らして、相当性を欠いていることが「建物使用の必要性」の判断にとって重要になる。また、正当事由を補完する立退料の金額も、経済合理性という観点から高額化する可能性がある。

　X としては、これまでの賃貸借契約の経緯（Y 社が X の好意でどれだけ得をしていたか等）、建物の収益性の低さ、建物の老朽化の程度、建替事業の具体性・必要性、Y 社の営業が当該建物で行われなければ成立しないものではないこと等を詳細に主張すべきである。代替物件の紹介も可能な限り行っておくべきである。

　訴訟物の価額の算定、管轄（被告である賃借人の住所や、建物所在地を

基準とする）、送達はスムーズにできるかの確認、基本的な添付資料、書証の準備を行う。

　期間満了を理由とする建物明渡請求訴訟では、和解勧告がされ、裁判官と1対1で話す機会が訪れる。この機会を逃すことなく、その時点での立退料に関する裁判官の心証を余すことなく聞き出す努力をすべきである。

21…原状回復義務（居住用）

Case

　Xは店舗利用を目的として建物をYに賃貸していたところ、Yは更新の時期に更新しないことを事前に通知し、期間満了により賃貸借契約は終了した。契約期間終了後、Yは明渡しに際しXの管理会社Aに立ち会わせることなどをせず、鍵を管理会社に書留で郵送してきた。管理会社担当者が店舗に入ったところ、清掃はおおむねできており、ゴミなども捨てられていたが、店舗内に空のキャビネットだけが残置されていた。

• • •

ノボル：先輩、顧問先のA社から、店子が勝手に鍵を送りつけてきて、現況を見に行ったところ、キレイになってはいたのですが、キャビネットだけが残されていたようで、どうしたらよいのかという問い合わせがありました。A社としては早く明渡しを完了させて、次の賃貸借契約を締結したいようです。

姉　弁：ノボル君はどうアドバイスしようと思ってるの？

ノボル：残置物はオーナーであるXの所有物ではないので、自力救済はできませんから、何とかYに連絡をして引き取ってもらうか、所有権放棄の書面をもらうかしないといけない、と言うしかないかと思っています。

姉　弁：本当にそうなの？　契約書は確認したの？

ノボル：いや、まだしっかりとは見ていません。

姉　弁：ほかはキレイにしているのに、キャビネットだけ残すというのは何かしらの特約や事情があるのかもしれないわよ。形式的に回答するんじゃなくて、まずは契約書を確認しなくちゃ。

ノボル：特約といっても、こういう場合はどういうものが考えられますかね？

姉　弁：たとえば、Yが前の賃借人からそのまま賃借権を譲り受けているような場合が考えられるかしら。その場合に原状回復について別途特約を締結している可能性は考えられるよね。また、そういう場合じゃなくても、明渡し後に残置物がある場合に、Yが所有権を放棄したとみなしてこちら側で残置物を処分できる、というような条項がある場合もあるのよ。

ノボル：（契約書をざっと見て）・・・あっ、こちら側で残置物を処分できるとの条項がありましたよ！　これで迅速に対応できそうですね。

姉　弁：ちょっと待って。特約がすべて有効とは限らないから、慎重に判断しないといけないわよ。たとえ合意があっても違法な自力救済は認められていないから、合意の有効性も検討しなくちゃ。ただ、有効な特約だったら、相手に通知等せずとも迅速な対応ができることをアドバイスできる場合もあるね。

ノボル：わかりました、まずはもうちょっと契約書を精査してみます。

姉　弁：あと、その場合は明渡し未了に基づく違約金なんかについても確認した方がいいわよ。占有が賃借人にまだあると評価されるような場合には請求が可能となるから、交渉には有効に使えるはず。

ノボル：なるほど、わかりました。もう一度、A社に連絡をして進めていきます！

Check List

□通常損耗の範囲か、これを超える汚損・損傷があるか
　［→ **1(1)**］

□賃借人が自分の故意・過失で損傷させたことを認めているか
　［→ **1(3)**］

□賃借人の負担部分について経過年数を確認したか［→ **1(2)**］

□原状回復について通常損耗補修特約が契約書に記載されているか［→ **1(4)**］

□原状回復について賃借人に不利益な特約がないか［→ **1(4)**］

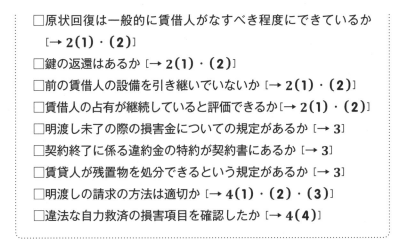

□原状回復は一般的に賃借人がなすべき程度にできているか
〔→ 2(1)・(2)〕
□鍵の返還はあるか〔→ 2(1)・(2)〕
□前の賃借人の設備を引き継いでいないか〔→ 2(1)・(2)〕
□賃借人の占有が継続していると評価できるか〔→ 2(1)・(2)〕
□明渡し未了の際の損害金についての規定があるか〔→ 3〕
□契約終了に係る違約金の特約が契約書にあるか〔→ 3〕
□賃貸人が残置物を処分できるという規定があるか〔→ 3〕
□明渡しの請求の方法は適切か〔→ 4(1)・(2)・(3)〕
□違法な自力救済の損害項目を確認したか〔→ 4(4)〕

〔 解 説 〕

1　原状回復における賃貸人・賃借人負担

(1)原状回復の3つの基本原則　判例法理の蓄積により、原状回復には3つの基本原則が存在する（渡辺晋『建物賃貸借』（大成出版社・2014年）533頁、本章 **22** 参照）。

> 原則1　通常損耗は賃貸人負担（賃借人負担ではない）
> 原則2　通常損耗を超える汚損、損傷は賃借人負担
> 原則3　賃借人負担となる修理、交換の範囲と負担割合には合理性が必要

(2)通常損耗　原状回復に関し、賃借人が通常の使用をした場合に生ずる賃借物件の劣化または価値の減少を意味する通常損耗を、賃貸人と賃借人のいずれが負担すべきかについて、判例は、「賃貸借契約は、賃借人による賃借物件の使用とその対価としての賃料の支払いを内容とするものであり、賃借物件の損耗の発生は、賃貸借という契約の本質上当然に予定されているものである。それゆえ、建物の賃貸借にお

いては、賃借人が社会通念上通常の使用をした場合に生ずる賃借物件の劣化または価値の減少を意味する通常損耗にかかる投下資本の減価の回収は、通常、減価償却や修繕費等の必要経費分を賃料の中に含ませてその支払いを受けることに行われている」と判示している（参考判例①）。このように、経年によって設備等が汚損、損傷することがあっても、通常の利用をしている状況での汚損、損傷部分は賃借人が負担すべきものではない。

　具体的にどこまでが通常損耗かという基準については、国土交通省が発表している「原状回復をめぐるトラブルとガイドライン（再改定版）」が参考になる（同ガイドライン17頁。ガイドラインの詳細は本章**22**参照）。

（3）通常損耗を超える場合の賃借人の負担割合　通常損耗を超える場合に賃借人が原状回復費用を負担するときであっても、その負担する範囲には合理性が必要である。当該修理費用全額を賃借人が負担するのではなく、経過年数や修理、交換によって賃貸人が受ける利益等を考慮して、経年劣化分は賃貸人負担、特別損耗分は賃借人負担として、適正な割合によって費用を按分しなければならない。

　負担割合の合理性の考え方については、国土交通省が発表している「賃貸住宅標準契約書（改訂版）」が参考になる。同契約書の別表第5（第14条関係）2項において、賃借人の負担単位および経過年数の考え方について項目ごとに記載されている。

（4）通常損耗補修特約　原状回復の3つの基本原則を原則としても、私的自治のもとでは通常損耗について賃借人負担とする特約を設けることも可能である。

　もっとも、通常損耗補修特約については、判例法理により考え方が確立している。通常損耗について賃借人負担とする合意が成立したといえるためには、賃借人が補修費用を負担することになる通常損耗の範囲が賃貸借契約書の条項自体に具体的に明記されているか、仮に賃貸借契約書では明らかでない場合には、賃貸人が口頭により説明し、

賃借人がその旨を明確に認識し、それを合意の内容としたものと認められるなど、その旨の特約が明確に合意されていることが必要である（参考判例①）。

2 明渡し

(1)明渡義務の履行 賃貸借契約の目的である不動産の明渡しとは、賃借人が賃貸物件から立ち退くとともに、賃貸物件内にあった動産を取り除いて、賃貸物件に対する直接的な支配を賃貸人に引き継ぐことをいう（東京地判平成 22・12・20 乙 Westlaw2010WLJPCA12218016）とされている。

明渡しに関しては鍵の授受が重要な要素となることが一般的である。仮に動産に関して残置物があるとしても、賃貸人と賃借人との間で鍵の返還がなされた場合、賃借人においてはその物件の占有を失ったと評価され、当該残置物については所有権放棄の特約を前提に撤去費用の精算の問題となることが多い。

なお、鍵の授受がない場合でも、占有の移転は賃貸人の協力なしにはなしえないものであり、賃借人が原状回復を完了し、賃貸人の協力があれば明渡しが完了する状態にしたうえで賃貸人にこれを通知すれば、賃借人は明渡義務の履行の提供をしたということができるため、明渡し未了による責任を免れる（東京地判平成 15・9・29 Westlaw2003 WLJPCA09290005）。

(2)原状回復と明渡し 賃貸借契約上の原状回復義務を履行したうえでなければ、原則として明渡し済みとは認められない。この意味は、明渡しを完了したとして賃貸人に通知をしたり、鍵の受領を求めた際に、賃貸人が原状回復義務を履行していないとしてこれを拒否した場合には、明渡しが未了（不履行）という状態になるということである。この意味で、原状回復義務の範囲は非常に重要である。

しかし、契約書で明記されている原状回復義務と、明渡しが認められる程度の原状回復は、原則として同じレベルには考えられていない。

これは、原状回復義務の範囲は契約書で明確に規定されていないものであるうえ、そもそも紛争性の高い原状回復費用を担保する意味で敷金の授受がなされていることによるものである。すなわち、契約書に規定した内容の明渡義務を履行させるためには、賃貸人が明渡しを受けた後、不足と考える原状回復を行い、当該敷金をもって精算することなども可能であるにもかかわらず、賃貸人が主張する通りの原状回復を履行するまで賃借人の明渡しが終わらないことになれば、半永久的に賃借人が賃貸人に対し、賃料その他の諸経費相当額の支払義務を負い続けることとなってしまい、不合理であるからである（東京地判平成 22・12・20 乙 Westlaw2010WLJPCA12208016）。

したがって、賃借人は一般的になすべき程度の原状回復を行っていれば、鍵の返還をもって明渡しを完了したと評価されることとなる。

3 契約書上の違約金または賃料相当損害金の請求

(1)明渡し未了　賃借人は賃貸借契約終了日までに明渡しを完了する必要があるが、終了日以降も明渡しが未了である場合、明渡し完了までの日割りで賃料相当損害金が発生する。契約書上に明渡し未了の場合の違約金（家賃の2倍とされていることが多い）が規定されている場合は、違約金の支払義務が発生する。

(2)明渡し完了後原状回復未了　通常、原状回復工事を完成させてから明渡しを完了することとなるが、原状回復の範囲があいまいであるため、ある程度の原状回復を行った後に明渡しを完了し、残りは事後精算となることも多い。

この場合に特別の合意がない場合には、原則として明渡し完了後には賃料相当損害金は発生しない。ただし、賃借人の責任による損耗があり、この補修に時間を要するということであれば、補修費用のほか、社会通念上妥当と認められる範囲内において補修により第三者に賃貸することができない日数分の賃料相当損害金については賃借人が負担することとなる。

（3）明渡日に明渡しを完了しないときに賃貸人において原状回復をすることができるとする特約　このような特約は有効であり、賃貸人は賃借人に当該原状回復費用を請求できるほか、明渡日以降原状回復完了までの賃料相当損害金（違約金の定めがある場合には違約金）の請求をすることができると解される（東京地判平成 21・4・24 丙 Westlaw2009 WLJPCA04248006）。

　しかし、当該特約が存在する場合に、賃貸人が原状回復の手続を不当に遅らせて賃料相当損害金または違約金の請求をする場合、当該損害金の請求については、原状回復のために必要な合理的期間に制限される。

4　権利行使の適法性と自力救済について

（1）自力救済の禁止　賃貸人が鍵を交換して賃借人を閉め出したり、無断で鍵を開けて荷物を放り出したりすることは、違法な自力救済として認められず、損害賠償請求の対象となる（参考判例②）。

（2）自力救済を認める特約　賃貸借契約において、賃貸借契約が終了した場合などに、あらかじめ契約書上に貸部屋内への立入りや鍵の交換や施錠をすることを賃借人が認める特約が設けられることがある。このような特約は、公序良俗に違反し無効となる。明渡し未了の際に、賃借人の所有物件を搬出保管するという特約についても、賃借人の占有を侵害する形において（明渡し未了の状況において）行うという合意であれば、公序良俗違反となり無効となる。

（3）自力救済に関する違法性の判断　❶特約がない場合で自力救済を認めなかった事例：　大阪高判昭和 62・10・22（判時 1267 号 39 頁）では、建物賃借人が賃借建物から退去し、約半年間賃料の支払いを怠り連絡がない場合ではあったが、家の中のライフラインは利用できる状況で、家具や日用生活品も残置されている状況であったときに、賃貸人が鍵を破壊して立ち入り家の中の物品も廃棄してしまった行為について違法性を認め、違法性を阻却すべき特段の事情も存在しないと

された。

❷特約がある場合で自力救済を認めなかった事例：　東京高判平成3・1・29（判時1376号64頁）では、「賃貸借が終了した場合につき……、借主が建物内の所有物件を貸主の指定する期限内に搬出しないときは、貸主は、これを搬出保管又は処分の処置をとることができる」とする特約について、賃借人の占有を侵害して行う搬出処分を除いて効力を有するとし、占有を侵害して行われた搬出・処分行為は、合意があるからといって違法性が阻却されるものではないとされた。

　また、浦和地判平成6・4・22（判タ874号231頁）では、「賃借人が賃料を1か月以上滞納したときまたは無断で1か月以上不在のときは、無催告で契約が解除され、賃借人は即刻明け渡すものとし、かつ、明渡しできないときは室内の遺留品の所有権は放棄されたものとみなして賃貸人が処分できる」趣旨の特約について、自力救済は原則として法が禁止するところであることを理由に、違法な自力救済といえない態様の場合にのみ合意の有効性を認め、合意が存在するからといって合意通りにされた廃棄処分が適法となるということはできないとされた。

（4）違法な自力救済に対する損害賠償請求　違法な自力救済がなされた場合、賃借人は当該行為者に対して不法行為に基づく損害賠償請求（民709）をすることができる。考えられる損害としては、所有物件を毀損された場合には所有物件の物的損害、閉め出された場合にはホテルに宿泊したことに伴う宿泊代や交通費、その他相当因果関係のある逸失利益や慰謝料なども検討できる。

▶ **参 考 判 例**

①**最判平成17・12・16判時1921号61頁**　共同住宅の賃貸借契約について、入居説明会を開催し、参加者に対し、賃貸借契約書、補修費用の負担基準等についての説明が記載された「すまいのしおり」と題する書面等が配布され、約1時間半の時間をかけて賃貸借契約書の条項のうち重要なものについての説明等がされたほか、退去時の補修費用について、賃貸借契約書の別紙「退去跡補修費等負担基準」に基づい

て負担することになる旨の説明がされたが、本件負担区分表の個々の項目についての説明はされなかった事案において、通常損耗特約の合意があったとは認められないとした。

②**最判昭和40・12・7民集19巻9号2101頁** 使用貸借の敷地上に建物が建築されている事案において、使用貸借の期間終了後、当該土地所有者が建物の周りに板囲を施した事案について、元使用貸借人が土地所有者の承諾を得ず板囲を撤去することは、違法な自力救済として認められないとした。

【 *Answer* 】

　Case においては、明渡しに関する当事者立ち会いのもとの合意がなく、賃借人から一方的に鍵が送られてきていることから、明渡しが完了しているのか、未了なのか、という点についてまず検討すべき問題となる。明渡しが未了ということとなると、賃貸人は賃借人に対し、明渡しを請求し、完了するまでは賃料相当損害金（違約金の定めがあれば違約金）を請求することも可能となる。

　キャビネットのみを残置しているという状況が、原状回復義務を一応一般的に履行したと判断される場合には、明渡しは完了している状況であるため、あとはキャビネットの処理をどのように行うか、賃貸人で次の賃借人のためのメンテナンスやクリーニングをどのように行うかを検討していくということとなる。

　いずれも特約なども検討する必要があるが、Case においては、店舗で必要な掃除などはすべて完了しており、キャビネットのみが残置されている状況ということではあるものの、鍵を一方的に送付してきているため、元賃借人に占有は認められない状況とも考えられる。このため、明渡しは未了と断定することは賃貸人側としてはリスクのある行動である。特約には通常残置物については賃貸人側で処分することができる条項が規定されているため、本件も当該条項があると想定すると、賃貸人として一応は賃借人に連絡を試みるも、賃貸人側で処分をしたうえで、賃借人負担の原状回復費用を計算し、敷金から差し引くことを検討する方が無難な解決であろう。この場合には、通常のクリーニング等と併せて日数が加算される事情とも思われないため、賃料相当損害金の請求も難しい可能性が高いのではないかと考えられる。

◀ コラム ▶ 立退き交渉は合法? 違法?

　世の中を見回すと、借地人や借家人に対し、所有者の依頼を受けて立退き交渉を行っている不動産業者が多くいます。この立退き交渉は当たり前のように行われていますが、実はかなり危険性をはらむ行為なのです。それは弁護士法72条違反の問題です。

　平成22年に1つの最高裁決定が出されました（最決平成22・7・20刑集64巻5号793頁）。不動産業者らが、報酬を得る目的で、ビルの賃借人と立退き交渉を行い、賃貸借契約の合意解除契約を締結するなどして明渡しを受けたという事案で、結論として、その不動産業者らの行為が弁護士法72条に違反するとされたのです。

　弁護士法72条は、「弁護士又は弁護士法人でない者は、報酬を得る目的で訴訟事件、非訟事件及び審査請求、再調査の請求、再審査請求等行政庁に対する不服申立事件その他一般の法律事件に関して鑑定、代理、仲裁若しくは和解その他の法律事務を取り扱い、又はこれらの周旋をすることを業とすることができない」と規定しています。平成22年決定で問題となったのが、立退き交渉が「その他一般の法律事件」という要件に該当するかという点でした。この要件については、「その他一般の法律事件、と言えるためには、事件というにふさわしい程度に争いが成熟したものであることを要する」とする「事件性必要説」と、そのような限定を不要とする「事件性不要説」が長らく対立しています。

　そのような中、平成22年決定が出されました。この決定では、不動産業者らの行った業務内容を詳細に認定したうえで、「立ち退き合意の成否、立ち退きの時期、立ち退き料の額をめぐって交渉において解決しなければならない法的紛議が生ずることがほぼ不可避である案件に係るものであったことは明らかであり、弁護士法72条にいう『その他一般の法律事件』に関するものであったというべきである」と判示しました（下級審の判例ですが、類似の規範を掲げる民事判例として、東京地判平成29・11・29判タ1453号

200頁があります）。

　この平成22年決定は事件性不要説を否定した決定である、と評価する論評も多いと思います。しかし、事件性という要件によって処罰の範囲をあいまいにすることは、罪刑法定主義の観点から問題があると思われますし、弁護士法72条の立法趣旨からも、事件性不要説が妥当と思われます。いずれにせよ、平成22年決定が掲げる規範では構成要件該当性が一義的に明確になっているとは言い難く、不動産業者等による立退き交渉は、いまだに、弁護士法上グレーの部分が多いといえます。

　なお、弁護士法72条・73条（譲受権利の実行を禁止した条文です）違反で契約を無効とした判例（直接的には、民法90条による契約の無効と構成するケースが多いです）は多数存在しています。ですから、不動産業者による立退き交渉の適法性は、慎重に検討する必要があります。弁護士法違反や契約無効のリスクを十分に認識していない不動産業者も少なくないのです。　　　　　　（植木　琢）

22…行政のガイドライン

Case

　Ｙはアパートを借りていたが、今住んでいる場所から少し職場に近い場所に引越しをしたいと考えていた。賃貸物件は割と出回っており、次の更新の時期に退去し、別のアパートに引っ越すことを考えすでに物件も決めつつある状況である。更新時期が２か月後に迫ってきた頃、新たな物件の契約と今ある物件の解約・退去について、具体的に何をすればよいのかわからず、友人である新人弁護士ノボルに問い合わせた。

● ● ●

ノボル：友人のＹが引越しをするようなんです。Ｙは昔から慎重で、契約書を確認したところ、クリーニング費用は全額賃借人負担という記載があったとのことなんです。本人は借りるときに、確かにクリーニング費用は持ってね、くらいのことを軽く言われたような記憶もあるとのことなんですけど、こんな条項、有効といえるんでしょうかね。

兄　弁：ご友人から相談されるなんて、ノボル君も成長してきた証拠かな。で、どうして有効といえるのか、と思うのかな？

ノボル：消費者契約法が気になりました。借りたのは消費者なので、クリーニング費用を全額負担という条項は一方的に消費者に不利益な条項となるのではないかと思いまして。

兄　弁：そうかな。今まで利用していたものをクリーニングして返すのに、どうして一方的に不利益といえるんだい？

ノボル：あ、いや、確かにそう言われれば・・・。じゃあ、事前に説明を受けていて、かつ契約書にそう記載されていれば全額負担することになるんですかね。

兄　弁：いやいや、そもそもクリーニング費用というのは何を指しているのか確認したのかな？

ノボル：いえ、特には聞いていません。

兄　弁：消費者契約法というところに着目した感覚は間違いではないと思うけど、賃貸借契約における特約というのは、とりわけ賃借人に不利なものについては、有効といわれるためには非常に厳しいルールが課せられているってことは知ってる？ 最高裁の判例もあって、国土交通省からはそれを前提として原状回復をめぐるトラブルに関するガイドラインが出されてるし、東京や大阪などでも賃貸借をめぐるトラブルを防止するためのガイドラインなんかを作成してるよ。東京都は条例を制定して、宅建業者に対して説明義務を課したりして、トラブルを防止するための取り組みをしてるよね。

ノボル：今、国土交通省のガイドラインと東京都のガイドラインをネットで検索してみたんですが、相当な分量ですね‥‥。今ざっと読むと、どちらにも、賃借人に特別の負担を課す特約が有効と認められる要件について記載されていますね。

兄　弁：そうだね、Ｙさんについては、どういった説明を受けているのか、契約書の内容が具体的にどうなっているのか、もう少し確認する必要がありそうだね。

ノボル：はい。そして、どうもトラブルになりそうな気がすると心配しているので、次の契約をするにあたっても、確認しておくべきポイントを伝えておいてあげようと思います。

Check List

□契約書の原状回復に関する条項は、国土交通省住宅局作成「原状回復をめぐるトラブルとガイドライン」と異なる内容となっているか［→ 1］

□契約書の原状回復に関する条項は、東京都作成「賃貸住宅トラ

ブル防止ガイドライン」と異なる内容となっているか［→ **2**］

□賃借人は、退去時の通常損耗等の復旧は賃貸人が行うことが
基本であるとの説明を受けているか［→ **3**］

□契約書の中に退去時の復旧について、目安となる把握可能な
単価が記述されているか［→ **3**］

□賃借人は、入居期間中の必要な修繕は賃貸人が行うことが基
本であることの説明を受けているか［→ **3**］

□賃借人は、賃借人の負担としている具体的な事項について説
明を受けているか［→ **3**］

□賃借人は、修繕および維持管理等に関する連絡先について説
明を受けているか［→ **3**］

□小規模な修繕の特約があるか［→ **4**］

□賃借人に不利益な特約について、合理的理由があるか［→ **4
（2）**］

□賃借人に不利益な特約について、賃借人が通常の原状回復義
務を超えた修繕等の義務を負うことについて認識しているか
［→ **4**］

□賃借人に不利益な特約について、賃借人が特約による義務負
担の意思表示をしているか［→ **4**］

□入居時の状況について双方でチェックリストなどを作成し、
確認ができているか［→ **5**］

□契約時に、退去時の原状回復についての概要の確認が双方で
できているか［→ **5**］

□退去時の状況について双方でチェックリストなどを作成し、
確認ができているか［→ **5**］

［ 解説 ］

1　国土交通省住宅局「原状回復をめぐるトラブルとガイドライン」

　国土交通省住宅局により、「原状回復をめぐるトラブルとガイドライン」が取りまとめられている。約170頁からなる資料であり、インターネット上でダウンロードが可能である（https://www.mlit.go.jp/common/001016469.pdf）。

　このガイドラインは平成10年3月、トラブル件数が増加して大きな問題となっていた賃貸住宅の退去時における原状回復について、原状回復に係る契約関係、費用負担等のルールのあり方を明確にして、賃貸住宅契約の適正化を図ることを目的に、国土交通省が公表した。当該ガイドラインは平成16年、平成23年に改定がされている（以下「国土交通省ガイドライン」という）。

　その利用が義務づけられているわけではないが、かなりの数の裁判例の集積に基づいて作成されている指針であるため、実際に裁判所の判断の中でも言及されることもある程度に、原状回復を取り扱う際の解釈の基本ルールとして機能するものである（参考判例①）。入居時・退去時のチェック項目や、賃貸住宅標準契約書雛形・その他賃貸借契約に必要な書式などが網羅されており、当該書式や条項に対する解説もなされている。

2　東京都「賃貸住宅トラブル防止ガイドライン」

　東京都では、「東京における住宅の賃貸借に係る紛争の防止に関する条例」（賃貸住宅紛争防止条例）が定められ、平成16年10月1日に施行されている。いわゆる「東京都ルール」と呼ばれるもので、宅建業者に対し、書面交付義務や説明義務を定めている。これらの条例に基づき、東京都は「賃貸住宅トラブルガイドライン」を平成16年9月に公表している（以下「東京都ガイドライン」という）。

　東京都ガイドラインには、契約時から入居前、入居中、退去時、退

去後における注意事項なども記載されており、原状回復や明渡しに関する考え方についても説明がなされているほか、入居時、退去時のチェック項目や賃貸住宅標準契約書の雛形も掲載されている。

東京都ガイドラインはインターネット上でダウンロードが可能である（http://www.juutakuseisaku.metro.tokyo.jp/juutaku_seisaku/tintai/310-4-jyuutaku.htm）。

3　宅建業者の説明義務および違反の効果

東京ルールによれば、宅建業者には主に以下の事項を説明する義務が課されている。

> ①退去時の通常損耗等の復旧は賃貸人が行うことが基本であること
> ②入居期間中の必要な修繕は賃貸人が行うことが基本であること
> ③賃貸借契約の中で、賃借人の負担としている具体的な事項
> ④修繕および維持管理等に関する連絡先

なお、説明義務については、説明を適正に行うために必要な事項が①～④のカテゴリーごとに具体的に記載されており、また雛形となるべきモデル説明書も掲載されている（東京都ガイドライン2～5頁）。

これらの義務を宅地建物取引業者に直接に課すことにより、契約時に正確な説明をすることで、入居時、退去時、退去後のトラブルを防止することを目的としている。なお、宅建業者が説明義務に違反した場合、知事は指導、勧告、公表を行うことができる。

国土交通省ガイドラインには、東京都ルールに記載されている説明義務に加えて、あくまで目安として把握可能な原状回復工事施工目安単価を記述することが望まれると記載されている（国土交通省ガイドライン152頁別表5解説参照）。

4 原状回復・修繕義務に関する賃借人に不利益な特約

(1)原則論　原状回復・修繕義務については、東京都ガイドラインや国土交通省ガイドラインに、原則論が詳細に記載されている。

原状回復義務については、以下の通りである（東京都ガイドライン6頁、国土交通省ガイドライン8頁）。

> ①賃借人の故意・過失や通常の使用方法に反する使用など、賃借人の責任によって生じた住宅の損耗やキズ等を復旧するための復旧費用は賃借人の負担
> ②経年変化および通常の使用による損耗・キズの復旧については賃貸人負担
> ③特約は合意により内容によっては定めることができる（詳細は本項**(2)**参照）

修繕義務については、以下の通りである（東京都ガイドライン18頁以下）。

> ①賃貸人は賃借人がその住宅を使用し居住していくうえで、必要となる修繕を行う義務がある。ただし、賃借人の故意・過失・通常の使用方法に反する使用など、賃貸人の責任によって必要となった修繕は賃借人の負担となる
> ②小規模な修繕については、合意により賃貸人の修繕義務を免除するとともに、賃借人が自らの費用負担で行うことができるという特約を定めることができる

なお、修繕義務における②の小規模な修繕についての特約は、賃借人に修繕義務を負わせる特約は、小規模の修繕については費用も少なく、建物に傷をつけるわけでもないので、そのつど賃貸人の承諾を得なくても修繕できるようにした方が賃貸人にとっても都合が良いものとも考えられるため、有効とされている。このため、本来賃貸人に課せられている修繕義務を免除する一方で賃借人に自己の負担で小規模

な修繕を行う権利を与えたものであるとされているのである。よって、修繕を行うかどうかは賃借人の自由であり、賃借人は修繕義務を負うものではないと解されている。したがって、この特約があることを理由に退去時の原状回復費用として賃貸人が賃借人に入居中に行わなかった小規模な修繕に要する費用の請求をすることはできない（東京都ガイドライン19頁参照）。

（2）賃借人に不利益な特約　賃借人に不利益な特約についても、本来は自由な意思に基づいて設けられたものであれば原則として有効とされる。しかしながら、判例の蓄積により特約の有効性は以下の要件により判断されるものであるとされている（国土交通省ガイドライン7頁、東京都ガイドライン10頁）。

①特約の必要性があり、かつ、暴利的でないなどの客観的、合理的理由が存在すること

②賃借人が特約によって通常の原状回復義務を超えた修繕等の義務を負うことについて認識していること

③賃借人が特約による義務負担の意思表示をしていること

5　賃貸住宅標準契約書および入居時・退去時のチェックリスト

賃貸住宅標準契約書（東京都ガイドライン43頁、国土交通省ガイドライン128頁）については、国土交通省ガイドラインに詳細な解説がなされており、契約時の留意事項まで記載されているため、賃貸借契約を締結する際には確認すべきである（国土交通省ガイドライン147頁以下）。

入居時および退去時において、借りた時の状況および退去時の状況については、賃貸人・賃借人双方で状況を確認し、合意しておくことが、トラブルの回避のためには重要である。

具体的にどの部分をチェックしておくべきかについては、国土交通省ガイドラインおよび東京都ガイドラインにおいてチェックリストが

掲載されており、参考にすることができる（国土交通省ガイドライン4頁以下、東京都ガイドライン24頁以下）。

▶ 参 考 判 例 ─────────────────────────────────

①東京地判平成23・2・23 Westlaw2011WLJPCA02238023　居住用建物賃貸借契約（猫は1匹のみ飼うことが許されており、退去時、室内クリーニング代、消毒代、クロス張替代、畳表替え、残置ゴミ処分代等は賃借人の負担とするという条項が存在する）において、通常損耗と特別損耗について区別し、通常損耗部分については、修補費用を負担する範囲に通常損耗を含む趣旨であることが一義的に明白であるとはいえず、修補特約としては有効性を認めず、また、通常損耗の判断基準として国土交通省に設置された賃貸住宅市場整備研究会のもとに設けられた「賃貸住宅に係る紛争等の防止方策検討ワーキングチーム」が改訂した「原状回復をめぐるトラブルとガイドライン」を利用して判断をしている。

【 *Answer* 】

　賃貸借契約締結の際、宅建業者は入居時および入居中、退去時のトラブルを避けるため、様々な説明義務を負っている。退去にあたって気をつけるべきことを弁護士が賃借人から照会された場合には、まず入居時にどのような説明を受けたかのヒアリングをするとともに、賃貸借契約書および重要事項説明書などを確認し、特約などを確認することが必須である。そして、退去時には賃貸人と立ち会いのうえ、損耗部分などについて、どういう事情で損耗したのかなどをお互いに確認していくこととなる。

　なお、「クリーニング費用は賃借人の負担とする」という内容の条項があるからといって、当該条項が通常損耗部分を含むクリーニング費用を賃借人が負担することが合意された条項といえるかについては、条項の趣旨や、当時の当事者間の合意の状況、賃貸人からの説明（通常損耗も含むクリーニング費用であるとの説明の有無や、具体的クリーニング費用の提示などの有無も含む）などを考慮して判断される。このように、賃借人に不利益な条項については、明確な合意が要求されているため、特約の条項などは精査していくことが必要である。

23…債務不履行解除(賃料未払い)

Ｃａｓｅ

　ＸがＹに対してその所有する建物を賃貸し、ＡはＹの連帯保証人である。Ｙは以前より、賃料を数か月分滞納し、Ｘからの催告を受けると支払う、ということを繰り返してきた。現在は、2か月分の滞納の後、毎月の支払いは続いているが、その2か月分については滞納している状態が半年続いている。

　Ｘは、定期的に滞納分の賃料を支払うよう請求しているが、Ｙが一向に支払わないことから、Ｙとの賃貸借契約の解除通知を発送し、Ａに対しては滞納分である2か月分の家賃の支払いを請求したところ、Ａから2か月分の入金がなされた。

　なお、賃貸借契約上ペットの飼育が禁止されているにもかかわらず、Ｙがネコを飼育していることも明らかとなった。

● ● ●

ノボル：Ｘさんから、滞納を繰り返すＹに退去してもらいたいという相談をされているんですよね。でも、2か月しか滞納していないようでしたし、しかもＡがすべて支払ってしまっているので、賃貸借契約の解除は難しいと回答しました。

兄　弁：滞納が2か月という事情のほかに、その前の滞納の有無といった事情はないのかな。

ノボル：え、滞納額が3か月分を超えないと、賃貸借契約の解除はできないんじゃないでしたっけ。

兄　弁：もちろん、実務上3か月を超えていた方が解除が認められやすいという傾向はあるけど、あくまでも1つの目安にすぎないんじゃないかな。3か月を超えても解除が認められない場合もあるし、2か月でも事情によ

っては認められている事案もあるよ。

ノボル：でも、解除通知を発送した後、滞納賃料の支払いもされていますし、賃料不払いの状態は解消されている以上、やはり解除は難しいんじゃないでしょうか。

兄　弁：信頼関係が破壊されているかどうかの判断をするにあたっては、賃料の不払いがどの程度生じているかという事情だけを考慮するわけじゃないと思うよ。Y は、ペットの飼育が禁止されているにもかかわらずネコを飼育しているという事情もあるよね。ちなみにどんなネコを何匹飼っているのかとか、きちんと聞いてある？

ノボル：いや、そこまでは確認していませんでした・・・。

兄　弁：X からすれば、家賃滞納を繰り返していたり、約束と違ってペットを勝手に飼ったりする Y に大事な建物を貸したくないと思うんじゃないかな。X の立場に立って何かできることがないかを検討してあげないと、依頼者からの信頼は得られないよ。

ノボル：確かにそうですね・・・。事情によっては、本件でも解除ができる可能性がありそうですもんね。

兄　弁：ノボル君が今把握している事情だけで結論を出すのは早すぎるよ。ダメかもと思っても、詳しい事情をよく聞いてみると解決策が見えてくることもあると思うよ。

ノボル：はい。X と Y の賃貸借契約締結時からの経緯について、もう一度よく確認してみます！

Check List

□賃借人による賃料の支払いは契約当初から約定通りなされていたのか。不払いに至る前も滞納があったか［→ 2(1)、3］
□賃料不払いの状態がどのくらいの期間続いているのか［→ 3］
□賃料不払いに至った原因はどのようなものか［→ 3］
□賃貸人による修繕義務違反を理由とするなどの事情がないか

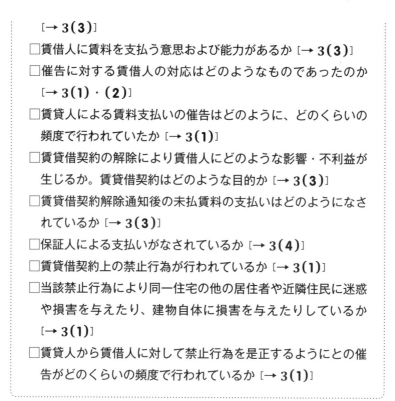

[→ 3 (3)]

□賃借人に賃料を支払う意思および能力があるか [→ 3 (3)]

□催告に対する賃借人の対応はどのようなものであったのか
[→ 3 (1)・(2)]

□賃貸人による賃料支払いの催告はどのように、どのくらいの
頻度で行われていたか [→ 3 (1)]

□賃貸借契約の解除により賃借人にどのような影響・不利益が
生じるか。賃貸借契約はどのような目的か [→ 3 (3)]

□賃貸借契約解除通知後の未払賃料の支払いはどのようになさ
れているか [→ 3 (3)]

□保証人による支払いがなされているか [→ 3 (4)]

□賃貸借契約上の禁止行為が行われているか [→ 3 (1)]

□当該禁止行為により同一住宅の他の居住者や近隣住民に迷惑
や損害を与えたり、建物自体に損害を与えたりしているか
[→ 3 (1)]

□賃貸人から賃借人に対して禁止行為を是正するようにとの催
告がどのくらいの頻度で行われているか [→ 3 (1)]

[解 説]

1 賃貸借契約の債務不履行解除

賃貸借契約も契約である以上、賃借人がその債務を履行しない場合、
賃貸人が相当の期間を定めて催告し、その期間内に債務の履行がされ
ないときには、賃貸人は当該契約を解除することができる (民541)。

もっとも、賃貸借は賃貸人と賃借人との間の信頼関係を基礎とする
継続的な契約関係であることから、賃借人に債務不履行があっても、
信頼関係が破壊されていない場合には、賃貸借契約の解除は認められ
ないというのが、確立された判例理論である (参考判例①)。

このような判例理論を前提とすると、賃貸人の解除権行使は、①賃借人が債務を負担し、②賃借人に当該債務についての不履行があり、③信頼関係が破壊されていない場合に認められることになる（主張・立証責任は後述 2(2)）。

　実務上、賃貸借契約を解除する場合、複数の義務違反を根拠として解除することが多いのは、信頼関係が破壊されていることをより強固に基礎づけ、確実に解除を有効とするためである。

2　信頼関係の破壊の判断

(1)判断の方法　信頼関係が破壊されているかどうかは、実務的には、賃貸人の経済的利益に限定されることなく、人的要素も含め、賃貸人と賃借人の諸事情の総合考慮により判断される。

　もっとも、ここでいう信頼関係とは、賃貸人と賃借人が感情的にうまく協調できる関係というような意味での個人的・主観的な信頼関係をいうのではなく、賃借人が対価を支払って賃貸借の目的物を利用するという有償の契約関係において、賃貸人・賃借人として社会的見地から信義に従い誠実に行動することを相互に期待されているという関係を意味するとされる（東京地判平成 21・8・28 Westlaw2009 WLJPCA 08288047）。したがって、賃借人が賃貸人を終始見下すような態度をとっているといった個人的・主観的な事情は、信頼関係の破壊の有無を検討するうえで考慮すべき要素とはならない。

(2)主張・立証責任　賃料の不払い、無断譲渡・転貸、通常の用法違反といった賃借人の債務不履行については、背信的行為と認めるに足りない特段の事情の存在は、賃借人が主張・立証すべきとされる（無断転貸について、最判昭和 41・1・27 民集 20 巻 1 号 136 頁）。

(3)履行補助者に関する事情　賃借人の履行補助者の行為についても考慮の対象となるとされている（最判昭和 47・11・16 民集 26 巻 9 号 1603 頁）。

3 賃料不払いを理由とした解除

(1)信頼関係不破壊の判断　上記の通り、賃料不払いの場合、賃借人が背信的行為と認めるに足りない特段の事情を主張・立証することになるが、賃貸人側においても、賃貸借契約を解除するにあたり、この特段の事情の有無について十分検討しておく必要がある。

　賃料不払いがあったにもかかわらず背信的行為と認めるに足りない特段の事情があるかどうかは、不払いの程度・金額、不払いに至った経緯、契約締結時の事情、過去の賃料支払状況等、賃借人の支払能力・支払意思、催告の有無・内容、催告後あるいは解除の意思表示後の賃借人の対応・態度といった要素から総合的に判断されることになるので、不払いの賃料が何か月分かという点は重要な事項であるものの、判断の一要素にすぎないこととなる。

　もっとも、賃料不払期間が短い場合には、背信性を基礎づける事情を付加しないと、背信的行為と認めるに足りない特段の事情があるという判断がされる可能性は高くなることから、たとえば、過去にも遅滞を繰り返していたこと、用法違反などの事情についても、併せて主張することになる。

　なお、賃料自体は支払っているものの共益費を滞納しているという場合であっても、賃借人として負担するべき債務を履行していない以上、背信的行為と認めるに足りない特段の事情がない限り、解除が認められることになる。

(2)賃料不払いがあった事案で債務不履行解除が肯定された事例　賃料不払いがあった事案で、債務不履行解除が認められた裁判例としては、以下のようなものがある。

　①東京地判平成 19・8・31（Westlaw2007WLJPCA08318037）では、賃借人が恒常的に 2 か月程度の賃料未払いの状態であった事案について、賃借人の基本的な義務である賃料等の支払いについて 2 か月程度の遅滞が恒常的に生じていたのであれば、その態様は賃貸人・賃借人間の信頼関係を破壊するものといわざるを得ないとして、解除が

肯定された（参考判例②）。

　②東京地判平成23・2・25（Westlaw2011WLJPCA02258021）では、焼肉店舗の賃貸借で、賃料2か月分および電気料金3か月分の不払いがあった事案について、従前から賃料の不払いを多数回繰り返しており、賃貸人から催告を受けると支払うという対応を繰り返して慢性的な債務不履行状態にあったことから、解除の意思表示後に賃料相当額が支払われたにもかかわらず解除が肯定された（参考判例③）。

　③東京地判平成19・4・20（Westlaw2007WLJPCA04208019）では、居酒屋店舗の賃貸借において、賃料2か月分の不払いと更新料の不払いがあった事案について、賃貸人が賃借人に対して通行妨害等の嫌がらせを行っていたという事情があったものの、嫌がらせが終了した後1年以上断続的に支払遅滞を繰り返し、最大5か月分の不払いとなったことも考慮され、解除が肯定された（参考判例④）。

　④東京地判平成21・7・30（Westlaw2009WLJPCA07308048）では、賃借人が約6か月の賃料および更新料の一部について支払わないことから、賃貸人がこれらの支払いを請求催告するとともに期間内に支払いがない場合には賃貸借契約を解除する旨通知したところ、賃借人は支払いに応じなかったものの、解除後に滞納分のほぼ全額を支払ったという事案について、解除後に滞納の大部分が解消されたとしても解除通知の時点で賃借人が6か月分の滞納をしていたことから信頼関係が破壊されない特段の事情があるとはいえないとして、解除が肯定された（参考判例⑤）。

（3）賃料不払いがあったにもかかわらず債務不履行解除が否定された事例　3か月以上の滞納があっても解除を否定した事案としては、以下のようなものがある。

　①最判昭和39・7・28（民集18巻6号1220頁）では、家屋の賃貸借において、催告期間内に延滞賃料（4か月分の滞納）が弁済されなかった事案について、催告金額の半額は適法に弁済供託がなされていること、賃借人が過去18年間にわたり賃料を延滞したことがなかったこ

と、台風により家屋が破損した際に賃借人の修繕要求にもかかわらず賃貸人が修繕しないことから、賃借人にて費用を負担して修繕したものの、本件訴訟に至るまでその償還を求めたことがなかったことなどを理由に、賃貸人による賃貸借契約の解除が信義則に反し許されないとされた（参考判例①）。

②東京地判昭和54・12・14（判時967号88頁）では、3か月分の賃料不払いがあったものの、銀行預金を引き出すために使用する印鑑を紛失したことから不払いになったものであり、賃借人に賃料等を支払う意思および能力が十分あったことが明らかであるとして、背信行為と認めるに足りない特段の事情があり、解除は許されないとされた（参考判例⑥）。

③東京地判昭和63・6・28（判タ687号184頁）では、賃貸人が破産したことからその破産管財人が賃借人に対して、11か月分の賃料不払いを理由として契約解除を主張したという事案について、賃料の不払いの原因が賃貸人の破産によるところが大きいこと、破産管財人の意思表示の4か月後から賃料を供託していること、賃借人にとって賃借物の使用が事業継続に不可欠であり、これによる結果は不払賃料220万円に比してあまりに重大であることなどを理由として解除が否定された（参考判例⑦）。

④名古屋高判昭和59・2・28（判時1114号56頁）では、レストランを営んでいる建物の賃貸借の事案について、建物の漏水事故等が相次いだのでその賠償問題の解決を促進するために賃借人が4か月分の賃料の支払いを拒んだものの、賠償問題も解決し、賃貸人による契約解除の意思表示ののち未払賃料も支払われ、賃借人が営業の継続を希望しているという事情があることから、賃料不払いが背信的でないことを理由に解除が否定された（参考判例⑧）。

（4）保証人による支払い　連帯保証人が滞納賃料を支払った場合、賃貸人と賃借人との間で未払賃料は存しないことになり、賃貸人は賃貸借契約を解除できないという結論になりそうである。しかし、賃借人

自身は支払っておらず、賃貸人と賃借人との間の信頼関係は破壊されることになる以上、常に解除ができないというのは不合理である。特に近時は、家賃保証会社による家賃保証が利用されるケースが多いが、保証人が支払っている場合には常に解除できないという結論が不当であることはいうまでもない。実際に、家賃保証会社が保証人として賃料を支払っていたとしても、信頼関係が破壊されたものとして解除を認めた裁判例も存在している（東京地判平成22・8・6 Westlaw2010WLJPCA08068004、東京地判平成23・1・25 Westlaw2011WLJPCA01258010）。

　したがって、連帯保証人が滞納賃料を支払ったことは信頼関係不破壊を基礎づける事情にはなりうるものの、賃借人の不払いが継続的であったかどうか等その他の事情も考慮して、解除が認められるかどうか判断されることになる。

▶ 参 考 判 例 ···

①**最判昭和39・7・28民集18巻6号1220頁**　4か月分の賃料滞納があったものの、催告金額の半額は適法に弁済供託がなされていること、賃借人が過去18年間にわたり賃貸を延滞したことがなかったこと、台風による家屋の破損を賃貸人が修繕しないために賃借人にて費用を負担して修繕したことなどを理由に、賃貸人による賃貸借契約の解除が信義則に反し許されないとした。
②**東京地判平成19・8・31 Westlaw2007WLJPCA08318037**　賃借人が恒常的に2か月程度の賃料未払いの状態であった事案で、その態様は賃貸人・賃借人の信頼関係を破壊するものとして、解除を肯定した。
③**東京地判平成23・2・25 Westlaw2011WLJPCA02258021**　焼肉店舗の賃貸借で、賃料2か月分および電気料金3か月分の不払いがあった事案で、解除を肯定した。
④**東京地判平成19・4・20 Westlaw2007WLJPCA04208019**　居酒屋店舗の賃貸借において、賃料2か月分等の不払いがあったが、賃貸人が賃借人側の通行妨害の嫌がらせを行っていたという事情もあった事案で、解除を肯定した。
⑤**東京地判平成21・7・30 Westlaw2009 WLJPCA07308048**　解除時点の賃料不払いの期間が6か月であったが、解除後、その全額が支払われたという事案で、解除通知の時点で賃借人が6か月分の滞納をしていたことから信頼関係が破壊されない特段の事情があるとはいえないとし、解除が肯定された。
⑥**東京地判昭和54・12・14判時967号88頁**　3か月分の賃料不払いがあったものの、賃借人に賃料等を支払う意思および能力が十分あったことが明らかであると

して、背信行為と認めるに足りない特段の事情があるとして解除を否定した。

⑦**東京地判昭和63・6・28判タ687号184頁**　賃貸人が破産したことからその破産管財人が賃借人に対して、11か月分の賃料不払いを理由として契約を解除したが、賃借人にとって賃借物の使用が事業継続に不可欠であることなどを理由として、解除を否定した。

⑧**名古屋高判昭和59・2・28判時1114号56頁**　賃借人が、建物の漏水事故等が相次いだのでその賠償問題の解決を促進するために4か月分の賃料を滞納したが、賃貸人による契約解除の意思表示の後未払い賃料も支払われ、賃借人が営業の継続を希望しているという事情があることなどを理由に賃料不払いが背信的でないとして、解除を否定した。

〔 *Answer* 〕

　賃貸借契約の債務不履行解除の場合、単に債務不履行の事実のみを検討すればよいわけではなく、当事者間の信頼関係が破壊されているかどうかについて、個別具体的な事案に基づいて丁寧に検討する必要がある。賃料の滞納月数も信頼関係が破壊されているか否かの判断の一要素にすぎない。この点に関する裁判例は解説中で挙げたもの、参考判例として挙げたもの以外にも多数存在していることから、判断にあたって参考になると思われる。

　賃料不払期間が短い場合には、それ以外に背信性を基礎づける事情を付加して主張することになり、**Case**では、Yには過去にも賃料の滞納があった事実、ペットの無断飼育に関する事情といった用法遵守義務違反の事実等も併せて主張することが必要となる。したがって、賃貸借契約期間のすべてを通じての経緯を十分に聴き取っておくことが重要である。

24…解除の方法

Case

XはYに対して居住用建物を賃貸しているところ、Yは3年間にわたり、賃料を支払ったり、支払わなかったりする状況が続いている。管理会社の努力により、数か月の未払いが貯まっても、またいくらか支払ってきたりする状況が継続しており、現在の未払分だけをみると合計4か月分の未払状態である。Xとしては、毎月きちんと期限内に支払いのないYについてもはや信頼がなく、本来賃料を1か月でも滞納した場合には無催告で解除ができる特約があるにもかかわらず3年間このような状況を続けられているため、賃貸借契約を解除し、Yには出て行ってもらいたいと考えている。

• • •

ノボル：3年間も賃料を滞納してはちょこちょこ支払ってくる賃借人の態度にオーナーがもう我慢の限界がきている、という事案なんですけれども、オーナーのXさんは即刻解除をしたいと言っています。こういう場合、具体的には解除の意思表示を内容証明郵便で送ることになるんですよね。

姉 弁：そうね。意思表示は基本的には内容証明郵便にてやっておく必要があると思うけど、その前に解除の要件として、何か忘れてない？

ノボル：催告ですよね。賃貸借契約の解除にも民法の一般条項の解除の要件が必要ということはわかってるんですけど、今回の場合、賃料を1か月でも滞納した場合には無催告で解除できるという特約があるんです。だから解除の意思表示をすれば十分かと思ったんですが・・・。

姉 弁：無催告解除に関する特約の有効性については判例でも争いがあるから、慎重になった方がいいと思うわ。私だったら特約を前提に解除の意思表

示もするけど、念のため催告を前提に停止条件付契約解除の意思表示も
しておくかな。

ノボル：万が一、これで賃借人が全額払ってきてしまったらどうなるんでしょう。
Xさんの希望は解除して出ていってもらうことなんですが。

姉　弁：その場合は特約の有効性を吟味して、裁判所で特約の有効性を前提に解
除の有効性を主張することとなるわね。もちろん過去の賃料滞納の事実
は消えないから、それによって信頼関係が破壊されたと主張することも
できるわよ。

ノボル：うーん、下手に催告をして支払われてしまうとXさんは裁判を躊躇しそ
うな気がするなあ。特約を前提に、停止条件付解除の意思表示をしない
で無催告での解除の通知だけを送って退去を主張するということはでき
ませんかね？

姉　弁：もちろんそれも1つの判断ね。とはいえ、解除の有効性を相手が争って
きた場合には、結局裁判で争うことになって、場合によっては敗訴する
リスクも出てきてしまうから、無催告解除の特約が絶対ではないという
ことをオーナーにはしっかり理解してもらっておく必要があると思うわ。

ノボル：わかりました。もう少し解除の意思表示の内容について検討して、内容
証明郵便を起案するようにします。

姉　弁：賃貸借契約の解除の内容証明郵便には、意思表示として盛り込む部分は
たくさん検討できるから、遅延損害金や未払賃料部分、解除後の賃料相
当損害金の支払いに対する予告とか、目的によって何を入れるか、よく
検討した方がいいわよ。

ノボル：あ、そうでした。その部分についても損害金の特約などがないかも含め
て、確認してから検討するようにします。

Check List

□信頼関係の破壊がされている状況か［→ **1(1)**］

□催告の通知を行う場合、解除の意思表示を同時に行うか、

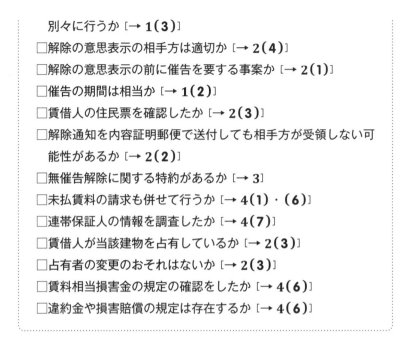

別々に行うか〔→ **1(3)**〕

□解除の意思表示の相手方は適切か〔→ **2(4)**〕

□解除の意思表示の前に催告を要する事案か〔→ **2(1)**〕

□催告の期間は相当か〔→ **1(2)**〕

□賃借人の住民票を確認したか〔→ **2(3)**〕

□解除通知を内容証明郵便で送付しても相手方が受領しない可能性があるか〔→ **2(2)**〕

□無催告解除に関する特約があるか〔→ **3**〕

□未払賃料の請求も併せて行うか〔→ **4(1)・(6)**〕

□連帯保証人の情報を調査したか〔→ **4(7)**〕

□賃借人が当該建物を占有しているか〔→ **2(3)**〕

□占有者の変更のおそれはないか〔→ **2(3)**〕

□賃料相当損害金の規定の確認をしたか〔→ **4(6)**〕

□違約金や損害賠償の規定は存在するか〔→ **4(6)**〕

［ 解 説 ］

1 解除の要件

　賃貸借契約を解除する場合、一般の民法の解除条項（民541）の通り、相当の期間を定めた催告をし、そのうえで解除の意思表示をすることが必要である。とはいえ、賃貸借契約が継続的契約であることの性質上、要件・効果については通常の契約解除とは異なる部分もあるため、この点を具体的に押さえておく必要がある。

(1)債務不履行　賃貸借契約が継続的契約である事の性質上、債務不履行の事実があったとしても、信頼関係を破壊しない特段の事情がある場合には、解除は否定される（債務不履行解除については本章 **23** 参照）。

(2)催告　民法 541 条が催告を要求しているのは、賃借人に不履行

を翻意させて最終的な履行の準備期間を与えるためであるが、相当な期間は、賃借人において履行のためにある程度の準備ができていることを前提として最終的に必要となる期間であれば足りる。具体的には、建物の賃料について3日の催告期間経過後の契約解除を認めた最高裁判例がある（最判昭和32・3・28民集11巻3号310頁）。現実に通知を受けて対応が可能な期間を実質的に判断されるものと思われ、請求する金額の多寡によっても相当期間の評価は変動する（実務的には7～10日とされているものが多いように思われる）。

　賃貸人が賃料不払いを理由に解除する場合に催告が必要であるとして、過大な金額の催告がなされることがありうる。解除の要件として催告が要求された趣旨が賃借人に当該債務を履行するための準備期間を与える点にあることからすると、いかなる債務の履行を督促されているのかが明確であればよく、過大催告だからといって直ちに催告としての効力を有しないとされるわけではない。具体的には、不払賃料額の2.3倍の金額について催告をなした事案について、催告としての効力を認めている最高裁判例がある（前掲最判昭和32・3・28）。

（3）解除の意思表示（停止条件付きの解除の意思表示）　賃貸人が賃貸借契約を解除する前提として、催告する場合、実務上、たとえば賃料不払いの場合については「期間内に支払いのないときは、本書面をもって期間経過後に賃貸借契約を解除致します。」という記載をして、催告の書面と同一の書面で契約解除の意思表示を行うことがほとんどである。解除は単独行為であり条件を付けることはできなそうであるが、条件の内容が相手方を不利に陥れるものでないときには条件を付けることができると解されており、このような停止条件付契約解除の意思表示も認められる。

（4）解除の効果　賃貸借契約の解除の効果は、将来に向かってのみ効力が生ずる（民620本文）。契約終了後も貸室が明け渡されない場合には、賃貸借契約終了後明渡しまでの貸室利用について、賃料相当損害金が発生する（最判昭和35・9・20民集14巻11号2227頁）。賃料相当

損害金については特約を設けることができ、一般的には賃貸借契約終了後明渡しまでの間は、賃料の倍額相当の損害金を支払う旨が定められていることが少なくない。

2　具体的意思表示の方法

　催告および解除の意思表示は弁護士が行う場合、内容証明郵便で行うことが一般的である。具体的方法や相手が受領しない可能性のある場合などについて、実務的にどのように対応すべきかが問題となる。

(1)催告を業者などが口頭で何度も行っている場合　建物賃貸借については、賃貸人の間に不動産会社が管理会社として入っていることが多く、賃料未払いその他の賃借人の債務不履行状態について、幾度となく履行を促し、解除の意思表示（たとえば「○月○日までに未払い分を全額支払わない場合には出て行ってもらいます」というような言葉）を口頭なり書面なりで通知している場合がある。

　もちろん立証できれば催告および解除の意思表示として有効となる場合もあるが、相手方が争う可能性がある場合には、念のため受任後再度確認のため、催告と解除の意思表示を通知しておく方が無難ではないかと思われる。

(2)賃借人が内容証明郵便を受領しない場合　配達証明付内容証明郵便を利用した場合、賃借人が受け取らないことがありうるが、意思表示は一般取引の観念に従って、相手方が了知すべき状態におかれた場合に到達したと認められることから、留置期間満了により返戻されたとしても、賃借人に到達したものと認められうる場合がある（参考判例①）。

　相手方が了知すべき状態を作出したという事実を補完するためにも、実務的には相手方に現実に内容を了知してもらうため、内容証明郵便が不送達であった場合に、当該通知を再度特定記録郵便にて送付するなどしておくことが、後々の紛争に向けての対策としては有効である。

(3)賃借人の居住が定かではない場合　賃借人が賃貸物件に居住して

いるかどうかが定かではないような場合、訴訟提起を前提として職務上請求により住民票を取得する場合がある。住民票が賃貸物件にある場合はまず当該場所に通知をすることとなるが、別の場所に移動していたりするような場合には2か所双方に通知をすることも検討する必要がある。また、住民票が賃貸物件にあるにもかかわらず、居住しているのは明らかに別の人物であることがわかっているような場合は、解除は現実に賃借人が居住している場所に通知し、居住者については明渡しの裁判を念頭に特定をする必要がある。特定の方法や占有移転禁止の仮処分の検討については本章**26**参照。

(4)賃借人が複数存在する場合　賃借人が複数の場合、原則として賃借人全員に対して意思表示をする必要がある（民544①参照）が、具体的な事案に応じて、賃借人の一部に対する意思表示を有効とした裁判例も存在している。

　たとえば、共同相続人のうちの1人に対する意思表示について東京地判昭和34・1・31（下民集10巻1号207頁）、賃借名義人と実質共同賃借人のうち、賃借名義人に対する意思表示について東京地判昭和39・7・31（判時394号70頁）、使用貸借の事案で、別居中の共同貸借人の夫婦の占有している妻側に対する意思表示について京都地判昭和47・7・12（判タ283号170頁）等の裁判例がある。

3　無催告解除の特約

　旧借家法について、同法が賃料不払いを保護するものではないことを前提として、滞納家賃が3か月分以上に達するときは催告なく直ちに賃貸借契約を解除できるとする特約は有効としている裁判例があり（最判昭和37・4・5民集16巻4号679頁）、実務上も賃貸借契約書上、無催告解除特約が規定されていることも多い。

　もっとも、たとえば1か月分の支払いがなければ直ちに催告なくして解除が認められるとする特約については、「賃貸借契約が当事者間の信頼関係を基礎とする継続的債権関係であることにかんがみれば、

賃料が約定の期日に支払われず、これがため契約を解除するに当たり催告をしなくてもあながち不合理とは認められないような事情が存する場合には、無催告で解除権を行使することが許される旨を定めた約定であると解するのが相当である」としており、直ちに有効としているわけではなく、催告をしなくても不合理ではない事情がある場合に限り有効としていることには注意が必要である（最判昭和 43・11・21 民集 22 巻 12 号 2741 頁）。

4　解除通知の具体的内容

　催告および解除の意思表示のための内容証明郵便の作成にあたって、具体的にどのような表現で何を記載するかが問題となる。賃貸人の最終的な希望や特約の有無など、事案によって個別に検討することとなる。

(1)賃貸借契約と賃貸物の特定　解除の対象となる契約や物件があいまいにならないように、「通知会社は貴殿に対し、【建物名】（住所……）（以下、「本物件」と言います。）を賃貸しています（以下、「本件賃貸借契約」と言います）。」「【建物名】（住所……）にかかる通知会社と貴殿との間の○年○月○日付建物賃貸借契約」のように、対象となる契約と物件を特定する必要がある。当事者、日付、物件だけでは契約が特定できないような場合など、必要に応じて、賃料額、賃貸借期間も記載して契約を特定する。

(2)債務不履行の事実の摘示　解除の要件に関する催告の要件を充足するため、「貴殿は○年○月から現在に至るまで、賃料の未払いを繰り返し、その合計は○○円に及んでいます。」「貴殿は○年○月○日、賃貸人に無断で本物件を第三者の○○に転貸しています。」など、解除の前提となる債務不履行の事実について具体的に摘示しなければならない。

(3)催告　解除の要件を充足するため、「本通知書到達後、7 日以内に通知会社の指定する下記口座に、未払賃料をお支払い下さい。」な

ど、具体的に相当な期限を定めて債務不履行の事実の是正を求めなければならない。なお、無催告解除特約がある場合などは、有効性を吟味のうえ催告の要否について検討することとなる。無断転貸の場合やその他の債務不履行の場合の催告の要否については本章 **23** 参照。

(4)解除の意思表示　催告と同時に解除の意思表示を行う場合には、条件付きであることを明示するため、「本通知到達後 7 日が経過しても、賃料の支払いを頂けない場合は、通知会社は本件賃貸借契約を解除いたします。」など、条件付きであることを明示しなければならない。

(5)明渡しの請求の記載　解除の意思表示と同時に、契約終了時に賃貸物件の明渡しを要求するのが一般的である。たとえば「賃貸借契約終了後は直ちに本物件を明け渡して頂きますよう本書をもってご通知いたします。」といったような表現となる。

(6)損害金等の記載　契約終了後明渡しまでには遅延損害金や損害金がかかることをあらかじめ通知書に記載し、退去しない場合にはペナルティが存在することをあらかじめ賃借人に知らしめておくことも、ときには重要である。この場合、特約が存在している場合には特約を前提に、存在していない場合でも、賃貸借終了後も賃料相当損害金の支払いを要求することを通知することとなる。たとえば「本契約終了後明渡しまでの間は本件賃貸借契約書第○条に基づき、賃料の倍額の賃料相当損害金を請求することになりますので、この点ご承知おき下さい。」といったような表現となる。

　また、賃借人の債務不履行により賃貸人が損害を被った場合には、損害賠償請求や契約上の違約金についても請求することとなる。

(7)連帯保証人への通知　賃貸借契約の解除の通知は、本来、連帯保証人には不要である。しかしながら、債務不履行部分の損害賠償や、明渡しに関する費用などについても連帯保証人は利害があるため、賃借人と同内容の通知を連帯保証人にも通知することを検討する必要がある。

▶ 参 考 判 例 ┈┈┈┈┈┈┈┈┈┈┈┈┈┈┈┈┈┈┈┈┈┈┈┈┈┈┈┈┈┈┈┈┈┈┈┈┈┈

①**最判平成 10・6・11 民集 52 巻 4 号 1034 頁**　遺留分減殺の意思表示を内容証明郵便で送付したが、相手方がこれを受け取らなかったところ、当該意思表示の到達の有無が争われた事案について、内容証明郵便の内容が遺留分減殺の意思表示または少なくともこれを含む遺産分割協議の申入れであることを十分に推知することができた状況で、かつ長期間の不在、その他郵便物を受領しえない客観的状況にあったものではなく、受領の意思があれば、さしたる労力、困難を伴うことなく本件内容証明郵便を受領することができたという状況も加味したうえで、遺留分減殺の意思表示は、社会通念上、相手方の了知可能な状態におかれたとし、遅くとも留置期間が満了した時点で相手方に到達したとした。

②**最判昭和 32・3・28 民集 11 巻 3 号 310 頁**　過大催告（実際の延滞賃料の2.3 倍の請求）がなされた事案について、賃貸人において催告金額全額でなければ受領しないという意思表示をしている場合でもない限り、当該催告は実延滞賃料額の限度において有効と解すべきであるとし、また催告の期間についても当該催告時の貨幣価値等に鑑みれば不当であるとはいえないとした。

〖 *Answer* 〗

　賃貸借契約の解除の通知は、誰にどのような形でどういう内容の通知をするか、事案により個別に検討する必要がある。解除をして絶対に出ていってほしいという希望を賃貸人が有している場合には、弁護士としては無催告解除特約などがないかを確認し、事案によっては確実に解除の意思表示ができる状況であることを確認してから、催告をせずに解除通知を送付することも検討する必要がある。債務不履行状態が改善されないならば解除を望むが、賃借人が誠実に対応してきた場合には考えるというのが賃貸人の意向である場合には、催告の通知のみを送付し、賃借人の対応を見ることも 1 つの選択である。

25 ··· 事件処理に必要となる書類・データの取得方法

Case

XはYに対してその所有建物を賃貸しており、AがYの連帯保証人となっている。Yは4か月以上賃料を滞納しており、再三にわたってXが督促しているものの一向に履行されない状況であることから、XはYとの賃貸借契約を解除し、建物の明渡しと未払賃料の請求のための訴訟を提起したいと考えている。

• • •

ノボル：先日XさんからYに対する建物明渡請求訴訟を受任しました。ただ、Xさんに訴訟の提起のために必要な書類をお願いしているんですけど、なかなか揃わなくて、訴状の作成も進められないので、困っているんですよね···。

兄　弁：Xさんは不動産業者でもないわけだから、書類の取得に手間どってるんじゃないかな。

ノボル：そうはいっても、ご自分で集めてもらわないと、こちらでは動きようがないですよ。

兄　弁：そんなことないだろ。そもそも、誰もが取得できる不動産の履歴事項全部証明とか、弁護士が代理人として取得できる書類もあるだろ。

ノボル：うーん···そうなんですね。依頼者の方が集めてくれる書類に基づいて書面を作成するのが基本だと思ってました。

兄　弁：確かに、基本的には依頼者に集めてもらうことになるかもしれないけど、こちらで取得できるものはどんどん取得していかないと、訴訟提起のタイミングを逸してしまって、依頼者の不利益になってしまうよ。有効期限のある書類もあるし。

ノボル：書類の収集から弁護士の方でリードしていかないと、依頼者の利益にならないというわけですね・・・。こちらでとれる書類がないか、確認してみます。

> **Check List**
>
> 【不動産事件を処理するにあたり必要となる資料・データ】
> □不動産登記事項証明書・閉鎖事項証明書［→ **1**］
> □地図・公図［→ **2**］
> □地積測量図［→ **3**］
> □建物図面・各階平面図［→ **4**］
> □住宅地図、ブルーマップ［→ **5**］
> □固定資産評価証明書・公課証明書［→ **6**］
> □名寄帳・納税通知書［→ **7**］
> □公示価格［→ **8**］
> □相続税路線価［→ **9**］
> □不動産成約事例［→ **10**］
> □住民票・戸籍謄本（除票）、法人登記事項証明書［→ **11**］
> □登記申請書および添付書類［→ **12**］

［ 解 説 ］

1　不動産登記事項証明書・閉鎖事項証明書

(1)不動産登記事項証明書　不動産登記簿は土地の地目、面積、建物の種類、構造、床面積のほか、所有者の住所・氏名等を記載し、権利関係等の状況を公示するために登記所に備えられている帳簿であり、不動産の所有者、形状、大きさ等を確認するために必要となる。不動産事件を処理するためにはまず内容を確認しなければならないもので、

建物の明渡訴訟など不動産を目的とする手続をとる場合には裁判所に提出を求められることになる。

　不動産登記簿は、土地、建物ごとに、地番順・家屋番号順に編製・区別されており、「表題部」、「甲区」、「乙区」の項目に分かれている。表題部の記載事項は、土地と建物の場合で記載事項が異なる。土地の場合、所在・地番・地目・地積が記載され、建物の場合、所在・建物番号・種類・構造・床面積が記載される。なお、区分所有建物の場合、1棟の建物と専有部分の建物の表示がそれぞれなされ、所在・建物の名称・種類・構造・床面積・敷地権の目的である土地が表示される。

　甲区には、所有権に関する登記事項（所有権移転登記・同仮登記・差押登記等）が、乙区には、所有権以外の権利に関する登記事項（抵当権設定登記・賃借権設定登記等）がそれぞれ記載されている。

　不動産登記事項証明書は、この登記簿に記録されている事項のうち、現に効力を有する部分を証明する現在事項証明書、登記簿に記載されている事項の全部を証明する全部事項証明書、権利部の相当区に記載されている事項のうち請求に係る部分を証明する何区何番事項証明書などがある（不登規196①）。

（2）閉鎖事項証明書　2筆以上の土地が合筆により1筆の土地になったり、建物が滅失によりなくなったりすると登記簿は閉鎖され、この閉鎖された登記簿の証明書を閉鎖事項証明書という。

　なお、バインダー式帳簿にて土地の合筆や建物の滅失により閉鎖された登記簿の証明書を「合筆・滅失による閉鎖登記簿謄本」といい、バインダー式帳簿の登記簿はコンピュータ化に伴い移記され閉鎖された登記簿の証明書を「コンピュータ化による閉鎖登記簿謄本」、バインダー式帳簿の登記簿で記載事項が多くなりすぎたり、用紙が古くなったりした場合に、その時点で効力を有する登記事項を新しい用紙に移記された際に閉鎖された登記簿の証明書を「移記閉鎖登記簿謄本」という。

（3）区分所有建物の登記事項証明書　マンションの各部屋を1つの区

分所有建物として、別々の所有権登記をすることができる。区分所有建物のことを専有部分というが、この部分の登記事項証明書を取得することができる。また、区分所有建物の多くは、建物の敷地部分につき敷地権が登記されており、この場合、専有部分の登記事項証明書には、敷地権の登記も表示されているため、通常、別途土地の登記事項証明書を取得する必要はない。

なお、敷地権登記がされていない場合には、土地の登記事項証明書も取得する必要があるが、共有者が多数いる場合かなりの枚数となってしまうことから、必要な共有者名だけを指定して、当該共有者だけの甲区、乙区、共同担保の情報が記載された何区何番事項証明書を取得することもある。

(4) 登記事項証明書の取得方法　不動産登記簿は不動産の所在地を管轄する登記所（不動産登記法6条1項にて法務局・地方法務局・その支局および出張所を総称して定義されている）が管理しているが、登記情報交換システムが稼働しており、全国の法務局で管轄外の不動産の登記事項証明書を取得することができる。コンピュータ化されていない閉鎖登記簿に関しては、管轄する登記所に直接請求しなければならない。

登記所への申請は、直接登記所を訪問して申請する場合と郵送で申請書類を送付して申請する場合とがある。請求用紙は登記所に備え付けられており、ホームページからもダウンロードできる。請求用紙には、土地の場合は所在・地番を、建物の場合は所在・家屋番号を記載する必要がある。なお、地番や家屋番号は住居表示（通常住所は住居表示であり地番等とは異なる）と異なるので、市区町村役場の住居表示係に問い合わせたり、ブルーマップ（後述5参照）や法務省の地番検索サービスを利用したりして調査する必要がある。管轄の登記所でも住所と所有者名を告げることで土地の地番や区分所有の家屋番号を照会することができる。

証明書の申請はインターネットを利用して行うことも可能であるが、

このサービスを利用するためには事前の利用登録等が必要となる（詳細は、登記・供託オンライン申請システムホームページを参照されたい。https://www.touki-kyoutaku-online.moj.go.jp/）。

また、登記の内容を確認するだけであれば、インターネット登記情報提供サービスを利用して確認できる。これは、正式に登記の内容を認証するものではないことから裁判所に提出する書証としては適さない場合もあるが、登記の内容を直ちに確認したいときなどに便利である（この詳細については、登記情報提供サービスのホームページを参照されたい。https://www1.touki.or.jp/）。

2　地図・公図

不動産登記法は、登記所には正確な測量および調査の成果に基づいて作成される地図を備え付けるものとしている（不登14①）。この地図は国土調査法による地籍図等が利用されており、法務省も登記所備付地図作成作業により作成を進めている。

もっとも、予算の関係等から地図の作成は進んでおらず、土地の形状や位置関係を示す地図に準ずる図面として公図が用いられている（不登14④）。公図は、旧土地台帳の付属地図が用いられることが多いが、区画整理、大規模分譲の際の図面などが用いられることもある。前者の場合、大部分は明治初期の地租改正の際に作成された測量図が原型となっており、現況とずれていることが多い点に注意が必要である。

地図・公図は、建物が建っている土地の形状や位置関係を示す図面であり、1筆の土地の及ぶ範囲を区画する線である筆界を確定するための証拠になりうる。また、不動産執行の申立ての際に提出を要する。

取得方法は、不動産登記事項証明書と同様である。

3　地積測量図

土地の分筆登記、土地表題登記、土地地積更正登記の際に提出する

図面で、土地の所在、分筆後の土地の地番、隣地の地番、基準点の凡例、地積の計算方法・結果、筆界点間の距離、測量した年月日等（不登規77）が記載されている。これも筆界の確定の証拠等に用いられ、不動産執行の申立ての際に提出を要する。取得方法は不動産登記事項証明書と同様である。

4　建物図面・各階平面図

　建物図面は建物の位置・形状を表し、付属建物がある場合には主たる建物との区別も記載され（不登規82）、各階平面図は各階ごとの形状、寸法、床面積の計算方法とその結果が記載され、主たる建物と付属建物の別も記載される（同83）。

　これらは、建物を新しく登記（表示登記）するときに提出する図面であり、表示登記申請時の建物の形状・建物面積・建物と隣地の距離を読み取ることができる。現況の建物の図面と照合して現況の図面と床面積・階数・形状に差異があれば、増築がなされている可能性があるといった事実を調査することができる。不動産執行の申立てをなす際には提出が必要とされている。

　取得方法は不動産事項証明書と同様である。

5　住宅地図、ブルーマップ

　いずれも株式会社ゼンリンが販売している地図である。住宅地図には、大縮尺の地図上に建物名称や居住者名、番地などが表示されている。ブルーマップは、住宅地図に登記所備え付けの地図と地図に準ずる図面（公図）および都市計画情報を重ね合わせて作成されたもので、住宅地図の上に公図の境界線（公図界）、公図番号、地番がブルーの字で記載され、その他都市計画用途地域名、容積率、建ぺい率なども記載されている。なお、ブルーマップ上、町村が赤字で記載され、●の中の白抜きの数字が番地、対象不動産の四隅に記載されている数字が号を示しており、これらとブルーで記載された地番の記載により住

居表示から地番を読み取ることができる。不動産登記事項証明書には地番が表記されているが、商業登記上の会社の本店所在地などは住居表示となっているため、たとえば、不動産登記上の建物が商業登記上の会社の本店所在地と同一であることを示す場合など、ブルーマップを提出する必要が生じる。

　住宅地図やブルーマップは不動産執行の申立ての際に現場案内図として提出することがある。東京では、東京高裁管内の地図について、弁護士会の図書館で閲覧することが可能である。また、インターネット上で閲覧したり、コンビニエンスストアでプリントを受領できるサービスもある。

6　固定資産評価証明書・公課証明書

　固定資産評価証明書は、固定資産税の算定のために市町村に備え付けられる固定資産課税台帳の記載事項を証明したもので、未登記建物であっても市町村が課税等のために評価をしていれば存在する。不動産の公的な評価額の証明書であり、不動産を目的とする訴訟物の価額算定や当該不動産の価格算定の一資料などとして利用される。不動産を目的とする訴訟を提起する場合に添付が必要となる。なお、固定資産課税台帳は毎年1月1日時点の情報に基づいて作成され、売買や相続等で所有者が変わったり、土地の分筆や建物の新築・増築があったりしても変更が反映されず、1月1日時点の所有者に課税されることになる。

　公課証明書は、不動産に対する固定資産税額、都市計画税額を証明したもので、評価証明書に税額や税率が記載されており、不動産執行の申立ての際には添付資料として公課証明書を提出する必要がある。

　所有者の委任状なく弁護士が請求する場合、日弁連の統一用紙を使用して請求する。これは弁護士会で交付を受けるか、日弁連ホームページでダウンロードすることができる。もっとも、いずれの場合もプライバシー保護等の理由により第三者への交付は制限されており、弁

護士が統一用紙で請求できるのは、訴訟提起、民事保全申立て、民事調停申立て、借地非訟申立ての場合に限られ、これ以外の理由による請求の場合は所有者の委任状が必要となる。たとえば、離婚事件の財産分与の際の価格の算定のために提出するといった場合には、統一用紙で請求することができず、所有者の委任状が必要となる。

　公課証明書の場合、評価証明書以上に発行の制限があり、不動産競売申立書の写しや債務名義、不動産事項証明書の提示を求められることもある。

　評価証明書も公課証明書も申請の際には、所有者の記載はもちろん、土地の場合は所在・地番に加えて地積を、建物の場合には所在・家屋番号に加えて床面積を記載する必要があることから、不動産登記事項証明書等で確認して申請した方が安全である。また、評価証明書や公課証明書は年度単位で評価額を証明しており、毎年4月1日に新しい年度の評価額に変わることから、訴訟提起がこれ以降になる場合には最新年度のものが必要となる。

7　名寄帳・納税通知書

　名寄帳とは、市町村役場が固定資産課税台帳を所有者ごとにまとめたものをいい、原則として所有者本人かその相続人が請求しうるとされているが、この者らからの委任状があれば代理人も請求しうる。複数の所有不動産が問題となっている場合など、その情報を一覧で確認できることから便利であるが、所有者ないしその相続人が請求しなければならず、代理人の請求には委任状が必要となる。

　納税通知書は、固定資産税等の請求のために不動産所在地の市町村役場等から不動産の所有者に対して送付されるもので、不動産の情報と評価額等が記載されていることから、土地の地番や建物の家屋番号の確認、評価額の確認等に用いることができる。

8　公示価格

　公示価格は、地価公示法に基づいて都市計画区域内外で設定された公示区域の1月1日時点の価格を1地点につき2人の不動産鑑定士が鑑定評価して決定される価格をいい、国土交通省が毎年3月に公表する。公示価格は、土地を更地として評価した価格であり、公共用地買収や補償の基準となるほか、具体的取引における価格が適正かどうかを判断するための指標となる。

　公示価格は、国土交通省のサイト「土地総合情報システム」（http://www.land.mlit.go.jp/webland/）で調べることができるほか、市区町村の役場等で閲覧することができる。

9　相続税路線価

　相続税路線価は、相続税や贈与税の算定のため、宅地の価額がおおむね同一と認められる一連の宅地が面している路線ごとに設定される価格である（国税庁による財産評価についての法令解釈通達14）。国税局長が決定し、毎年7月に国税庁が公表して、国税庁のサイトで確認できる（http://www.rosenka.nta.go.jp/）。公示価格のおよそ8割の水準とされる。

　なお、相続税路線価はすべての土地に付けられるわけではなく、主に市街地の宅地が対象となっている。調査したい土地に路線価が設定されていない場合には、評価倍率表という表を用いて計算することになる。

　相続税路線価は、路線価図に記載されている情報等から計算するが、その詳細については、上記国税庁のサイトにて詳細に説明されているので、そちらを参照されたい。

　なお、路線価図には、借地権割合という数字が記載されているが、これは、借地権自体の価値を評価するために設定されるもので、路線価に借地権割合を乗じた価格が借地権の評価額とされる。借地権の価格が問題となる場合には、必要となる情報となる。

10　不動産成約事例

　実際の事件処理にあたっては、不動産の実勢価格（いわゆる時価）がいくらかということが問題となることが少なくない。不動産の時価は、経済的取引として当事者間で合意された金額ということになるが、取引がなされていない場合に、当該不動産の時価をいくらとするかが争いになることが多い。不動産の時価は、公示価格の1.1倍程度であるといわれるものの、不動産の状況によって変化が生じうることから、必ずしも公示価格から算出できるものではない。

　不動産鑑定士による鑑定評価額を不動産の時価とする場合もあるが、鑑定費用を支出できないケースもある。そこで、実際の事件処理にあたっては、近隣における売買事例を参考に時価を算出することが多い。

　不動産成約事例は、**8**で紹介した国土交通省の土地総合情報システムで確認することができるが、対象不動産を特定することはできない。全国4か所の不動産と流通機構が運営しているレインズでも不動産成約事例を確認できるが、宅建業者会員のみが利用することができるシステムとなっている。

11　住民票・戸籍等、法人登記事項証明書

　紛争の相手方の所在地を確認するため、戸籍、住民票やその除票の写し、戸籍の附票などが役に立つ。相手方が法人の場合には、登記事項証明書を取得する必要も生じる。不動産登記事項証明書と同様に法務局で取得でき、登記情報提供サービスによっても認証のない登記情報を取得することができる。

　戸籍には、日本国籍を有する者は誰もが記載されており、本籍地の市町村役場にて戸籍に記載されている内容の全部を認証したものが戸籍謄本である。たとえば不動産の賃借人が死亡した場合に相続人を確認する必要がある場合に、戸籍取得の必要がある。

　住民票は、住民基本台帳法に基づき、地区町村役場が各世帯ごとに、住所・氏名・出生年月日・世帯主・世帯主との続柄・本籍地・戸籍筆

頭者等を記載した住民票を住民基本台帳として作成したものであり、この写しは住民基本台帳の記載事項を市区町村町が認証した証明書である。

また、住民票に記載された全員が他の市区町村へ転出、あるいは死亡すると、住民票は除かれた住民票、すなわち除票となる。除票には転出先が記載されることから相手方が転居している場合には転居先を把握することができる。なお、除票の保存期間は除票から5年とされている。

戸籍の附票は、戸籍単位にその戸籍に記載された人の住民票上の住所を記載したもので、転出等により住所が異動した場合、住所地の市区町村役場から本籍地の市区町村役場に通知がなされ、戸籍の附票に住所が記載されることから、これにより住所の変遷を一度に把握することができる。

住民票およびその除票は住所地の地区町村役場に、戸籍および戸籍の附票は本籍地の市区町村役場に請求する。

弁護士はこれらを職務上請求により請求可能であり、日弁連の定めた所定の職務上請求用紙を利用して請求することになるが、職務上請求は他人のプライバシーに関わる情報を入手しうるものであり、職務上請求用紙は厳格に管理して取扱いには注意を払う必要がある。また、職務上請求にて取得した住民票等は請求用紙に記載する利用目的の範囲で利用し、依頼者に安易に開示することは厳に避けなければならない。

12　登記申請書および添付書類

登記申請書およびその添付書類については、謄写はできないが閲覧することができる。たとえば売買を原因とする不動産移転登記の場合、売買契約書を添付資料として提出する必要があるが、この売買契約書など添付資料を閲覧するなど当該不動産の取引に関する情報を取得することができ、写真撮影などして証拠として利用する場合もある。

これらの閲覧は誰でもすることができるわけではなく、利害関係があることを証明しなくてはならず、依頼者からの委任状や訴訟記録等の提示を求められる。

　登記申請書の保存期間は30年とされているが、平成20年までは、表示登記の申請書は5年、権利の登記の申請書は10年であったので、従来の保存期間を経過したものはすでに廃棄されて閲覧できない。

　なお、謄写はできないものの写真撮影は可能であり、この写真を証拠資料として利用することになるので、閲覧する場合には、カメラ等を忘れずに持参する必要がある。

〖 *Answer* 〗

　Case のように、建物明渡しと未払賃料の請求を内容とする訴訟を提起する場合、立証に必要となる資料とは別に、対象となる建物の不動産登記事項証明書、対象となる建物の範囲を特定するための図面、訴額を算定するための固定資産評価証明書を添付しなければならない。これらは、弁護士の方で取得することも可能であることから、依頼者が入手していないのであれば、これらの取得に慣れていない依頼者に任せるよりは、弁護士の方で取得してしまった方が確実な場合もある。

　依頼者がなかなか資料を準備できなくとも、代理人の職務を受任した場合には、迅速な事件処理を実現するために、弁護士において取得できる資料は自ら積極的に取得していくことが依頼者の利益に適うことが多く、職務を果たせることになる。

　また、訴訟を提起する場合、相手方への送達が必要となるところ、**Case** のように連帯保証人Aも被告とする場合、Aが引っ越してしまっていることも考えられるので、訴訟提起前に住民票をとっておくことも有用である。

26…建物明渡請求のための仮処分手続

Ｃａｓｅ

　Ｘは、Ｙに対してマンションの１室を居住のために賃貸していたが、賃料の支払いが滞り、未払賃料は合計で６か月分に及んでいる。隣室の住人に聞いたところ、Ｙは危ないところから金を借りているようであり、夜に借金取りがドアの外で「金返せ」と叫んだり、ドアに「破産者」と書いた紙を貼ったりしているという。最近、Ｙは見かけなくなり、その代わり以前借金の催促に来ていた怪しい男が家に出入りしているとのことだった。

･ ･ ･

ノボル：Ｘから建物明渡しについて相談を受けました。解除事由もはっきりしてますし、比較的簡単な案件なので、早々に訴訟提起しましょうと回答しておきました。

姉　弁：訴訟提起って、誰を被告にするの？　契約の解除はしたの？

ノボル：被告は賃借人Ｙですよ。解除通知はこれから出しますけど、訴状の中で解除してもいいと思っています。

姉　弁：Ｙはその賃貸マンションにいるの？　解除通知や訴状はどこに送るつもり？　マンションには別の人が居座ってるんじゃないの？

ノボル：は、はい。そういえばそうですね。賃借人のＹが行方不明になったのであれば、もう明渡しは終わっているということでしょうかね。そしたら、わざわざ訴訟提起しないで、鍵を取り換えてしまえばいいですよね。Ｙの荷物があれば処分してしまいましょう。

姉　弁：ちょっと待ってよ。勝手に鍵を換えてしまったら自力救済になってしまうんじゃない？　Ｙが荷物を取りにマンションに戻ってきたらどうする

つもり？ 荷物の中に高価品があったとかＹが言ってきたら？

ノボル：確かにそうですね・・・。

姉　弁：そもそも怪しい男が出入りしているというのなら、その男が占有者ということにならない？ だとしたら、その男をどうやって特定するつもり？

ノボル：ど、どうすればいいでしょうか？

姉　弁：建物明渡事件は実際にはけっこう気を使うし、難しいの。Ｙの状況や部屋の状況についてもう少し調査して、方針をもう一度検討した方がいいわよ。

Check List

☐契約の解除事由は具備しているか［→ 1］

☐賃借人と交渉ができる状況にあるか［→ 2］

☐連帯保証人と連絡をとれるか［→ 2］

☐建物占有者を特定できるか［→ 3(1)、4］

☐建物の占有者が替わる可能性があるか［→ 3(1)］

☐仮処分のための担保金は確保できるか［→ 3(2)］

☐賃料の額はいくらか［→ 3(2)］

☐不法な占有により建物の価値が下がるおそれがあるか［→ 5］

［ 解 説 ］

1　契約の解除事由

　賃借人の債務不履行を理由に契約を終了させるためには、契約解除をすることになるが、その場合は、当然、解除事由がなければならない。継続的契約である賃貸借の場合は、単なる債務不履行だけでは解除事由としては不十分であり、信頼関係を破壊するほどのものでなけ

ればならない（解除事由については本章24参照）。

契約解除のためには、催告および解除の通知が必要となるが、意思表示は相手方に到達する必要があるため、相手方が所在不明の場合は、調査等が必要となる（賃借人が所在不明の場合の契約解除通知の出し方については本章24参照）。

2 賃借人の明渡義務

期間満了、賃借人からの解約告知、賃借人の債務不履行解除等による賃貸借契約の終了に伴い、賃借人には建物の明渡義務が生じる。期間満了や解約告知の場合には賃借人の意図に基づき契約が終了するため、明渡義務が問題になることは通常ないが、債務不履行解除の場合には賃借人が明渡義務を任意に履行しないことがある。交渉により任意に明渡しがなされればよいし、賃借人との協議が困難なときでも保証人を通じて話をすることでうまくいく場合もある。しかし、任意の明渡しが困難なときは訴訟等により明渡しの債務名義を取得し、強制執行をすることになる。

訴訟提起をする場合、賃借人が建物の占有をしているときには同人を被告とすることになるが、訴訟の途中で占有者が替わってしまった場合には、賃借人に対する債務名義を取得しても強制執行ができないことになる。また、賃借人が所在不明になって第三者が建物を占有しているといったこともある。たとえば、支払不能状態となってその債権者や事件屋が建物を占拠する場合や賃借人（法人）が経営状態悪化の後、別の法人の名義（屋号は同じ場合もある）でその場所で営業をして占有名義を変えてしまうような場合がある。そのような場合には訴訟提起とは別に、民事保全手続の検討が必要となる。

3 建物占有者が替わる可能性がある場合

(1)占有移転禁止の仮処分 賃借人を被告として提訴しても占有者が途中で替わってしまうおそれがある場合には、債務名義に基づき強制

執行ができるように、占有移転禁止の仮処分を申し立てることがある。仮処分をしておけば、たとえ強制執行までに占有者が替わってしまった場合でも、仮処分の当事者恒定効により当該占有者に対して強制執行ができる。

（2）仮処分の申立て　占有移転禁止仮処分は、被保全権利（建物明渡請求権）と保全の必要性を裁判所に疎明して申し立てる。賃借人を被告として提訴する場合は、仮処分の相手方（債務者）も賃借人となり、この場合の被保全権利（建物明渡請求権）の存在は、①債務者との賃貸借契約の締結、②建物の債務者への引渡し、③債務者の債務不履行、④支払催告と一定期間の経過、⑤賃貸借契約の解除の意思表示を主張し、疎明することになる。保全の必要性は、債務者に対して建物明渡訴訟を提起していること（あるいは準備していること）、債務者が占有者を替えるおそれがあることを主張し、疎明することになる。保全の必要性の疎明方法は、債権者（賃貸人）等関係者による報告書によることが多い。

　仮処分申立て後は裁判所の審尋期日を経て、担保を立てて発令がなされる。担保の額は、債務者の使用をそのまま認めさせる場合で、賃料額の3か月から5か月分程度、執行官保管とする場合で賃料額の1年分程度とされている。現金供託による場合は現金を用意しなければならないため、債権者（賃貸人）の負担も少なくない。担保の方法として近時は弁護士協同組合による支払保証委託（ボンド）の制度もできたので、このような制度を利用すると賃貸人が一度に多額の現金を用意しなくとも担保を立てることができるようになった。

（3）仮処分執行　仮処分命令の発令を受けた後は、執行官に対して仮処分執行の申立てをし、発令から2週間以内に執行をする必要がある（民保43②）。占有移転禁止の仮処分の執行は、執行官が現場（明渡対象の建物）に行って、占有関係を確認したうえで、執行をする。その後に執行調書が作成される。執行に要する費用は数万円程度であるが、現場の大きさや状況によっては執行補助者や解錠技術者を同行

することもあり、その場合には別途費用がかかるため、事前に執行官との打ち合わせも必要である。

4 賃借人が所在不明で建物占有者が特定できない場合

賃借人が所在不明で誰が建物占有者であるか確認できないような場合もある。このような場合、占有者の調査（たとえば郵便物の宛名はどうなっているか、電気・ガス・電話等の請求書の宛名は誰かなど）を行う必要があるが、このような調査は弁護士であっても容易ではない。

建物占有者が賃借人の可能性もあるが不確かな場合には、前記の仮処分を利用することが考えられる。賃借人を債務者として占有移転仮処分を申し立て、執行官の執行の際に占有者が賃借人ではない場合には誰であるのか、執行官を通じて確認をするのである。このような方法で賃借人でない者が占有していて、占有を替えるおそれがある場合には、現実の占有者を債務者として再度占有移転仮処分を申し立てることになる。その場合の建物明渡請求は、所有権に基づくものになるので、仮処分申立ての際の被保全権利の主張事実も、①債権者による所有、②債務者による占有となる。

5 不法な占有により建物の価値が下がるような場合

賃借人あるいは第三者の不法な占有により建物の価値が下がるおそれがあるような場合（たとえば、建物内で特殊詐欺や違法な風俗営業などの犯罪行為をしたり、反社会的勢力の本拠になっているような場合）には明渡断行の仮処分を申し立てることもある。断行の仮処分も占有移転禁止の仮処分と同様に申立て、審尋、立担保、発令、仮処分執行という段階を経るが、債務者を対象とした審尋の手続で債務者と協議をする機会が得られることがある。この機会を利用して明渡しについて和解をすることもありうる。そうすると、裁判所に仲介役になってもらい和解ができるので、提訴などを経ずに紛争が解決することもある。あるいは、裁判所から債務者宛に呼出状が届くと、債務者が任意に明

け渡すこともある。

6 自力執行

　建物明渡請求事件では、賃借人を追い出すためにドアに明渡しを求める紙を貼ったり、鍵を勝手に換えたり、マスターキーを使って建物内部に入って残置物を処理したりすることがないわけではない。このようなことに弁護士が関わると、懲戒処分を受けたり、損害賠償訴訟に巻き込まれることがある。自力執行は禁止されているのだから、それは肝に銘じるべきである（自力救済についての詳細は本章21を参照）。

〖 *Answer* 〗

　建物明渡請求を検討する場合、現在の占有状態や賃借人の所在等の調査が重要である。賃借人が所在不明で、まったくの第三者が不法に占有しているということであれば、占有移転禁止の仮処分の執行により執行官を通じて占有者を特定することも考えられる。また、思い切って明渡断行の仮処分の申立てをし、占有者を裁判所に呼び出す手続をとり占有者が任意に明け渡すのを期待するといったことも考えられる。

27…建物明渡請求の裁判手続

Case

　XがAに対して賃貸していた物件につき、Aが賃料を4か月、合計60万円を滞納したため、Xの代理人弁護士はAに対し、停止条件付解除の意思表示を内容証明郵便にて通知し、Aは退去に合意し当該物件を明け渡した。その後間もなくして当該物件に、無権限でYが占有していることがわかった。XがYに確認したところ、YはAから当該物件を借りたと主張しており、任意に明け渡そうとしない。

● ● ●

ノボル：明渡しの裁判を建物所有者から依頼されたんですが、占有者は完全に無権限ですので、訴状の内容についても依頼者のXさんが建物を所有していること、占有者Yが当該建物を占有していることを記載することで、要件事実的には完璧ですよね。

兄　弁：確かにそうともいえるけど、占有しているYはなぜ、そこを占有していると言っているのかな？

ノボル：元賃借人であるAから借りたと言っているようです。でもAとの間の賃貸借契約はすでに解除しており、明渡しの確認書もあります。ですのでYの主張は認められないことは明らかです。所有者ももちろん承諾などもしていません。

兄　弁：明渡訴訟だと、所有者としては一刻も早く判決をもらって退去を要求したいという希望があるだろうから、訴訟を提起した後の被告側の主張が明らかな場合には、訴訟提起の段階でその部分まで主張し、無権限であることを補強したうえで早く判決をもらう努力をするべきじゃないかな。

ノボル：なるほど、確かにそうですね。Yに反論の余地を作らせないためにも、

Ｙが占有する前にＡとの間で契約解除をしたこと、明渡手続を行ったことまで先回りして主張しておくことを検討します。

兄　弁：そうだね、明渡手続の前にはＡが占有していて、確かにＸが明渡しを受けたことの証拠も提出する必要があるね。

ノボル：そうですね。では、さっそく訴訟提起の準備をします！

兄　弁：ちょっと待った。その前に、今占有しているＹの素性は明らかなのかい？　勝手に解除した後に占有するような人物だと、裁判をしているうちにまた別の人が占有する可能性があるんじゃないの？

ノボル：Ｙの素性・・・。まったく確認してませんでした。確かになぜ、解除した後に大胆にもこの場所に来ているのか・・・。状況によっては、占有移転禁止の仮処分なども検討しないといけない事案かもしれませんね。

兄　弁：そうだね。依頼者の不利益にならないよう、最善の方法を確認すべきだと思うよ。ちなみに、一軒家のようだけど、土地部分に占有があったりはしないのかな。

ノボル：賃貸借契約は建物だけですが、確か、倉庫と駐車場があるといったような話をしていました。

兄　弁：それだと単なる建物の明渡請求で、相手が任意に応じない場合、倉庫や駐車場部分について強制執行ができなくなる可能性があるよ。相手がまったく応じない場合に強制執行の可能性も視野に入れて訴状を検討しないといけないよ。土地部分の明渡しも請求する場合、土地の固定資産評価証明なども必要となるから、必要資料も変わってくるので注意しないと。そして強制執行のリスクについては依頼者にも費用を含めしっかり説明をしておかないと、あとで不満をもたれてしまうよ。

ノボル：絶対に勝てる裁判と思って油断していました・・・。依頼者ともう少し打ち合わせをして、今後の流れやリスクなども説明したうえで進めたいと思います。

兄　弁：そうだね。賃料相当損害金の請求も忘れずに！

Check List

（※以下は賃貸借契約終了を原因とする建物明渡請求の場合を含む）

□明渡しの対象となる物件の表示に相違はないか〔→ **1(3)**〕

□倉庫や駐車場など明渡しの対象となる物件に漏れはないか〔→ **1(3)**〕

□占有権原について立証する必要があるか〔→ **1(1)**〕

□被告とするのは賃借人のみで問題はないか〔→ **1(2)**〕

□未払賃料や未払共益費が存在するか〔→ **1(4)**〕

□賃料相当損害金および遅延損害金の特約があるか〔→ **1(4)**〕

□当該建物の占有者について調査したか〔→ **1(2)**〕

□賃借人は訴状を任意に受け取る見込みがあるか〔→ **1(5)**〕

□当該建物の価格は固定資産評価証明で把握することができるか〔→ **2(1)**〕

□訴訟提起にあたって必須の添付書類・証拠書類を収集できているか〔→ **2(2)**〕

□訴額および印紙代については、事前に計算ができているか〔→ **2(1)**〕

□訴訟について被告が出廷しない可能性があるか〔→ **3(1)**〕

□訴訟の相手方が裁判所に出てきて和解を求める可能性について第一回口頭弁論期日前に検討できているか〔→ **3(2)**〕

［ 解 説 ］

1 建物明渡請求訴訟における検討事項

(1)占有権原 明渡請求の相手方が占有していることを前提に、占有権原がないことを検討する必要がある。そもそも不法占有の場合には占有権原がないことが大前提であるから、占有権原がないことを立証

する必要はなく、相手方の占有のみを立証すればよい。

　賃貸借契約が存在していた場合など、占有権原がある場合には、占有権原が消滅したこと（契約が解除により終了したことなど）を原告側が主張・立証する必要がある。解除の手続については本章24参照。

（2）訴訟の相手方の特定　一般的な建物賃貸借契約の終了に基づく建物明渡事案においては、賃借人および連帯保証人を被告とすることで足りることがほとんどである。たとえば家族などの同居人に関しては占有補助者として評価されるため、判決後、強制執行手続においても明渡しの対象者となる。

　占有補助者か否かの判断については、無断転貸の評価が参考になる。すなわち、占有補助者ではない第三者が建物を占有していると評価される場合には、第三者に対する無断転貸と評価されることとなるからである。無断転貸についての詳細は第2章14参照。

　具体的には、第三者の占有が賃借人の占有とは別個に独立しているか否か、という点で判断される。賃借人の占有自体が疑われる事案で、第三者が当該建物を占有しているような場合には、仮に賃借人に裁判を起こして勝訴判決を得たとしても、第三者に対して当該判決をもとに明渡しの強制執行をすることができないため、当該第三者についても訴訟の相手方としておく必要がある。

　また、これ以上占有を移転されないためにも、当該建物に対する占有移転禁止の仮処分を行い、占有者を特定するとともに、これ以上の占有移転がなされても、仮処分執行時の占有者を被告とすればそれ以降の占有移転については対抗ができる状況にしておく必要がある。占有移転禁止の仮処分については本章26参照。

（3）明渡しの対象の特定（占有部分の特定）　賃貸借契約書記載の住居表示と不動産登記簿謄本に記載されている地番は一致しないため、対象物に齟齬がないかを確認する。管轄の法務局に電話で確認をすることができる。また、地番と住居表示の照らし合わせはゼンリン住宅地図（ブルーマップ）を利用することとなる。ゼンリン住宅地図は東

京では東京弁護士会館や国立国会図書館にて閲覧ができるほか、インターネット上でも無料で取得することができる。一般社団法人民事法務協会の登記情報提供サービス（https://www1.touki.or.jp/）にアクセスし、会員登録をすれば、ブルーマップについては無料でダウンロードが可能である。

建物賃貸借において、マンションの1室のような場合でマンションの部屋番号が特定できているような場合には、占有部分の特定という意味ではマンションの部屋番号を記載することで特定が可能である。

区分所有の建物においては、当該部屋の不動産登記簿謄本を提出することができるため、これによっても特定が可能である。ただし、ベランダなどは共用部分とされている可能性があり、この場合には共用部分についても特定する必要があるため、注意が必要である。

建物賃貸借でも駐車場を賃貸している場合や、離れた場所に倉庫がある場合、建物の外や廊下などに荷物などを置いていて、明らかに賃借人のものかどうかが不明であるが占有がされている場合などは、駐車場、倉庫、隣接部分の土地部分についての明渡しも併せて検討することが必要な場合がある。

賃貸物件に相当程度隣接していて賃借人の賃借物件と一体利用が認められる場合は、執行の際に執行官の判断で賃借人の一体利用が明らかであるとして処理されることが少なくない。このような場合には通常の賃貸借契約書の賃貸物件のみの明渡しの債務名義を取得するのみで解決が図れることとなる。ただし、現場での執行官の判断となるため、債務名義の取得範囲に関しては、いろいろな状況に対応できるようにしておいた方が無難である。

（4）未払賃料・賃料相当損害金の請求　賃貸借契約の終了を理由とする明渡訴訟において、未払賃料がある場合には、明渡請求と同時に未払賃料や未払共益費の請求を付加することを検討する。遅延損害金の特約がある場合には約定の遅延損害金、ない場合には約定の法定利息の請求も検討する。

賃貸借契約解除後には、賃料相当損害金が発生しているから、この請求を検討する。特約がある場合には特約に従い、特約が存在しない場合には市場価格における賃料相当額（従前賃料を請求することが一般的である）を請求することとなる。

(5)送達についての検討　明渡しの訴訟においては、相手方が訴訟提起を起こされることを予期して、訴状を受領しないことも少なくない。この場合、送達手続をスムーズに行い、早く第一回口頭弁論期日を開催するべく努力する必要がある。

　通常の送達手続ができない場合で、被告が意図的にこれを受領しない状況であることが想定される場合には、就業先がわかっている場合には就業先に再送達することを裁判所に上申することが考えられる。

　就業先が不明な場合には、現地調査を行い、被告が当該住所に居住していることの報告書を作成し、書留郵便に付する送達（付郵便送達）を求めることとなる。報告書は依頼者が作成しても代理人が作成しても問題はない。

　なお、被告が当該場所に住んでいないことが判明したような場合には、公示送達を求めることとなるが、明渡訴訟で公示送達を行うということは第三者が別途占有しているということが想定されるため、1回の裁判で解決が図れない可能性がある状況であり、処理方法について再考する必要がある事態であると思われる。

2　具体的手続

(1)訴額　❶建物明渡請求：　所有権に基づく不動産の明渡請求の訴えの訴額は、目的物の価額の2分の1である（昭和31・12・12民甲412民事局長通知「訴訟物の価額の算定基準について」（以下「訴額通知」という）7 (1)）。

　目的物の価額については、建物の固定資産評価額があるものは固定資産評価証明書によることとなる。固定資産評価額のないものは取引価格により、いずれも明らかではない場合は、各地の法務局が作成す

る「新築建物価格認定基準表」および「減額限度表」によって算出することとなる。

　一戸建てではなくマンションのような場合には、建物の価格を床面積で除して1 m²あたりの価格を求め、それに該当物件の専有面積を乗じて算出することとなる。

　❷賃料相当損害金：　賃料相当損害金については、果実に準ずるものとして建物明渡請求の附帯請求となり訴額に算入しない（民訴9②）。

　❸未払賃料および遅延損害金：　未払賃料は果実として建物明渡請求の附帯請求となり訴額に算入しない（民訴9②）。

　未払賃料に対する遅延損害金については、建物明渡請求の附帯請求となりうるのか議論があるところではあるが、実務では訴額に算入されていない（小川英明＝宗宮英俊『事例からみる訴額算定の手引〔改訂版〕』（新日本法規出版・2004年）74頁）。

　❹共益費：　共益費、建物明渡請求の附帯請求となりうるのか議論があるところではあるが、実務では訴額に算入されていない（小川＝宗宮・前掲書74頁）。

(2)必要書類　訴訟提起にあたり必要な書類は個々の事例により異なるが、代表的な賃貸借契約終了を理由とする明渡請求訴訟の場合に必要な書類は以下の通りである。なお、**Case**は所有権に基づく明渡請求の事案であり、その場合には賃貸借契約の存在の立証も不要で、自身が所有者であることおよび相手方が占有していることを立証すれば足りることとなる。各書類の取得方法については本章**25**参照。

　【添付書類】
　・固定資産評価証明書（または建物の価格を証明する資料）
　・登記事項証明書（建物）
　・訴訟委任状
　・証拠説明書

【証拠書類（事案により取捨選択する）】

・建物賃貸借契約書（原本）

・連帯保証人の承諾書

・契約者（保証人）の印鑑証明

・重要事項説明書

・賃貸借契約時の確認事項書・写真

・解除の意思表示を行った通知書・送達証明書

3　訴訟提起後の流れ

(1)被告が欠席の場合　被告が第一回口頭弁論期日に何の反応もなく欠席した場合、賃料不払いのような明らかな解除事由がある場合で訴状の要件事実がみたされている場合には裁判所は1回で結審し、数週間後に判決期日の指定がされることが多い。

　この場合には仮執行宣言に基づき強制執行を検討していくこととなる。強制執行の方法については本章28参照。

(2)被告が出廷してきた場合　被告が出廷し、解除事由について争う場合には、通常の訴訟と同様主張と立証を尽くして勝訴判決を得ることとなる。

　建物明渡訴訟の場合には、請求原因についてすべて認めるが、明け渡すにも金銭的に用意ができなかったり、物件を探しているが見つからないなどと、解決の意思はあるが自分では動けない被告が出廷してきてそのように訴えてくる場合がある。

　この場合、請求原因事実について被告は認めているため、結審してもらい判決を取得することは容易である。しかしながら、被告が明渡しについて任意に協力しない場合には、判決に基づき強制執行手続を行うこととなるが、強制執行手続は時間も費用も多大にかかるおそれがある。この場合、被告に何かしらのインセンティブを与えて任意の明渡しを促す和解を検討することも解決としては合理的であるため、依頼者に状況を説明したうえで和解の検討をすることもある。

和解の条件としては、以下のような方法が検討できる。具体的な条項案については本章25を参照。

①解除の時期および被告の明渡義務を確認したうえで、一定期間明渡しを猶予し、当該期間は被告は賃料相当額を支払う
②明渡しの時期を合意し、明け渡した場合は原告は被告に対し未払賃料を免除する
③明渡しの時期を合意し、期限までに明け渡した場合には原告は被告に対し一定の金員（引越料のようなもの）を支払う

　いずれにせよ、和解条項を遵守しなければ強制執行可能な債務名義となるため、最終的には強制執行を検討することができるので、依頼者の判断次第ではあるが、検討はすべき事項である。このため、第一回期日の前に依頼者に対し、被告が出廷してきて事実を認めている場合に、どのような条件であれば和解が可能かについては確認をしておく必要がある。具体的な和解条項案については本章29を参照。

▼ 参考書式　調査報告書

調査報告書

　下記のとおり、訴状記載の住居所について調査した結果、被告が居住していることを確認しました。なお、被告の就業場所等他に送達すべき場所は不明です。

記

1　調査者
2　調査の日時　平成〇年〇月〇日
3　調査の場所
4　建物の外観
5　表札の有無
6　電気メーター

【 *Answer* 】

　建物明渡請求訴訟については、賃貸人としては何ら利益のある裁判ではなく、時間が経過すればするほど当該物件の利用が制限されている時間が増加する。そして、相手方が欠席して完全に無視するような場合には強制執行手続まで覚悟しなければならず、手続の流れを具体的に説明しておかないと、裁判を起こせばすぐに解決するという意識のもとに弁護士に依頼してきたような場合には、弁護士に対する不信感にもつながってしまうおそれがある。

　Case のように占有者が怪しい場合には事前に占有移転禁止の仮処分を行い、占有者を特定しておき、確実に 1 回の裁判で明渡しを完了させる必要があると考えられる。また、占有者が任意に退去してくれるとは限らないため、建物明渡請求を行う場合には必ず占有状況を現実に確認し、欠席裁判となった場合でも強制執行ができるように明渡対象を正確に把握しておく必要がある。建物だけでなくその建物外の土地にまで占有をしている場合には、土地部分の明渡しも請求しておく必要があろう。

　なお、無断で転貸した元賃借人 A に対しては不法行為に基づく損害賠償請求が検討できることは言うまでもない。

28…建物明渡しの強制執行

Case

　XがYに対して居住用マンションを賃貸していたところ、Yが賃料を滞納し続けたため、Xは契約を解除し明渡しを求めた。しかし、Yは任意交渉について完全に無視を続けたため、Xは、訴訟提起を行った。裁判期日にもYは出廷せず、Xは未払賃料・賃料相当損害金および明渡しの勝訴判決を得た。当該判決は確定したが、賃貸人のYは何ら明け渡す気配がない。

• • •

ノボル：依頼者から、家賃の滞納を続けた賃借人に対する明渡しの依頼を受けたんですけど、強制執行なんてやったことがなくて‥‥。裁判所の書式などは見つけたのでこれに従ってやればいいのかなと思うんですけど、いざ申し立てた後の手続がまったくわからないんです。執行官が建物の中にある家具とかを全部外に運び出してくれるんでしょうか？

兄　弁：動産類の運び出しとかは債権者が用意した人工がやるんだよ。そもそも、いきなり明渡断行の執行をやると思ってるの？

ノボル：えっ？　違うんですか？

兄　弁：まず、執行官が債務者のところに行って催告をするんだ。「明渡しの執行の申立てがなされていて、このままここにいると次回は人工を連れて執行を断行しますよ。その前に明け渡してください」っていう感じで執行官が催告をするわけ。催告をしても明け渡さない場合に明渡断行の執行をやるんだ。

ノボル：へぇー、そうなんですか。

兄　弁：東京の裁判所だと、申し立てる際に面接の希望日を伝えて、東京地裁の

３階にある民事 21 部のところに行って執行官とまず面接をすることになるんだ。その時に催告の日を決めてもらえるから、催告の日程は面接後にわかるけど、だいたい申立てから 1～2 週間と答えるといいと思うよ。

ノボル：費用の見通しなどは依頼者にどのように伝えればいいでしょうか。

兄　弁：うーん、これについては、部屋の中の様子などによってまったく異なってくるから、かなりアバウトな説明になってしまうよ。だいたい、最悪の事態で 50～100 万円程度、執行費用だけでかかる可能性があるけど、具体的には催告の時に執行補助者に見積もってもらいましょう、と伝えるように僕はしてるよ。

ノボル：執行補助者っていうのは何でしょう？　人工さんとは違うんですか？

兄　弁：執行補助者っていうのは執行官のように裁判所の組織内の人ではないけれども、執行官と一緒に執行を補助してくれる専門的な知識をもった人、と考えてもらえばいいかな。費用は債権者がもつことになるけど、初回の執行官面接の時からお願いして一緒に入ってもらうといいと思うよ。

ノボル：そうなんですか。僕、何も知りませんでした‥‥。

兄　弁：ほかにも執行特有のことがあるから、ノボル君も一度は執行に立ち会った方がいいね。

ノボル：ありがとうございます‼

Ｃｈｅｃｋ　Ｌｉｓｔ

☐執行文の付与はすでに受けているか［→ **1(2)**］

☐送達証明書の交付はすでに受けているか［→ **1(3)**］

☐委任状や資格証明などを再取得できているか［→ **1(4)**・**(5)**］

☐強制執行にあたり、見込み予算をある程度計算できているか［→ **2**］

☐目的外動産について処理方法を予測したか［→ **3**］

□申立て後の具体的なスケジュールを把握できているか［→ 4］

□執行前に建物の中の状態を確認できる状況か［→ 5(1)］

□建物の周囲の状況を確認したか［→ 5(1)］

□債務者や連帯保証人について現在の状況を調査したか
　［→ 5(2)］

□執行補助者との打ち合わせを検討したか［→ 5(3)］

□解錠技術者の必要性について検討したか［→ 2(3)、6］

□催告手続に印鑑は持参しているか［→ 7］

□催告手続時、建物の中の様子について調査したか［→ 7］

□催告手続時に目的外動産について交渉したか［→ 7］

□催告手続後、強制執行期日までの間に債務者との協議を検討
　したか［→ 7］

□断行期日における目的外動産の処理方法について交渉したか
　［→ 8］

□断行期日に印鑑は持参しているか［→ 8］

［ 解 説 ］

1　建物明渡しの強制執行に必要な書類

　強制執行事件においては、必要書類についてはその種類や必要な通
数などが管轄により異なることから、執行の種類ごと、および裁判管
轄ごとに個別に確認する必要がある。本章では、東京地裁民事 21 部
の必要書類を前提とする。なお、申立書や債務者に関する調査表は東
京地裁のウェブサイトにて書式を取得することが可能である（http://
www.courts.go.jp/tokyo/saiban/minzi_section21/syosiki_itiran/index.html）。

(1)申立書 1 通　前述のウェブサイトの雛形を利用して作成する。訴
状等と異なり、裁判所提出用 1 通でよい。

(2)執行文の付された債務名義の正本　判決の謄本ではなく正本が必

要である。判決正本取得後、当該裁判所に対して執行文の付与の申請をすることにより、執行文の付与を行う。基本的に建物明渡しの強制執行については即決和解を含め、裁判を経た後に行うことが多いが、金銭請求ではない建物明渡しの強制執行は、公正証書に基づいて行うことができないことには注意を要する。

（3）送達証明　債務名義が債務者に対して送達されたことを裁判所に証明してもらう資料である。執行文同様、判決を取得した裁判所に証明書の発行を申請して取得する。

（4）資格証明書　債務者・債権者いずれかが法人の場合には、通常の訴訟手続同様、資格証明書が必要となる。裁判の際に提出していても、申立て時に1か月以内に発行された資格証明書を要求される。

（5）委任状　代理人が申し立てる場合、別途委任状が必要となる。通常の訴訟委任状の委任事項をすべて網羅しておけば問題はない（取下げや復代理人の選任は特別授権事項となる）。

（6）目録　ウェブ上に雛形がある物件目録の用意が必要である。申立書添付のもの以外に6枚、当事者目録が申立書添付のもの以外に6枚必要で、債務者が1名増えるごとに目録類を1枚ずつ増やすこととなる。

（7）債務者に関する調査表　ウェブ上の雛形に沿って、債務者が自宅にいる可能性のある時間帯などについて、代理人または依頼者が調査し、可能な範囲で記載して提出する。

（8）執行場所の案内図　執行場所について、裁判所に案内を提出することが求められている。案内図はグーグルマップなど、インターネット上で取得できる地図をプリントアウトしたもので問題ない。最寄り駅から執行場所までの経路がわかる地図を用意して提出する。

2　建物明渡請求のために必要な費用

　強制執行手続においては、申立費用のほかに、執行官費用・執行補助者の費用・解錠技術者（執行官や執行補助者は「鍵屋」と呼ぶことが

多い）の費用・その他運搬等に係る業者の費用・倉庫保管費用などが考えられる。執行に係る費用は債務者に最終的には請求することができるが、家屋を明け渡さないような債務者に対し回収ができる場合はまれであり、回収の可否はさておき申立て時にはまず債権者がこれを立て替えて負担する必要がある。執行官がどのような手続を選択するかによって執行費用も変わってくるため、3で説明する目的外動産の処理方法について、執行官に執行補助者とともに交渉することは極めて重要である。ここでは申立てに係る手数料等の費用や、執行補助者その他の費用のおおよその相場について解説する（東京地裁の基準を前提）。

(1)申立費用——予納金6万5000円　予納金は執行官の日当などに費消される。後述3の通り、まれに動産を代理人が買い取るような場合があり、この場合は予納金の中で相殺するような手続をとることもある。なお執行官の費用は1万5000円であり、着手後目的を達成しなかった場合は2500円と定められている（執行官の手数料及び費用に関する規則11①②・4②）。

(2)執行補助者の日当　催告・断行その他現場立ち会いの回数に応じて発生する。申立ての際の執行官打ち合わせについては原則として費用がかからない。大抵の場合、日当は催告について1万5000円から2万円程度、断行についてはその要する時間によってさらに増額され、2万円から3万円程度である。また、断行については執行補助者が数名同行するような場合も想定されるため、執行補助者に対し、断行時にどの程度の費用がかかるかについて詳細を確認することが重要である。

(3)解錠技術者の費用　催告時・断行時に、債務者が鍵を変更しているような場合は、中に立ち入ることが事実上不可能となり、手続を遂行することができなくなる。この場合、別日程に改めて鍵屋を同行のうえ手続を進めることとなるが、日程が延びるほか、執行補助者の費用などもかさむこととなる。このため、執行官からも執行補助者から

も鍵屋の同行を勧められることが多い。リスクは申立人側において負うこととなるため、依頼者に説明のうえどうするか決める必要がある。鍵屋の費用は同行するだけで（鍵が換えられているか換えられていないかにかかわらず）2万円〜3万円程度、実際に鍵を交換した場合にはこれに加えて1万円程度の技術費がかかる。

(4)梱包・搬出作業者費用　断行日の執行官が立ち会い可能な時間が限られているため、建物の中の動産の状況により作業効率を考えて計算されていくこととなる。物が多い場合には執行補助者が判断して人工を当日用意することとなるので、どれくらいかかりそうかについては催告期日に執行補助者に確認するとともに、断行の時間についても執行官と交渉をすることも考えられる。

　作業者の日当については、1万5000円〜3万円（1人当たり）が一般的である。実際の強制執行の費用として一番かさむのはこの部分となることが多い。

(5)車両費用・梱包資材費用　車両についてはどの大きさのどのトラックが何台必要かについて、執行補助者が中の荷物を確認のうえ算出することとなる。梱包資材も同様である。

(6)動産保管費用（倉庫費用）　即日売却等が叶わないような場合で動産の占有を一時執行官に移転しなければならないようなときには、執行官は保管の日から1週間以上1月以内の日を売却期日として指定し、売却の公告をし、その間に、評価人を選任し、その動産を評価させることとなる。この手続期間中、当該動産は倉庫に保管しなければならない。保管費用は坪当たりで倉庫業者と交渉することになるが、これらも執行補助者に確認して費用概算は相談すべき事項である。

　保管場所については、原則は債権者が用意した倉庫に保管することとなるが、債権者が申し出ることにより、目的建物内で保管することが認められる場合がある。この場合、債権者代理人が保管の責任者とされ、保管について責任を負うことが多いと思われる。保管期間中は別途施錠をしたうえで、債権者であれその中に入ることができない状

況となるが、保管について特に問題がなく、動産を倉庫に移動することが極めて不経済な場合（たとえばエアコンなどを取り除くなど）には、執行官に申し出てみると、保管費用について削減することが可能な場合もある。

（7）動産処理費用　最終的に債務者等に目的外動産を引き渡せなかった場合や、債権者が動産を競り売りにより競落したような場合、当該動産については債権者が処分しなければならない。このための処分費用である。

3　目的外動産の処理方法

建物明渡しの強制執行の目的は目的建物であるため、その中に残置されている動産のことを目的外動産と呼んでいる。そして、目的外動産の処理方法には以下の方法が存在する（民執168⑤・同①）。

（1）債務者等への引渡し（民執168⑤前段）　動産については債務者本人、代理人または同居の親族もしくは使用人その他の従業者で相当のわきまえのあるものに引き渡すのが原則である。したがって債務者その他相当のわきまえのあるものが当該動産を受け取る可能性があると執行官が判断したような場合には、当該動産は一定期間債権者の用意する倉庫などに保管され、その後**（5）**の動産執行の手続がとられることとなる。残置物も少なく、債務者が引き取る可能性が低い場合などには**（2）～（4）**の手続がとられることがあり、この場合には保管費用を削減することが可能となるため、執行官への働きかけが重要となる。

（2）断行実施予定日における目的外動産の売却（民執規154の2②）

催告手続の際に、執行官の判断により断行実施予定日に目的外動産を売却することを決定することができる。この場合には断行実施予定日に即日売却する決定をし、これを公告することとなる。この場合、第三者が公告を見て当該動産を一括買受けするのであれば、第三者がその負担において動産を運び出すこととなるが、いない場合には債権

者がその負担において買い受け、これを処分する算段をつけておく必要がある。

（3）断行実施日における即日売却（民執規154の2③）　催告手続の際には即日売却をすることの決定を執行官がしなかった場合でも、断行実施日当日に執行官の判断により即日売却をすることが可能となる。この場合には、債権者しか買い受ける者はいないため、断行実施日による即日売却が予測される場合には債権者にその旨説明し、費用を用意しておく必要が生じる（ただし、執行官費用等を引いた予納金の残額以内の金額が競り売り価格である場合には、債権者代理人が予納金の範囲で当該動産の買受け申出をすることができるため、当日金員の動きなくして処理をすることも可能である）。

（4）断行実施日から1週間未満の日を売却期日とする売却（民執規154の2③）　買受申出人がいないが、動産の残置状況から動産執行の例による売却をするほどでもないと執行官が判断した場合に採用される。結果として1週間以内に第三者が買い受ける可能性は低いため、即日売却を交渉し、債権者自身が買受人となるようにした方がよい。

（5）動産執行の例による売却（民訴規154の2①・④）　上記**(1)**から**(4)**の方法が採用されない場合には、最終的には動産執行の例による売却が行われることとなる。動産執行の例による売却は、当該動産について執行官保管としたうえで、やむを得ない事由がある場合を除いて保管の日から1週間以上1か月以内の日を売却期日として指定し、売却の公告をし、評価人を選任し、その動産を評価させることとなる。

4　建物明渡請求のために必要な日数

　執行可能な債務名義（確定証明・送達証明付）を入手し申立てを行うと、執行官面接は2〜3日以内に行える。執行官面接の後、催告日は早くて1週間程度で日程を入れてもらえる。催告日から断行の日までは1か月程度の時間がとられることが通常であるが、債権者の負

担が相当程度であったり、債務者が対象建物におらず、かつ執行の日にも対象建物に出向かないことが確実である場合（家賃滞納のうえ、行方不明になっているような場合など）には、1か月の期間を置かずして、断行の期日を入れてもらえることもあるため、場合によっては交渉する必要がある。

断行の期日以降の目的外動産の処理については3で解説した通りであり、とられる手続により最終的な処理期間が異なってくることとなる。

5 申立て前に調査しておくべき事項

(1)目的不動産の調査　合法的に建物の中の目的外動産の状況が把握できるのであれば、事前に確認をしておくことにより、今後の手続の予測がしやすくなる。

また、最終的な執行の際には、2トントラックなどが駐車することとなるため、そのような場所の確保が可能かなども事前に確認しておき、難しそうであれば事前に執行補助者に相談することとなる。

(2)債務者および連帯保証人の調査　執行費用などは最終的には債務者および連帯保証人に請求することが可能であるが、この回収可能性については調査をしたうえで、難しい可能性が高いのであれば依頼者にあらかじめそのリスクについて説明をしておく必要がある。

(3)執行補助者との事前打ち合わせ　執行補助者に申立ての前に連絡をし、状況を説明したうえで、可能な限りの情報を共有しておく必要がある。執行官面接にも同行してもらえるため、この点についても事前に相談をしておく。

6 執行官面接日に行うこと

この日は主に催告の日程について執行官と調整することとなる。債務者の状況や、鍵屋の必要性などについても確認されるため、事前に依頼者および執行補助者と協議のうえ方針を定めておく必要がある。

7 催告手続日に行うこと

　この日は施錠を解いて建物の中に入ることになるため、建物の中の様子を執行補助者とともに確認することになる。執行官は占有が債務者にあるか否かについてこの場で確認することとなるが、債務者と異なる名前の表札があるなど、明らかに矛盾するような占有を確認する以外は、基本的には債務者の占有については認定されると思われる。執行官は表札や郵便物等の確認により債務者の占有を確認するとされているため、占有が認定できないような場合もありうることは頭に置いておく必要がある。この日の動産の状況により、目的外動産の処理方法についておおよその方針を決めておくとともに、執行補助者からは具体的な費用について見積もりを依頼しておく。

　なお、この日の立ち会いについては、催告の開始前に、強制執行調書に債権者代理人（自身でない場合は復代理人）としてサインを求められるため、「弁護士○○」と自署して捺印をすることとなる。

　催告日には執行官は「公示書」を建物内に公示する。公示内容は引き渡すよう催告したこと、引き渡さない場合には強制執行を実施すること、その実行の日時、占有の移転を禁止すること、占有が移転された場合でも一定の期間は債務者以外の占有者に対しても強制執行をすることができること、公示書を損壊した者は刑事罰に処せられる旨記載されている。

　なお、催告時に債務者がいた場合でもいない場合でも、断行手続の説明を別途行い、断行期日までに任意の退去を求めることについて協議すべきである。

8 断行日に行うこと

　断行日は、催告日に即日売却の決定がなされていない場合、動産の状況により即日売却の打診をすることが必要となる場合がある。当日は催告の場合と同様、断行手続開始前に強制執行調書に債権者代理人としてサインを求められるため、「弁護士○○」と自署して捺印する

こととなる。

　即日売却が当日なされる場合で予納金の金額で足りるときには、債権者代理人が予納金を預け入れているため、債権者代理人が当該動産の買受人となる。このため買受けに関する競り売り調書について、債権者代理人兼買受人として、「弁護士○○」と自署して捺印することとなる。

【 *Answer* 】

　建物明渡請求について、裁判手続まで経験している弁護士は多数にわたるが、その後大体において和解などで賃借人の明渡しを任意に行うこととなるため、いざ賃借人が退去しない場合に、現実に強制執行手をとる、ということになると具体的な費用・時間・手続その他について経験のない弁護士も多い。強制執行手続になると費用が莫大にかかってしまうため、それを避けるためになんとか任意の交渉に奮闘する場合もあるであろうが、催告手続を行った後、ここまで来たら出るしかないと判断し、賃借人が任意に出ていく場合もかなりの確率であるため、賃借人に誠意がみられない場合には強制執行手続についても積極的に、また迅速に検討するべきである。

　実際、催告手続までにとどまり断行に至らない場合には、執行補助者の費用を合わせても費用としては数万円（執行官と執行補助者の日当と鍵屋の費用）程度であるため、予納金6万5000円（東京地裁）の範囲で十分まかなえる（なお、執行補助者や鍵屋の費用は予納金から支払われることはないため、別途支払うこととなる。予納金は手続終了後還付手続をすることにより返金される）。もちろん、最終的に断行手続となる場合には、占有の移転のための費用が多額に要求されることとなるが、他方で明渡しが1か月延びればその分経済的な損失（家賃相当分）も増えていくことにもなるため、賃貸人に十分説明をしたうえで強制執行手続を進めていくべきである。

29…建物明渡しのための任意交渉

Ｃａｓｅ

　Ｘは、Ｙに対して、居住用マンションの１室を月額12万円、期間３年、敷金24万円で賃貸し、更新もすでに３回し、当初の契約からすでに10年経過している。これまで特に賃料の不払いもなかったが、ここにきて賃料の支払いが滞り、未払賃料は合計で６か月分に及んでいる。Ｘとしては、できるだけ経費をかけずに、しかも早期に、確実に建物を明け渡してほしいと考えている。もちろん、不払いの賃料も全額回収したい。

● ● ●

ノボル：Ｘさんから建物明渡請求の相談を受けました。賃料の不払いが６か月もあるので、解除事由もはっきりしてますし、さっさと提訴して明渡しを求めたいと思います。仮処分とかもやっといた方がいいでしょうか？

兄　弁：Ｘさんの意向はあまり費用をかけずに早期に明け渡してほしいということなんだよね。ノボル君のプランだと、明渡しが終わるまでどのくらいかかるの？

ノボル：そうですね。資料の収集もあるので提訴まで２週間、第１回口頭弁論期日が入るまで提訴から１か月、１回結審というわけにいかないこともあるので提訴から判決まで３、４か月、その後強制執行をやるとなるとさらに数週間かかるので、半年は見ておいてもらった方がいいと思います。

兄　弁：Ｘさんはそれで納得するかね？　ちなみに費用はどのくらいかかるのかな？

ノボル：今回対象になっている建物の価額が固定資産税評価で約1500万円です。うちの事務所は弁護士会の旧基準と同じ報酬基準ですから、目的物の価額は建物価額の２分の１の750万円です。着手金は５％プラス９万円

ですから 46 万円、報酬金はその倍額の 92 万円になります。それに強

制執行をやる場合には少し弁護士費用をいただかないといけないですね。

兄　弁：そうすると、弁護士費用だけで 150 万円くらいだね。これ賃料の約 1

年分だよ。それ以外の費用は何がかかる？

ノボル：提訴のための印紙代や郵券、強制執行をする場合の執行官の費用···。

いずれもそれほどかからないと思いますけど。

兄　弁：本格的に明渡しの強制執行をやる場合、執行官費用だけで済むと思って

るの？　相手方が建物内の自分の荷物を出さない場合はどうする？　人工

や保管費用もかかるんじゃない？　最悪の場合、かなりの費用がかかる

ことを依頼者にきちんと説明した？

ノボル：い、いや、そこまでは···。

兄　弁：費用についてはきちんと説明しないと依頼者との間でトラブルになりか

ねないし、お互いイヤな思いをするよ。依頼者としてはできるだけ費用

をかけたくないということなんだし、ノボル君のプランは依頼者の意向

に合わないんじゃないの？　もう一度方針を考え直した方がいいんじゃ

ない？

Check List

□契約の解除事由は具備しているか［→ 1(1)］

□賃借人と明渡し交渉ができる状況か［→ 1(1)・(2)］

□訴訟が長引くおそれがあるか［→ 1(1)］

□依頼者は未払賃料の回収にどの程度固執しているか［→ 1

(2)］

□賃借人にインセンティブを与えて建物明渡しを優先すべき状

況か［→ 1(2)］

□連帯保証人に資力や支払意思はあるか［→ 2］

□建物明渡しについて強制執行ができるようにしておくべき状

況か［→ 3］

［ 解 説 ］

1 賃借人との明渡し交渉

(1)明渡し交渉はなぜ重要か　建物明渡請求訴訟は信頼関係が破壊されたか否かという点で解除の有効性が争点となり、長期化することがある。また、賃貸借契約の解除事由ははっきりしていて建物明渡請求権があることは明確だが、それをいかに実現するかが問題になることも実務ではしばしばある。金銭請求の場合は、相手方の資産調査をして仮差押えや（本）差押えをしていくが、建物明渡しの場合の強制執行は容易ではないことがある。また、明渡執行の費用は弁護士の費用のみならず、執行補助者や梱包・搬出作業員の費用、保管費用など予想外にかかることがある。したがって、建物明渡請求の場合、債務名義を取得して強制執行をするという手続は最後の手段として考えておき、できるだけそれ以外の方法、つまり相手方との任意交渉により、任意に明渡しを受けた方がよいことが多い。明渡執行の実際やその費用については、本章 **28** を参照。

　もっとも、任意の明渡し交渉に時間を要し、結局は失敗することもあるから、どの時点で提訴等の法的手段をとるのかの判断も重要になる。提訴後も相手方との協議は可能だから、提訴したから強制執行まで突っ走らなければならないということはない。柔軟に対応することも時には求められる。

(2)明渡し交渉をどのように進めるか　明渡し交渉で重要なのは、単に権利を主張するだけでは交渉を進展させることはできないということである。相手方が任意に明け渡すためのメリットを相手方に感じさせることが重要になってくる。相手方も、執行官によって強制的に排除されることは決して望んでいるわけではないから、交渉が決裂すればそのような事態になることを認識してもらう必要がある。しかし、そのような心理的な圧力だけで相手が動くとは限らない。むしろ、相手方に経済的なメリットを享受させることも大切である。たとえば、

約束した明渡期限を守れば未払賃料を免除するとか、場合によっては引越しの費用を賃貸人の側が負担するということもありうる。結果的にみれば、相手方の不法占有期間が長期化することにより得べかりし賃料収入を得られないよりも、費用を負担してでも早く明け渡してもらった方がよかったという事案は多数あるのである。依頼者である家主に納得してもらうことは時に困難であるし、権利者の権利を実現できないわが国の司法の理不尽さを感じざるを得ないこともあるが、依頼者の利益を考慮すれば、早期の明渡しを優先すべきときが多い。

（3）交渉の打切りの時期　交渉による明渡しが成功すれば、早期に、また費用も多くかけずに紛争を解決することができる。しかし、交渉が必ずしも成功するとは限らない。仮に、交渉に時間がかかり、結果として失敗してしまった場合は、滞納賃料は膨らみ、新しい賃借人への賃貸の機会を逸することになり、賃貸人の損害は拡大することになりかねない。そのため、交渉の打切りのタイミングが重要になってくる。相手方がそもそも話し合いに応じない場合は交渉を長く引きずるべきではないし、相手方と依頼者それぞれが求める条件に大きな開きがある場合も交渉を打ち切った方がよいときが多い。2回ないし3回の交渉で解決の見通しがつかない場合は交渉を打ち切り、別の手段による解決を目指すべきであろう。

　任意交渉を打ち切ったとしても、交渉の機会は失われたわけではない。訴訟になっても、和解の機会は必ずあるし、裁判官が間に入った方が話がまとまる場合も多い。お互いの希望をぶつけるばかりでなく、裁判所からの案であれば応じるという場面も少なくない。また、判決がなされた後に話し合いがもたれることもある。明渡請求の認容判決の結果をみて賃借人が明け渡すことを決断したときには、強制執行よりも任意の履行の方が相互が柔軟に対応でき、両者にとってメリットがあることが多いからである。

2　保証人の資力や支払意思

　賃借人の感情や資力などの理由により、同人との交渉がうまくいかない場合がある。そのような場合には保証人と交渉することも有益である。

　保証人は、建物占有者でないことがほとんどであるため、明渡しには直接関係はない。しかし、保証人の保証の範囲は未払賃料ばかりではなく、契約解除後の占有に係る損害賠償債務にも及ぶから、明渡しが遅くなって賃料や賠償額が増えることに保証人は大きな利害関係を有している。また、保証人は賃借人と一定の人的関係を有しているから、保証人は賃借人を説得しやすいし、賃借人としても保証人には迷惑をかけたくないという気持ちでいることも多い。そのため、賃料や損害賠償金の支払いというだけではなく、明渡しについても保証人と交渉することが重要になってくることがある。

　なお、民法の平成29年改正により個人根保証については保証人は極度額の範囲でのみ責任を負うことになった（民465の2①）が、保証人が明渡しに利害関係を有していること自体は変わりない。

3　合意書の作成

　明渡し交渉の後に賃借人等と合意に至った場合、合意内容を合意書として書面に残す必要がある。交渉によって相手方と信頼関係が築けたから合意書などなくても大丈夫ということは決してない。合意書を作成する過程で双方の認識に食い違いがあることに気づくこともある。

　合意書は私製証書にするのが通常であるが、これでは相手方が履行しない場合には強制執行ができる債務名義にならない。注意が必要なのは、強制執行認諾文言付きの公正証書である。公正証書は、滞納賃料の支払義務など金銭債権については債務名義となるが、建物明渡義務については債務名義とならない。建物明渡しの債務名義にするには、簡易裁判所に即決和解（起訴前和解ともいう）を申し立てて、裁判所によって和解書を作成する必要がある。

相手方に明渡しを応諾させるためのインセンティブとして明渡時期を猶予したり、滞納賃料を免除したりする合意条項は、たとえば、次の通りとなる。

1. Ｙは、Ｘに対し、末尾記載の建物（以下「本件建物」という）に係る末尾記載の賃貸借契約（以下「本件賃貸借契約」という）が、○年○月○日Ｙの債務不履行を理由とする解除により終了したことを確認する。
2. Ｙは、Ｘに対し、金●円及び●年●月●日から本件建物の明渡し済みまで１か月当たり金○円の支払義務があることを認め、これを同年▲月▲日限り支払う。
3. Ｘは、Ｙに対し、本件建物の明渡しを同年▲月▲日まで猶予する。
4. Ｙは、Ｘに対し、本件建物を前項の期日限り明け渡す。
5. Ｙが前項の期日までに本件建物を明け渡したときは、Ｘは、Ｙに対し、第２項の支払義務を免除する。

【 *Answer* 】

　まずは依頼者の意向をよく確認することである。確実な明渡しを求めるのか、費用がかからず短期間での解決を重視するのかによって、依頼者の理解を得ながら方針を決定することが重要である。依頼者の意思が、費用がかからず、短期間で解決できることを重視しているのであれば、法的手続ではなく、任意の明渡しを求めて賃借人と交渉することを選択すべきである。交渉の過程では相手方の経済的メリットを配慮した柔軟な対応も必要となる。保証人との交渉も視野に入れるべきである。交渉がまとまった場合には合意書を作成する。必要に応じて明渡義務の債務名義とすべく即決和解を申し立て、裁判所で和解書を作成する。弁護士費用が高額になると依頼者とのトラブルの原因となるから、適正妥当な報酬を心がけるべきである。

◀ コラム ▶ 依頼者に気持ちよく報酬を支払ってもらう方法

　建物明渡しの報酬はどれくらいが相場なのでしょうか。2008 年の日弁連のアンケートによれば、「建物の時価 1000 万円、土地の時価 1500 万円、賃料 1 か月 10 万円」という仮想の建物明渡し事件の場合で、着手金は 30 万円という回答が全体の 53%、50 万円が 20% だそうです。報酬は、60 万円という回答が 40%、100 万円が 18% だったそうです。賃料が 1 か月 10 万円なので、依頼者（大家）からみると、ずいぶん弁護士の着手金と報酬って高いんだなぁ、という印象を与える数字だと思います。

　依頼者に気持ちよく報酬を払ってもらうのは簡単なようで実はけっこう大変です。依頼者の望む結果を出すことが一番ですが、必ずしもそのような結果を出せるとは限りません。ひとことで言えば、依頼者との強固な信頼関係を構築するということが重要です。

　信頼関係を構築するためにはいろいろな方法があると思いますが、大切なのは、「事件を受任する際に、お金の話を丁寧に説明すること」です。委任契約書の作成は当然として、その場で着手金・報酬について、計算方法、仮に○○万円という経済的利益を得た場合に報酬がいくらになるのか、丁寧に説明すべきです。もちろん、日当や交通費、実費の内容、中間金等についてもきちんと説明すべきです。「費用のことで聞きたいことがあったら遠慮なく聞いてくださいね」とひとこと添えるとなお効果的です。建物明渡しの場合、判決をもらった後、強制執行手続に移ることが多く、建物明渡しの報酬に強制執行の分まで含まれるのか、含まれないのであればその額をきちんと説明しておく必要があります。

　中小企業の経営者に「弁護士に事件を依頼しにくい理由はどのようなところですか」と尋ねると、回答として一番多いのは、「弁護士費用がどれくらいかかるかわからない」というものです。弁護士だって、値段が書いていない銀座の高級寿司店には入りにくいですから、依頼者が弁護士費用を気にするのは当然のことだと思います。

逆に言えば、弁護士費用を具体的に明示すれば、それだけで「顧客訴求力が高まる」ということができます。弁護士費用を明示することについてほかのベテラン・中堅弁護士に話を聞くと、「最終的に手間がどれくらいかかるかわからないから、受任の時点で費用の明示はしにくいなぁ」という人が少なくないように思います。若手弁護士にとって、「弁護士費用の明示」は、ベテラン・中堅弁護士との差別化を図る武器になるのではないでしょうか。

　依頼者にとって、聞きにくい弁護士費用のことをしっかり話してくれる弁護士は、信頼できる弁護士にみえることでしょう。また、依頼者と密に連絡をとりあうこと（事件の経過についてマメに報告すること）も効果的です。依頼者は、「この弁護士は、いつも自分のことを気にかけてくれている」と感じることでしょう。そのうえで、受任事務についてある程度成果を出すことができれば、きっと依頼者は気持ちよく報酬を支払ってくれると思います。

　お金にまつわるトラブルは、弁護士会の紛議調停や懲戒請求の場面でも多くみられます。トラブル予防だけでなく、依頼者との信頼関係構築、ほかの弁護士との差別化のためにも、「お金の話」は丁寧に、できる限り明確にすることをおすすめします。　　（植木　琢）

事項索引

判例索引

【編著者】

市川　充（いちかわ・みつる）／弁護士（リソルテ総合法律事務所）
1960 年生まれ。東京大学法学部卒業。1995 年弁護士登録（第 47 期）。主著として、
『弁護士の失敗学』（共著、ぎょうせい・2014 年）など。
※ 6、15〜17、26、29 執筆

吉川　愛（よしかわ・あい）／弁護士（赤坂見附総合法律会計事務所）
1979 年生まれ。慶應義塾大学法学部卒業。2004 年弁護士登録（第 57 期）。主著と
して、『こんなところでつまずかない！　労働事件 21 のルール』（分担執筆、第一
法規・2019 年）など。
※ 8、12〜14、21、22、24、27、28 執筆

【著　者】

植木　琢（うえき・たく）／弁護士（曙綜合法律事務所）
1970 年生まれ。慶應義塾大学法学部卒業。2008 年弁護士登録（第 61 期）。主著と
して、『民法改正対応　契約書式の実務　上・下』（分担執筆、創耕舎・2019 年）
など。
※ 3、5、9〜11、18〜20 執筆

小泉　始（こいずみ・はじめ）／弁護士（いずみ法律事務所）
1978 年生まれ。早稲田大学法学部卒業。2007 年弁護士登録（第 60 期）。主著とし
て、『少年事件ハンドブック』（分担執筆、青林書院・2016 年）など。
※ 1、2、4、7、23、25 執筆

【編著者】
市川　充　　弁護士（リソルテ総合法律事務所）
吉川　愛　　弁護士（赤坂見附総合法律会計事務所）

【著　者】
植木　琢　　弁護士（曙綜合法律事務所）
小泉　始　　弁護士（いずみ法律事務所）

建物賃貸借のチェックポイント【実務の技法シリーズ6】

2020（令和2）年1月30日　初版1刷発行

編著者　市川　充・吉川　愛
発行者　鯉渕友南
発行所　株式会社　弘文堂　　101-0062 東京都千代田区神田駿河台1の7
　　　　　　　　　　　　　　TEL 03(3294)4801　振替 00120-6-53909
　　　　　　　　　　　　　　https://www.koubundou.co.jp

装　丁　青山修作
印　刷　三陽社
製　本　井上製本所

ISBN 978-4-335-31387-5

──── 実務の技法シリーズ ────

〈OJTの機会に恵まれない新人弁護士に「兄弁」「姉弁」がこっそり教える実務技能〉を追体験できる、紛争類型別の法律実務入門シリーズ。未経験であったり慣れない分野で事件の受任をする際に何が「勘所」なのかを簡潔に確認でき、また、深く争点を掘り下げる際に何を参照すればよいのかを効率的に調べる端緒として、実務処理の「道標」となることをめざしています。

☑ 【ケース】と【対話】で思考の流れをイメージできる
☑ 【チェックリスト】で「落とし穴」への備えは万全
☑ 簡潔かつポイントを押さえた、チェックリスト対応の【解説】
☑ 一歩先へと進むための【ブックガイド】と【コラム】

※表示価格（税別）は 2020 年1月現在のものです。